Für Itamar

Dr. Eran Yardeni

Woran scheiterten die Israelis und die Palästinenser?

25 Jahre Oslo-Abkommen – eine Bilanz

www.tredition.de

Copyright © 2018 Eran Yardeni
Lektorat, Korrektorat: Ulla Berhanu
Bild Vorderseite: Itzchak Rabin, Bill Clinton, Jassir Arafat
Copyright © Bild: Vince Musi / The White House (CC0 1.0)
Verlag & Druck: tredition GmbH, Hamburg

ISBN
Paperback   978-3-7439-6489-1
Hardcover   978-3-7439-6490-7
e-Book   978-3-7439-6491-4

Inhaltsverzeichnis

Einführung

Viele Zahlen und eine Motivation

I

Sechs Tage nach der Unterzeichnung des Oslo-Abkommens zwischen Israel und der PLO in Washington, am 19. September 1993, führte das Jerusalem Media & Communication Centre zusammen mit den TV-Sendern CNN und France 2 eine Meinungsumfrage zur jüngsten historischen Entwicklung unter den Palästinensern durch. In den folgenden drei Tagen wurden nicht weniger als 1505 PalästinenserInnen interviewt[1], 61 % von ihnen im Westjordanland und 39 % im Gazastreifen. Alle waren älter als 18 Jahre. Vor dem Hintergrund der weiteren innenpolitischen Entwicklungen und Spannungen in den palästinensischen Autonomiegebieten, die in den Sieg der Hamas bei den Wahlen zum Palästinensischen Legislativrat (2006)[2] und später in ihre auf brutale Weise vollzogene Machtergreifung im Gazastreifen (Juni 2007) mündeten, zeigen die Ergebnisse dieser Umfrage aus heutiger Perspektive die tragische Dimension dieses Konflikts.

Optimistisch in die Zukunft blickend bejahten damals 68,6 % der PalästinenserInnen die Frage, ob sie mit dem Oslo-Abkommen einverstanden seien. Die innere Teilung der Befragtengruppe ist nicht ganz unwichtig: Im Gazastreifen beantworteten 72 % die Frage positiv; im Westjordanland hingegen nur 66,4 %. Diese Tendenz zeigte sich auch im weiteren Verlauf der Befragung. So stimmten 60,1 % der Interviewten der Aussage zu, das Abkommen stelle einen realistischen Schritt dar, der sie zu einem palästinensischen Staat führen könne[3], und das übrigens, obwohl der Terminus „Palästinensischer

---

1   Zufallsstichprobe; Fehlergrenze von 3 %. http://www.jmcc.org/documentsand maps.aspx?id=503

2   Die Hamas gewann 44 % der Stimmen. Aufgrund der Wahlmethode ist es ihr jedoch gelungen, im Parlament die absolute Mehrheit zu erreichen, nämlich 74 von 132 Sizen.

3   Der Begriff „Palästinensischer Staat" wurde im OsloerAbkommen nicht explizit erwähnt. Im Artikel 1 definierten die beiden Parteien das Ziel der Verhandlun gen wie folgt: „The aim of the Israeli-Palestinian negotiations within the current

7

Staat" – wie noch dargestellt wird – in dem Abkommen kein einziges Mal erwähnt wurde. Auch hier machten sich die Unterschiede zwischen Gazastreifen (64,2 %) und Westjordanland (57,6 %) bemerkbar.

Nicht minder interessant waren die Fragen zu den eventuellen Auswirkungen des Abkommens auf das palästinensische sozialpolitische Gefüge. Zieht man die oben erwähnte Machtergreifung der Hamas nach ihrem blutigen Kampf mit der Fatah in Betracht – einem Kampf, der bereits zur Geburtsstunde des Osloer Friedensprozesses vorprogrammiert war –, so ist es ziemlich überraschend, dass die Aussage, das Abkommen werde zu internen palästinensischen Konflikten führen, von 60,8 % der Befragten verneint wurde. Auch in Bezug auf diesen Aspekt zeigten die Interviewten im Gazastreifen (70,5 %) mehr Vertrauen in die Zukunft als die Bewohner des Westjordanlands (54,7 %).

II

Seit Jahrzehnten führt das Meinungsforschungsinstitut Merkaz-Gutmann[4] diverse Umfragen unter Israelis durch. Mithilfe der Prüfung vieler Parameter gelingt es ihm, ein interessantes und vor allem dynamisches Bild von der allgemeinen Stimmung in der israelischen Bevölkerung zu zeichnen. Die Ergebnisse der sogenannten „Fließenden Umfrage" – von 1969 bis 1994 dreimal im Jahr durchgeführt – zeigen in dem Zeitraum von April 1989 bis November 1994 einen unverkennbar optimistischen Kurs. Dabei betrachteten in den zwei Jahren vor dem sogenannten Zweiten Golfkrieg 1990/1991 nur 9 % (Mai 1989) bzw. 10 % (April 1990) der Israelis den Zustand ihres Landes als „gut" oder „sehr gut". Im Mai 1991 – nach dem Ende dieses Krieges und kurz vor der Einberufung der Friedenskonferenz in Madrid – waren es bereits

---

Middle East peace process is, among other things, to establish a Palestinian In terim Self-Govement Authority". Diese Terminologie stammt aus dem Friedensvertrag zwischen Israel und Ägypten, im Rahmen dessen auch die Zukunft der Palästinenser im Westjordanland und Gazastreifen thematisiert wurde: „The two Governments agree to negotiate continuously and in good faith to conclude these negotiations at the earliest possible date. They also agree that the objective of the negotiations is the establishment of the self-governing authority in the West Bank and Gaza in order to provide full autonomy to the inhabitants". Ausführlich wird dieses Thema im nächsten Kapitel diskutiert.

4   Merkaz-Gutmann ist ein unabhängiges Forschungsinstitut und arbeitet seit 1998 unter dem Schirm des israelischen Instituts für Demokratie.

19 % . Im November 1994, mehr als ein Jahr nach der Unterzeichnung des Oslo-Abkommens vertraten schon 31 % Israelis diese Meinung[5].

Die Zufriedenheit der Befragten mit dem Zustand ihres Landes war natürlich eine Mischung aus vielen Faktoren und darf deswegen nicht allein auf die Entwicklung des Nahostkonflikts bzw. des Friedensprozesses reduziert werden. Gleichzeitig aber wäre es falsch, den Einfluss des Konflikts auf die kollektive Gemütslage der israelischen Bevölkerung zu unterschätzen. Ein genaueres Bild ergibt sich erst dann, wenn man die direkt mit dem Friedensprozess verbundenen Faktoren isoliert. Mit anderen Worten: Man muss den Zeitraum von Ende August 1993, als die israelische Bevölkerung das erste Mal vom Oslo-Abkommen erfuhr[6], bis kurz nach der Zeremonie in Washington am 13. September 1993 genauer betrachten.

Als der Bericht über das Abkommen die Öffentlichkeit erreichte, unterstützten 53 % der Israelis diese Entscheidung. Die Zahl der Gegner war jedoch nicht gering und lag bei 45 %. Nach Unterzeichnung des Abkommens in Washington aber stieg die Zahl der Unterstützer auf 61 %, während die der Gegner nun auf 31 % schrumpfte[7]. Im Vergleich zu den Palästinensern wirkten die Israelis vielleicht etwas skeptischer und misstrauischer, das änderte aber nichts daran, dass die Mehrheit auf beiden Seiten wenigstens in der ersten Phase nach der Unterzeichnung den Weg von Oslo befürwortete.

Diese israelisch-palästinensische Mehrheit wurde aber nicht unbedingt von ideologischen Motiven getrieben. Den Friedensprozess prüfte sie sehr sorgfältig, und zwar nach ziemlich irdischen und praktischen Maßstäben: Beide Seiten wollten besser und sicherer leben, sie wollten sich frei bewegen können, arbeiten und die Zukunft ihrer Kinder sichern. Die unbeugsame Kraft der Ideologie, die sich in der kategorischen Befürwortung bzw. Ablehnung des Abkommens manifestierte, agierte zwar laut, aber trotzdem nur am Rande der beiden Gesellschaften. Der Löwenanteil der Israelis und der Palästinenser musste ständig neu davon überzeugt werden, dass dieser Weg der richtige ist. So zeigten im September 2013 – zwanzig Jahre nach dem historischen Handschlag zwischen Rabin und Arafat in Washington – die Umfragen

---

5   https://www.idi.org.il/media/7208/sviut_2.pdf
6   Das erste Abkommen wurde am 20.8.1993 unterschrieben.
7   Dan Leon (1995) *Israeli Public Opinion Polls on the Peace Processs.* In: *Palestine-Israel Journal* (Vol.2; No.1) http://www.pij.org/details.php?id=676

auf beiden Seiten ein sehr pessimistisches Bild. 2013 zum Beispiel waren 68 % der Israelis und 69 % der Palästinenser der Meinung, dass die Chancen zur Errichtung eines unabhängigen palästinensischen Staates in den kommenden fünf Jahren entweder sehr niedrig sind oder so gut wie nicht existieren[8]. Diese Verzweiflung manifestierte sich in den letzten Jahren in einer Reihe von alternativen Lösungsversuchen für die mittlerweile fast hoffnungslose Situation. Beispielsweise wurde im linken Flügel beider Seiten mit der Idee der Errichtung eines binationalen Staates kokettiert, während bestimmte Segmente des rechten Flügels in der israelischen Politik von der Annektierung eines Teils des Westjordanlands fantasierten[9]. Andere, wie die Journalistin und Autorin Caroline Glick[10], gehen sogar einen Schritt weiter und schlagen vor, das israelische Gesetz auf das gesamte Westjordanland anzuwenden und dabei den Palästinensern den Anspruch auf die israelische Staatsbürgerschaft zu gewährleisten. Bei Initiativen solcher Art spielen vor allem demografische Berechnungen[11], aber auch die Lehre aus den beiden Präzedenzfällen – der Anwendung des israelischen Gesetzes auf die Golan-Höhen einerseits sowie auf Ostjerusalem andererseits – eine zentrale Rolle. Diese Initiativen werden später noch diskutiert.

8	Die Umfrage wurde vom 13.6 bis 21.6.2013 durchgeführt und ist online zugänglich (Hebräisch) auf der Webseite der Genfer Initiative unter http://old.heskem.org.il/sources-viewf233.html?id=3123&meid=43
9	Zum Beispiel der Plan von Naftali Bennett. Er schlägt die Annektierung der Zone C vor. Nach diesem Plan sollten die dort ansässigen Palästinenser die israelische Staatsbürgerschaft erhalten (s. Kapitel 5).
10	Zum Beispiel in ihrem Buch „Annektierung Jetzt"(. Kapitel 5).
11	Um nur ein Beispiel zu nennen: Glicks demografische Prognose unterscheidet sich gravierend von den Prognosen der Demografen Prof. Arnon Sofer (Universität Haifa) und Prof. Segio Della Pergola (Hebräische Universität in Jerusalem). Demografisch betrachtet bedeutet die Annektierung des Westjordanlands, laut Sofer, das Ende der zionistischen Vision. Nach seinen Berechnungen werden die Juden im Jahr 2024 nicht mehr als 47,6 % der Gesamtbevölkerung zwischen dem Jordan und dem Mittelmeer ausmachen. Anders formuliert: Sollten dann das Westjordanland und das Kernland Israels eine politische Einheit bilden, wird Israel nicht mehr in der Lage sein, seinen jüdischen Charakter mit demokratischen Mitteln weiter zu erhalten. Glicks und Bennetts Initiativen sowie die Kritik dagegen werden in dem 5. Kapitel dieses Buches ausführlich diskutiert.

III

In der Kluft zwischen dem damaligen Optimismus und dem jetzigen Pessimismus ist dieses Buch geboren. Es ist nämlich nicht mehr, aber auch nicht weniger als der Versuch zu verstehen, was genau in den letzten Jahrzehnten – vor allem seit September 1993 – misslungen ist und aus welchen Gründen dies geschah. Als solches bewegt es sich in keinem klaren wissenschaftlichen Rahmen, sondern strebt danach, die dialektische Bewegung des Konflikts aus verschiedenen Blickwinkeln zu beleuchten. Den LeserInnen bietet es die Gelegenheit, zwei politische Erkenntnisstrukturen kennenzulernen: die israelische und die palästinensische. In den folgenden Kapiteln werde ich deswegen versuchen zu verdeutlichen, was genau jede Seite irritierte und immer noch irritiert und vor allem warum diese Irritationen, Ängste und politischen Dissonanzen unvermeidbar in einen gegenseitigen Vertrauensverlust münden mussten. Im Gegensatz zu Streitschriften, die allzu oft auf multifaktorielle Probleme monolithische Antworten bieten[12], beschäftige ich mich in diesem Buch weder mit der Frage, wer für den jetzigen Zustand die Schuld trägt, noch mit der milderen Version dieser Frage, nämlich, wer dafür mehr oder weniger Schuld trägt. Die Antworten darauf – ideologisch bedingt, wie sie sind –, überlasse ich den Leserinnen und Lesern selbst sowie den Kritikern und Verteidigern beider Parteien. Gleichzeitig ist mir sehr bewusst, dass die vorliegende Schrift – wie jeder andere Versuch, den israelisch-palästinensischen Konflikt zu analysieren und zu verstehen –, unbedingt durch die Sozialisation, die erkenntnistheoretischen Überzeugungen, die politischen Neigungen und die emotionalen Dispositionen des Verfassers bestimmt wird. Unter anderem aus diesem Grund lade ich die Leserinnen und Leser ein, meine Analyse und die daraus abgeleiteten Schlussfolgerungen ständig kritisch zu hinterfragen. Um einen solchen kritischen Umgang mit dem Text zu fördern, finden Sie am Ende jeder Seite die von mir benutzten Quellen als Fußnoten.

---

12 Zwei Beispiele für eine solche eindimensionale Schilderung des Konflikts: Bregman, Ahron (2014) *Gesiegt aber doch verloren*. Orell füssli Verlag, Zürich. Und: Dershowitz, Alan (2005) *Plädoyer für Israel*. Europa Verlag, Leipzig. Während der erste Schrift die Ursachen für den dauerhaften Konflikt – beginnend mit den Resultaten des Sechstagekriegs 1967 – fast nur auf die israelische Politik reduziert, ist die letztere eine ganz bewusst einseitige und im juristischen Jargon verfasste Verteidigungsschrift, in der den dialektischen Kräften und gegen seitigen Auswirkungen kaum Platz bleibt.

Elektronische Quellen wurden bevorzugt, um den Zugang zu den verschiedenen Dokumenten, Protokollen und anderen Materialien zu vereinfachen.

Zum Diskussionsrahmen: Die ersten beiden Kapitel beschäftigen sich mit der Frage, inwiefern die Konstruktion des Oslo-Abkommens stabil genug war, um das gewaltige Gewicht einer historischen Versöhnung dieser Art, einer Versöhnung zwischen zwei Völkern, die von sich gegenseitig ausschließenden Narrativen geprägt werden, zu tragen. Weil Konstruktionsfehler aber als solche bezeichnet werden müssen, auch wenn sie noch nicht zum Zusammenbruch der Gesamtkonstruktion geführt haben, lege ich in den Kapiteln 1 und 2 den Fokus allein auf die verschiedenen Artikel und Paragraphen des Oslo-Abkommens, auf seine gedanklichen und konzeptuellen Quellen sowie auf das Gesamtkonzept des Osloer Friedensprozesses, und zwar unabhängig von den Geschehnissen und Entwicklungen vor Ort. Mit diesen sowie auch mit deren Auswirkungen auf die beiden Parteien befassen sich die nächsten Kapitel dieses Buches. Im Zentrum dieser Kapitel 3 und 4 steht die destruktive dialektische Bewegung des israelisch-palästinensischen Konflikts seit der Unterzeichnung des Abkommens im September 1993. Das dritte Kapitel befasst sich mit dem dialektischen Zusammenhang zwischen dem politischen Verhalten der Palästinenser – vor allem der Fatah und deren Vorsitzenden Jassir Arafat – und der Destabilisierung und späteren Zerstörung des sogenannten israelischen „Friedenslagers", d.h. derjenigen gesellschaftlichen und politischen, parlamentarischen wie auch außerparlamentarischen, – Kräfte Israels, die den Weg des Osloer Friedensprozesses unterstützen. In diesem Kontext werden die Komplexität und die Vielfältigkeit der palästinensischen Politik in der Zeit der Unterzeichnung des Oslo-Abkommens betrachtet. Dazu gehört auch der innerpalästinensische Konflikt zwischen den politischen Fraktionen bzw. paramilitärischen Organisationen, die das Oslo-Abkommen befürworteten oder ablehnen. Zu den letzteren gehören die mittlerweile weltweit bekannte und in vielen Ländern als islamistische Terrororganisation eingestufte Hamas sowie die kommunistisch orientierte Volksfront zur Befreiung Palästinas (PFLP), um nur zwei Beispiele zu nennen.

Eine dialektische Dynamik setzt aber das Vorhandensein von mindestens zwei Akteuren voraus. Im 4. Kapitel werden deshalb die gravierenden politischen Verfehlungen seitens Israels analysiert. Im Zentrum dieser Analyse stehen der Siedlungsbau und seine Auswirkungen auf die Akzeptanz israelischer Friedensrhetorik und Friedensinitiativen in der palästinensischen Gesellschaft und Politik. Um die Diskussion in den breiten historisch-politischen Kontext des israelisch-arabischen Konflikts einzuordnen, befasst sich dieses Kapitel auch mit zwei Präzedenzfällen – dem Rückzug Israels von der Halbinsel-Sinai (1982) und aus dem Gazastreifen (2005) –, wo jüdische Siedlungen abgebaut wurden. Vor diesem Hintergrund werde ich mich mit zwei Fragen auseinandersetzen, die einander ergänzen: (1) Welche Konsequenzen – wenn überhaupt – können die Palästinenser aus diesen Präzedenzfällen ziehen und (2) inwiefern – wenn überhaupt – können die Ängste und Sorgen der Palästinenser bezüglich der demografischen und geopolitischen Gefahr, die von dem Ausbau der Siedlungen ausgeht, beschwichtigen.

Angesichts der hoffnungs- und trostlosen Lage, in die der Friedensprozess inzwischen geraten ist, werde ich mich im letzten Kapitel mit drei Alternativen zur Lösung des Konflikts beschäftigen.

Die Entstehung einer vermeidbaren Fehlkonstruktion

I

Um die politische und gedankliche Basis des Osloer Friedensprozesses zu verstehen, muss man zuerst eine kurze Zeitreise in die Vergangenheit unternehmen. Am 17. September 1978 unterschrieben Israel und Ägypten das Camp-David-Abkommen, was ca. ein halbes Jahr später, am 26. März 1979, zur Unterzeichnung des Friedensvertrags zwischen den beiden Staaten führte. Das war das erste Mal, dass ein arabischer Staat Israel nicht nur de facto, sondern auch de jure anerkannte. Für diesen Alleingang bezahlte der damalige ägyptische Präsident Anwar al-Sadat einen hohen politischen und persönlichen Preis. Ihm und seinem Land wurde Verrat an der arabischen Welt und vor allem an den Palästinensern vorgeworfen. Dass sein syrischer Gegenspieler Hafiz al-Assad sogar einen Schritt weiter ging und in einem Interview mit dem „Spiegel" am 27. August 1979 behauptete, Sadat sei „kein Araber mehr"[13], war deswegen nicht überraschend. Ähnlich äußerte sich damals auch der libysche Diktator Muammar al-Gaddafi[14]. Auf politischer Ebene führten die Feindseligkeiten gegen Sadat zum Ausschluss Ägyptens aus der Arabischen Liga und zur Verlegung des Hauptquartiers dieser Organisation von Kairo nach Tunis. Zwei Jahre später, am 6. Oktober 1981, wurde Sadat in Kairo während einer Militärparade zum 8. Jahrestag des Oktoberkriegs (1973) von Islamisten ermordet. Sein Trauerzug spiegelte die politische Isolation Ägyptens wider: Bis auf drei Ausnahmen weigerten sich die Mietgliedstaaten der Arabischen Liga, dem ermordeten Präsidenten die letzte Ehre zu erweisen.

Den Widerstand der arabischen Welt gegen den Friedensvertrag mit Israel hatte Sadat – was überhaupt nicht schwierig war – vorausgesehen. Ihm war bewusst, dass Ägypten auf keinen Fall und unter keinen Umständen ei-

---

13   Der Spiegel, 35/1979 S. 114-121
14   Der Spiegel, 50/1979 S. 156-175

nen Kompromiss mit Israel schließen darf, ohne dabei der palästinensischen Sache Tribut zu zollen[15]. Vor allem aus diesem Grund wurde das Camp-David-Abkommen aus zwei verschiedenen Teilen zusammengesetzt – und die Reihenfolge ist nicht ganz unwichtig: Der erste Teil, direkt nach der Präambel, beschäftigt sich nicht mit den Rahmenbedingungen zur Normalisierung der Beziehungen zwischen Israel und Ägypten, wie zu erwarten gewesen wäre, sondern mit der Errichtung einer vollständigen Autonomie („full autonomy") im Westjordanland und im Gazastreifen[16]. Laut dem Historiker Ahron Bregman „[beharrte] Sadat auch darauf, dass ein die Palästinenser betreffendes Abkommen unterschrieben werden sollte, bevor man ein Sinai-Abkommen zwischen Israel und Ägypten unterzeichnete [...][17]". Der Grund dafür liegt nah: Der ägyptische Präsident wollte durch dieses Manöver die gegen sich gerichteten Vorwürfe wegen eines angeblichen Verrats an den palästinensischen Nationalbestrebungen entschärfen. Es reichte deshalb nicht aus, auf die palästinensische Sache nur nebenbei Bezug zu nehmen. Dass dieses Thema in dem Abkommen an erster Stelle thematisiert wurde und nicht als Fußnote auf der letzten Seite, sollte ein klares Signal für sein Gewicht in dem Gesamtzusammenhang sein.

Der Inhalt des ersten Teils des Camp-David-Abkommens („West Bank and Gaza") wird deshalb in diesem und im nächsten Kapitel behandelt. Ich werde versuchen, Folgendes zu beweisen: (1) Das Camp-David-Abkommen bildete den Grundstock des Oslo-Abkommens bzw. des Osloer Friedensprozesses. (2) Diese Konstruktion war zu schwach und ungeeignet, um das gesamte Gebäude des Osloer Friedensprozesses zu tragen.

Die Beweisführung wird in drei Schritten erfolgen, wobei die letzten beiden parallel stattfinden werden: (a) Als ersten Schritt werde ich in diesem Kapitel aus dem Camp-David-Abkommen die Hauptmerkmale der in seinem ersten Teil vorgeschlagenen Lösung des israelisch-palästinensischen Konflikts herauskristallisieren. (b) Danach gilt es zu beweisen, dass diese Merkmale die Grundlage des Osloer Friedensprozesses ausmachen. Darauf wird

---

15   Baumgarten, Helga (2002) *Arafat – zwischen Kampf und Diplomatie.* (S. 80), Ullstein, München.

16   Im Abkommen unter: West Bank and Gaza / Artikel 1.

17   Bregman, Ahron; (2014) *Gesiegt aber doch verloren.* (S. 115), Orell füssili Verlag, Zürich.

im zweiten Kapitel eingegangen. (c) Zum Schluss werde ich diese Basis analysieren, um zu zeigen, dass fast jeder ihrer aus dem Camp-David-Abkommen stammenden Bestandteile zum Scheitern des Osloer Friedensprozesses beigetragen hat.

II

Bevor ich mit dem ersten Schritt beginne, ist es angebracht, ein potenzielles Missverständnis schon im Vorfeld zu beseitigen. In der hebräischen Übersetzung des Camp-David-Abkommens, die man bis heute auf der Webseite der Knesset lesen kann[18], wurde der Begriff „Palestinian people" mit „israelische Araber" übersetzt. Eben in diesem Sinne war in der Übersetzung nicht die Rede vom „Palestinian problem", sondern von dem Problem der israelischen Araber. Wer aber die politischen Zusammenhänge kennt, der weiß auch, was man in Israel unter dem Terminus „israelische Araber" versteht: Das sind die Araber, die nach dem Unabhängigkeitskrieg (1948) als Folge des Teilungsplans bzw. der neuen Grenzziehung nach dem Krieg israelische Staatsbürger geworden waren. Die Araber hingegen, die bis zum Sechstagekrieg im Westjordanland (unter jordanischer Besatzung) und im Gazastreifen (unter ägyptischer Besatzung) gelebt hatten, nannte man nach der Eroberung beider Territorien im Juni 1967 niemals „israelische Araber", sondern (hebräisch) „Arvji Hashtachim" – was nichts anderes bedeutet als „Die Araber der [besetzten] Gebiete". Es geht bei der Übersetzung des Begriffs nicht um einen semantischen oder stilistischen Fehler, sondern eher um einen ideologisch geprägten, der auf die Schwierigkeiten der damaligen rechtsorientierten israelischen Regierung mit dem Prädikat „palästinensisch" zurückzuführen ist. In unserem Kontext aber ändert es an der Sache nichts, da Übersetzungen keinen juristischen Wert haben. Weil die beiden Parteien nur die englische Version des Abkommens unterzeichneten, ist sie auch die einzige offizielle und verpflichtende. Und diese beschäftigt sich nicht mit „israelischen Arabern", sondern mit den Palästinensern und mit dem palästinensischen Volk. Es handelt sich hier nicht um eine Bagatelle. Denn geht man nun davon aus – und davon muss man ausgehen –, dass der damalige israelische Premierminister Menachem Begin ganz genau wusste, was die offizielle und die einzig geltende Version des Camp-David-Abkommens beinhaltete, bedeu-

---

18   www.knesset.gov.il/process/docs/camp_david.htm

tet das – so meinen viele –, dass Israel mit der Unterzeichnung des Abkommens das palästinensische Volk als solches anerkannt habe.

Es gibt aber auch andere Stimmen. In einem Artikel auf der israelischen Nachrichtenplattform „Mida"[19] weist zum Beispiel Dr. Ran Baratz darauf hin, dass Begins Anhänger diese ideologische Dissonanz damals wie heute zu relativieren versuchen. Sie sehen vor allem das folgende Zitat als Beweis für die Richtigkeit ihrer Position: „The solution from the negotiations must also recognize the legitimate right of the Palestinian peoples and their just requirements". In diesen Zeilen, behaupten sie, gehe es um die Palästinenser – und nicht um das palästinensische Volk. Deshalb sei auch im Abkommen „their just requirements" und nicht „its rights" verwendet worden. Aber auch diese Interpretation ändert nichts an der Tatsache, dass der Terminus „die Palästinenser" mit dem Begriff „israelische Araber" nicht gleichgesetzt werden darf.

(a) Der rechtliche Rahmen

Das erste Merkmal des Camp-David-Abkommens, das 15 Jahre später zur Grundlage des Osloer Friedensprozesses wurde, waren die UN-Resolutionen 242 und 338. Diese bildeten den rechtlichen Rahmen des Friedensvertrags zwischen Israel und Ägypten und galten damals wie heute als Basis für alle künftigen Verhandlungen zwischen Israel und seinen arabischen Nachbarländern. Deshalb ist es wenigstens auf den ersten Blick nicht überraschend, dass das Oslo-Abkommen – wie später noch deutlich wird – ebenso auf dieser rechtlichen Basis gebaut wurde. Im Folgenden wird geprüft, was die UN-Resolutionen 242 und 338, die sich im Laufe der Zeit zur unerschöpflichen Quelle großer Missverständnisse und Interpretationskonflikte entwickelten, genau beinhalten, um später, im nächsten Kapitel, die Frage zu beantworten, inwiefern, wenn überhaupt, ihre Anwendung auf die Lösung des israelisch-palästinensischen Konflikts im Rahmen des Oslo-Abkommens richtig und hilfreich war.

Im Camp-David-Abkommen tauchen die UN-Resolutionen 242 und 338 schon in der Präambel auf, und zwar im folgenden Kontext:

---

19   http://mida.org.il/2012/11/30

„To achieve a relationship of peace, in the spirit of Article 2 of the United Nations Charter, future negotiations between Israel and any neighbor prepared to negotiate peace and security with it, are necessary for the purpose of carrying out all the provisions and principles of Resolutions 242 and 338. Peace requires respect for the sovereignty, territorial integrity and political independence of every state in the area and their right to live in peace within secure and recognized boundaries free from threats or acts of force. [...] Taking these factors into account, the parties are determined to reach a just, comprehensive, and durable settlement of the Middle East conflict through the conclusion of peace treaties based on Security Council resolutions 242 and 338 in all their parts".

Ginge es hier nur um ein dekoratives rhetorisches Schmuckelement, sollte der Inhalt dieser Zeilen vielleicht ausreichen, um den Geist der beiden Resolutionen wiederzugeben. Dass das hier aber nicht der Fall ist, kann man unter anderem daraus ersehen, dass sowohl die Resolution 242 als auch die Resolution 338 dem Abkommen als Anhang hinzugefügt und so zu dessen untrennbarem Bestandteil wurden. Dadurch gewannen sie an Sinn und Bedeutung, auch in Bezug auf die vereinbarte Lösung des israelisch-palästinensischen Konflikts, welche in dem ersten Teil des Abkommens dargestellt wurde. Aus diesem Grund ist es erforderlich, den Inhalt dieser Resolutionen akribisch zu prüfen.

Die Resolution 242 des UN-Sicherheitsrats wurde am 22. November 1967 verabschiedet, ca. fünf Monate nach dem Ende des Sechstagekrieges. Sie beinhaltet insgesamt vier Themen, von denen in dem hier diskutierten Kontext nur die ersten zwei von Relevanz sind:

„Der Sicherheitsrat [...] (1) erklärt, dass die Verwirklichung der Grundsätze der Charta die Schaffung eines gerechten und dauerhaften Friedens im Nahen Osten verlangt, der die Anwendung der beiden folgenden Grundsätze einschließen sollte: (i) Rückzug der israelischen Streitkräfte aus Gebieten, die während des jüngsten Konflikts besetzt wurden; (ii) Beendigung jeder Geltendmachung des Kriegszustands beziehungsweise jedes

Kriegszustands sowie Achtung und Anerkennung der Souveränität, territorialen Unversehrtheit und politischen Unabhängigkeit eines jeden Staates in der Region und seines Rechts, innerhalb sicherer und anerkannter Grenzen frei von Androhungen oder Akten der Gewalt in Frieden zu leben; (2) erklärt ferner, dass es notwendig ist, (a) die Freiheit der Schifffahrt auf den internationalen Wasserwegen in der Region zu garantieren; (b) eine gerechte Regelung des Flüchtlingsproblems herbeizuführen".

Wie man erkennen kann, bildet diese Resolution die Grundlage für die sogenannte Formel „Land-für-Frieden", die den Friedensprozess im Nahen Osten als eine Art von Güteraustausch betrachtet. Laut dieser Formel sollte Israel seine arabischen Nachbarländer mit Land beliefern – gemeint sind die Territorien, die es während des Sechstagekrieges besetzt hatte – und als Gegenleistung sollten die arabischen Nachbarländer Israel mit Frieden versorgen. Mit der Unterzeichnung des Friedensvertrags zwischen Israel und Ägypten am 26. März 1979 wurde diese Formel zur Realität: Israel verpflichtete sich, die seit Juni 1967 besetzte Sinai-Halbinsel an Ägypten zurückzugeben[20]. Der Abzug aller israelischer Zivilisten und Streitkräfte wurde im Anhang I/Artikel I geregelt und sollte in zwei Schritten erfolgen. Insgesamt hatte er aber „nicht später als drei Jahre nach dem Datum des Austausches der Ratifikationsurkunden dieses Vertrags [abgeschlossen sein müssen]". Zu Meinungsverschiedenheiten – wie später noch verdeutlicht wird – kam es nur in Bezug auf die kleine Region Taba. Um dieses Problem friedlich zu lösen, wurde einvernehmlich eine internationale Kommission einberufen, die sich für die ägyptische Position entschied. Als Folge steht Taba seit 1989 unter ägyptischer Souveränität. Damit wurde der israelische Abzug endgültig abgeschlossen. Ägypten wiederum erbrachte seine „Gegenleistung", weshalb seit 1979 zwischen den beiden Nachbarländern ein kalter, aber immerhin stabiler Frieden herrscht.

Hier interessiert aber weniger die Erfolgsgeschichte des israelisch-ägyptischen Friedensprozesses, sondern vielmehr die Frage nach dem Sinn der Anwendung der im Camp-David-Abkommen erwähnten Resolution 242 auf den

---

20   Artikel I/2 und Annex I – Artikel I/1-4.

Osloer Friedensprozess. Um diese Frage im nächsten Kapitel beantworten zu können, ist es zuerst erforderlich, den Punkt 1/i der Resolution 242 unter die Lupe zu nehmen.

Im Lauf der Zeit entflammte um den Inhalt des Punkts 1/i eine lange und heftige Debatte. Der Grund für diese Kontroverse war eine geringe, aber doch dramatische Abweichung der französischen Übersetzung von der einzig gültigen englischen Version der Resolution. In der englischen Version wird von Israel lediglich gefordert, seine Streitkräfte **aus Gebieten** abzuziehen, die es während des letzten Konflikts [gemeint ist der Sechstagekrieg] erobert hatte. Die französische Version erzählt eine andere Geschichte: Dort wird Israel aufgefordert, seine Streitkräfte aus **den** Gebieten abzuziehen, die es während des letzten Konflikts erobert hatte. Es geht hier nicht nur um eine Kleinigkeit, denn laut der englischen Version muss sich Israel also nicht aus allen Gebieten zurückziehen, die es im Sechstagekrieg erobert hatte, während die französische impliziert, dass es dies tun müsse. Aus israelischer Sicht ist die Formulierung in der englischen Version auch in Einklang zu bringen mit dem Inhalt des Punkts 1/ii, nämlich mit dem Anspruch Israels auf sichere Grenzen. Weil die englische Version sowieso die einzig rechtmäßige ist, sollte sich diese Diskussion eigentlich erübrigen. Das Problem jedoch ist, dass dieser Fehler – aus welchem Grund auch immer – sich mittlerweile in dem öffentlichen politischen Diskurs verfestigt hat. Um nur ein Beispiel aus der deutschen Presse zu nennen: Am 19. April 2016 berichtete das Handelsblatt über das Treffen des palästinensischen Präsidenten mit der Kanzlerin Angela Merkel. Den LeserInnen, die sich in der Geschichte des Konflikts nicht so gut auskennen, wurde Folgendes erzählt: „Israel hatte im Sechstagekrieg von 1967 mehrere palästinensische Gebiete erobert, darunter das Westjordanland. Obwohl die Vereinten Nationen in der UN-Resolution 242 vom 22. November 1967 den Abzug aus den eroberten Gebieten forderten, wurden einige davon nie zurückgegeben"[21]. Diese Formulierung ist in mindestens zwei Punkten falsch und problematisch: (a) Der Inhalt der UN-Resolution wird hier im Geiste der französischen Übersetzung schlechthin falsch dargestellt; (b) nicht einige der besetzten Gebiete wurden nicht zurückgegeben, sondern gar keins. Denn das Westjordanland und den Gazastreifen hätte Israel nur an Jordanien bzw. Ägypten zurückgeben können, die diese Territorien bis zum 5. Juni 1967 un-

---

21   Handelsblatt, 19.4.2016

rechtmäßig besetzt gehalten hatten. Die Formulierung des Handelsblatts erweckt den Eindruck, dass die beiden erwähnten Gebiete unter palästinensischer Souveränität gestanden hatten, als Israel sie eroberte. Historisch betrachtet ist dies einfach falsch. Dieses Thema wird in den nächsten Kapiteln dieses Buches ausführlich behandelt werden. Im jetzigen Kontext ist es aber wichtig in Erinnerung zu behalten, dass die Resolution 242 nicht das Zurückgeben der eroberten Gebiete fordert, sondern den Rückzug Israels daraus. Dieser Unterschied ist in Bezug auf die rechtliche Konstruktion des Oslo-Abkommens enorm, wie später noch deutlich wird. Genau so strittig ist der Punkt ii/b der Resolution. Dieser thematisiert einen der schwierigsten und kompliziertesten Streitpunkte in der Geschichte des israelisch-palästinensischen Konflikts, nämlich das sogenannte Flüchtlingsproblem. Über die Frage, was unter einer „gerechte[n] Regelung" des Flüchtlingsproblems zu verstehen ist, wird immer noch gestritten. Von Relevanz für unsere Diskussion ist aber nicht nur, was dieser Punkt meint, sondern vor allem, was er nicht meint: (a) In der Resolution ist vom „Flüchtlingsproblem" die Rede. Unklar ist aber, ob unter diesen Begriff nur palästinensische Flüchtlinge fallen oder auch jüdische. (b) Der Terminus „Rückkehr" bzw. „Recht auf Rückkehr" in Bezug auf die palästinensischen Flüchtlinge kommt in der Resolution gar nicht vor. (c) Ebenso nimmt die Resolution keinen Bezug auf Artikel 11 der UN-Resolution 194, mit welcher die Forderung nach Rückkehr der palästinensischen Flüchtlinge begründet wird. Welche Auswirkungen diese Ambiguität auf die Konstruktion des Oslo-Abkommens hatte, ist eine der Kernfragen, die im nächsten Kapitel dargelegt werden.

Der andere rechtliche Anker des Camp-David-Abkommens, die UN-Resolution 338, wurde am 22. Oktober 1973 (einstimmig) verabschiedet. Der Anlass dafür war der Yom-Kippur-Krieg (bzw. „Oktober-Krieg"), welcher am 6. Oktober 1973 mit einem koordinierten syrisch-ägyptischen Angriff auf Israel begann. Gedauert hat er bis zum 24. Oktober – also mehr als zwei Wochen. Die Resolution hatte zwei Ziele, dabei ist der Punkt 3 lediglich eine Erweiterung des zweiten Punkts:

> „Der Sicherheitsrat (1) fordert alle an den gegenwärtigen Kampfhandlungen Beteiligten auf, sofort, spätestens 12 Stun-

den nach dem Zeitpunkt der Verabschiedung dieses Beschlusses, in den von ihnen jetzt besetzten Stellungen jedes Feuer einzustellen und jede militärische Aktivität zu beenden; (2) fordert die beteiligten Parteien auf, sofort nach Einstellung des Feuers damit zu beginnen, die Resolution 242 (1967) des Sicherheitsrats in allen ihren Teilen durchzuführen; (3) beschließt, dass sofort und gleichzeitig mit der Feuereinstellung Verhandlungen zwischen den beteiligten Parteien unter geeigneter Schirmherrschaft mit dem Ziel aufgenommen werden, einen gerechten und dauerhaften Frieden im Nahen Osten herzustellen".

Den Yom-Kippur-Krieg, wie man hier lesen kann, verstand der Sicherheitsrat in dem breiten Kontext der neuen geopolitischen Realität im Nahen Osten, die im Juni 1967 entstanden war. Der jüngste Krieg wurde so als eine Fortsetzung des Sechstagekriegs betrachtet und das ist auch der Grund, warum in der Resolution 338 die Resolution 242 bekräftigt wurde. Während die Relevanz der Resolution 338 für das Camp-David-Abkommen naheliegt, besteht diese für die Lösung des Konflikts zwischen Israel und den Palästinensern vor allem in ihrem Beitrag zur Verankerung der Formel „Land für Frieden". Aus diesem Grund liegt der Fokus im nächsten Kapitel, bei der Auseinandersetzung mit der Frage, inwiefern die Anwendung der UN-Resolutionen 242 und 338 auf das Oslo-Abkommen richtig und hilfreich war, vor allem auf ersterer.

(b) Endziel und Zeitrahmen

Damit die Lösung des palästinensischen Problems „in all seinen Aspekten" nicht nur auf deklaratorischer Ebene stattfindet, legte das Camp-David-Abkommen einen konkreten Zeitrahmen zur Umsetzung der Vereinbarungen fest:

> „Egypt and Israel agree that, in order to ensure a peaceful and orderly transfer of authority, and taking into account the security concerns of all the parties, there should be transitional arrangements for the West Bank and Gaza for a period not exceeding five years. In order to provide full autonomy to the in-

habitants, under these arrangements the Israeli military government and its civilian administration will be withdrawn as soon as a self-governing authority has been freely elected by the inhabitants of these areas to replace the existing military government. [...] When the self-governing authority (administrative council) in the West Bank and Gaza is established and inaugurated, the transitional period of five years will begin. As soon as possible, but not later than the third year after the beginning of the transitional period, negotiations will take place to determine the final status of the West Bank and Gaza and its relationship with its neighbors and to conclude a peace treaty between Israel and Jordan by the end of the transitional period."

Weil dieses Modell – wie später noch deutlich wird – von den Konstrukteuren des Oslo-Abkommens fast unverändert übernommen wurde und vor allem weil diese beiden Merkmale des Camp-David-Abkommens, d. h. der Zeitrahmen und das Endziel, wie kaum ein anderes das Schicksal des Osloer Friedensprozesses prägten, muss man mit den oben zitierten Zeilen sehr akribisch und kritisch umgehen.

Wenigstens als ersten Schritt sah das Abkommen die Gründung einer vollständigen Autonomie im Westjordanland und im Gazastreifen vor. Mit der Errichtung der palästinensischen Selbstverwaltungsbehörde sollte eine Übergangsphase von fünf Jahren beginnen. Die Parteien verpflichteten sich, spätestens nach dem dritten Jahr mit den Verhandlungen über den Endstatus des Westjordanlands und des Gazastreifens zu beginnen. Das heißt, dass das Camp-David-Abkommen in Bezug auf das sogenannte palästinensische Problem jedes klaren und konkreten Endziels entbehrte. Dieses sollte erst zum Schluss verhandelt werden – und da lagen alle Möglichkeiten offen: Man hätte theoretisch das Experiment als gescheitert erklären oder genausogut bei dem Autonomie-Modell bleiben können. Eine weitere mögliche Entwicklung bzw. ein eventuelles Resultat der End-Status-Verhandlungen hätte auch die Gründung eines unabhängigen palästinensischen Staates sein können. Zwar haben die Parteien bei der Verfassung des Abkommens diesen Terminus bewusst vermiede, dafür aber wurde er weder direkt noch indirekt ausgeschlossen. Ferner: Laut Dr. Yair Hirschfeld, einem der Initiatoren des Oslo-Abkommens, hat man das Camp-David-Abkommen nicht anders verstehen können als einen Prozess, an dessen Ende ein palästinensischer Staat errichtet werden sollte:

> „Wer das Camp-David-Abkommen sorgfältig las, kam zu dem Schluss, dass die Logik dessen, worauf man sich dort geeinigt hatte, zwingend zu einer Zwei-Staaten-Lösung führen würde. Die Annahme, dass eine palästinensische Selbstverwaltungsbehörde, die nach den Bestimmungen des Abkommens von den Palästinensern des Westjordanlands und des Gazastreifens gewählt wurde, über irgendetwas anderes als einen palästinensischen Staat verhandeln würde, ist lächerlich.[22]"

In einem Vortrag an der Universität Haifa äußerte er sich sogar eindeutiger. Seinem Publikum sagte er, dass „im Camp-David-Abkommen der palästinensische Staat gegründet [wurde]"[23]. Über die Frage, ob, was Hirschfeld heute so klar ist, auch Menachem Begin damals so klar war, kann man natürlich lange debattieren und spekulieren. Eins aber ist sicher: Dieser Charakter des Abkommens, nämlich die Abwesenheit eines klaren Endziels in Bezug auf die politische Zukunft der Palästinenser im Westjordanland und Gazastreifen und der lange Zeitraum von fünf Jahren zur Umsetzung der Vereinbarungen und zur Unterzeichnung eines Endstatusabkommens, prägte auch die innere Logik des Oslo-Abkommens und galt als zentraler Bestandteil seiner Konstruktion. Welche verheerenden Folgen das auf den Friedensprozesses hatte, wird im nächsten Kapitel deutlich.

(c) Das territoriale Verständnis des Terminus „Palästinenser"

Im Camp-David-Abkommen, wie oben verdeutlicht wurde, einigten sich Israel und Ägypten auf die Errichtung der vollständigen palästinensischen Autonomie im Westjordanland und im Gazastreifen. Der erste Schritt auf dem Weg zur Verwirklichung dieses Plans sollte die Durchführung freier

---

22   Zitiert von: Bregman, Ahron (2014) *Gesiegt aber doch verloren.* (S. 119), Orell füssli Verlag, Zürich. Laut dem Autor stammt dieses Zitat aus seiner privaten Korrespondenz mit Hirschfeld.

23   https://www.youtube.com/watch?v=5ljBhPkTh2Q

Wahlen zur palästinensischen Selbstverwaltungsbehörde sein. Der Grund liegt nahe: Ohne eine zentrale palästinensische Instanz wäre eine geordnete Übergabe der Verantwortung von der israelischen Militärverwaltung an die Palästinenser unmöglich gewesen. Wahlberechtigt waren laut Abkommen „the inhabitants of these areas"[24], nämlich die Einwohner des Westjordanlands und des Gazastreifens. Bezüglich ihrer Rolle in den nächsten Schritten des Friedensprozesses sah das Abkommen noch Folgendes vor:

> „In this way, the Palestinians will participate in the determination of their own future through: (1) The negotiations among Egypt, Israel, Jordan and the representatives of the inhabitants of the West Bank and Gaza to agree on the final status of the West Bank and Gaza and other outstanding issues by the end of the transitional period. (2) Submitting their agreements to a vote by the elected representatives of the inhabitants of the West Bank and Gaza. Providing for the elected representatives of the inhabitants of the West Bank and Gaza to decide how they shall govern themselves consistent with the provisions of their agreement. (3) Participating as stated above in the work of the committee negotiating the peace treaty between Israel and Jordan."

Wie man diesen Zeilen entnehmen kann, wurden in das Abkommen zwei Mechanismen integriert, die dafür sorgen sollten, dass die Palästinenser bei der Gestaltung ihrer politischen und nationalen Zukunft eine aktive und gleichberechtigte Rolle spielen: (a) Neben den Vertretern Israels, Ägyptens und Jordaniens sollten auch Repräsentanten der Einwohner des Westjordanlands und Gazastreifens am Verhandlungstisch sitzen und aktiv mitverhandeln. (b) Um zu garantieren, dass die im Rahmen der Verhandlungen getroffenen Vereinbarungen tatsächlich den Willen des palästinensischen Volks widerspiegeln, bedurften diese, um Gültigkeit zu erhalten, der Zustimmung der gewählten Repräsentanten der im Westjordanland und Gazastreifen lebenden Palästinenser. Im hier besprochenen Kontext ist die Einführung dieser beiden Mechanismen von großer Bedeutung, denn dadurch nahm der Begriff „palästinensisch" – wenigstens im Sinne des Camp-David-Abkommens – eine ganz konkrete territoriale Form an. Nicht die Palästinenser weltweit – dazu

---

24   Punkt A/1/A.

zählen auch die Flüchtlinge und ihre Nachkommen – durften die Zukunft des palästinensischen Volks bestimmen und gestalten, sondern allein diejenigen Palästinenser, die in den palästinensischen Territorien lebten.

Es geht hier nicht um folkloristische Bagatellen, denn die PLO, der im Camp-David-Abkommen keine Rolle zugestanden wurde, verstand sich selbst als die einzige Vertreterin aller Palästinenser, unabhängig von der Frage, wo diese ansässig sind – und das nicht ohne Grund. Beim Gipfeltreffen in Rabat am 26. Oktober 1974 erkannte die Arabische Liga die PLO als die einzige legitime Vertreterin der Palästinenser an, was gleichzeitig ein politischer Schlag ins Gesicht des jordanischen Königs Hussein war. Aus israelischer Sicht bedeutete diese Wende den Anfang vom Ende der sogenannten „jordanischen Option". Diese sah vor, dass die Palästinenser ihr Recht auf Selbstbestimmung – in welcher Form auch immer – im Rahmen des Haschemitischen Königreiches verwirklichen sollten (zum Beispiel als autnomes Gebiet oder Konföderation). Am 31. Juli 1988 wurde diese Option von König Hussein offiziell fallen gelassen, nachdem er auf jeden Anspruch bezüglich seiner Herrschaft im Westjordanland verzichtet hatte. Das Ziel dieses Schritts – so die offizielle Erklärung – war, „die nationale Orientierung der Palästinenser zu verbessern und die Identität der Palästinenser hervorzuheben"[25]. Auf dieses Thema wird später noch eingegangen, vor allem in Bezug auf den rechtlichen Status des Westjordanlands. Im jetzigen Kontext aber heißt das, dass Ägypten (und vor allem Sadat) – als Teil der Arabischen Liga bis zu seinem Ausschluss 1979 – unter dem im Camp-David-Abkommen mehrmals auftauchenden Terminus „Repräsentanten des palästinensischen Volks" nur die PLO verstehen konnte. Israel hingegen weigerte sich, eine – aus seiner Sicht – Terrororganisation wie die PLO als Gesprächspartner anzuerkennen.

So gesehen war für die damaligen Verhältnisse die Trennung zwischen den palästinensischen Einwohnern der besetzten Gebiete und den Palästinensern weltweit im Zusammenhang mit den Wahlen fast revolutionär. Im Laufe der Zeit hat sich diese Trennung weiter etabliert und wurde so auch von den Konstrukteuren des Oslo-Abkommens übernommen, ebenso wie von der PLO.

---

25 www.kinghussein.gov.jo/88_july/31.html, übersetzt vom Autor

Das hier entstandene Spannungsfeld zwischen der Führung der Palästinenser vor Ort und der im Ausland ansässigen Führung unter Jassir Arafat
begleitete, zusammen mit Israels Weigerung, die letztere anzuerkennen, den
israelisch-palästinensischen Konflikt bis zur Unterzeichnung des Oslo-Abkommens am 13. September 1993. Wie später noch deutlich wird, nahmen
diese innerpalästinensischen Spannungen in dem Zeitraum zwischen 1987
und 1993 eine konkrete politische Form an. Die Erste Intifada (1987), der
Gesichtsverlust der PLO nach dem Zweiten Golfkrieg sowie die Friedensverhandlungen in Washington als Folge der Madrider Konferenz (1991) signali-
sierten eine mögliche Machtverschiebung von Tunis hin zur lokalen Führung
der Palästinenser im Westjordanland und im Gazastreifen. Arafats Motivation, den Osloer Weg zu gehen, ist untrennbar mit dieser Entwicklung verbunden.

In der Unklarheit um den Terminus „Repräsentanten des palästinensischen Volks" kann man schon die erste Problematik des Camp-David-Abkommens in Bezug auf die in seinem ersten Teil vorgeschlagene Lösung des israelisch-palästinensischen Konflikts erkennen. Es ist aber wichtig zu betonen,
dass dieses Problem im Rahmen der Verhandlungen über das Oslo-Abkommen dadurch geklärt und gelöst wurde, dass Israel die PLO als die legitime
Vertreterin der Palästinenser offiziell anerkannte. Anders formuliert: Dieser
Konstruktionsfehler, der vielleicht die Umsetzung des Camp-David-Abkommens erschwerte, gehört nicht zu den Fehlern, die der Osloer Friedensprozess von dem Camp-David-Abkommen geerbt hat.

Zu den drei Merkmalen des Camp-David-Abkommens, dem Endziel, dem
rechtlichen Rahmen und dem Zeitrahmen, kommt noch eines, welches im
Camp-David-Abkommen zwar nicht auftauchte, dafür aber im Friedensvertrag zwischen Israel und Ägypten ein Jahr später. An dieser Stelle wird es lediglich beim Namen genannt werden; es wird uns aber im nächsten Kapitel
genau so beschäftigen wie die anderen drei Merkmale. Es geht um die „Deu-
tungshoheit" bzw. um die Frage, an welche Instanz sich die Parteien wenden
dürfen oder sollen, um Meinungsverschiedenheiten bezüglich des Vertrags
und seiner Umsetzung beizulegen. Dieser Mechanismus ist desto wichtiger, je
komplizierter und multifaktorieller ein Vertrag ist. In unserem Kontext gilt es

zu prüfen, ob ein solcher Mechanismus ins Oslo-Abkommen integriert wurde und wenn ja, inwiefern er effektiv funktionierte.

Auf diesen schon 1978 gegossenen Fundamenten wurde ca. fünfzehn Jahre später der Osloer Friedensprozesses gebaut. Allein diese Tatsache – noch bevor man das Oslo-Abkommen ausführlich analysiert – ist alarmierend genug, und zwar aus zwei Gründen: Fünfzehn Jahre sind in der internationalen Politik, und erst recht im Nahen Osten, viel Zeit. Und tatsächlich fanden in dem Zeitraum zwischen 1978 und 1993 auf beiden Seiten erhebliche gedankliche, politische und strategische Änderungen statt. Aus diesem Grund aber erfordert die Anwendung eines alten Modells auf eine völlig neue Situation eine gut fundierte Rechtfertigung. Mit einigen dieser Änderungen werden sich die nächsten Teile dieses Buches beschäftigen. Aber problematischer noch als die Anwendung alter Methoden auf neue Konstellationen ist die Tatsache, dass das Konzept von Camp David historisch betrachtet schlechthin scheiterte. Das heißt, bei der Gestaltung des Oslo-Abkommens griff man zu einem Lösungsmodell, das bereits 15 Jahre alt war und sich als nicht erfolgreich erwiesen hatte[26]. Allein aus diesen beiden Gründen sollte man fragen, ob das Versagen der Israelis und Palästinenser nur auf die problematische und mangelhafte Umsetzung der im Rahmen des Osloer Friedensprozesses getroffenen Vereinbarungen reduziert werden kann oder ob vielleicht die Gründe dafür auch bei der Konstruktion liegen, d. h. bei dem Konzept des Abkommens selbst, welches den beiden Seiten die erforderlichen Bedingungen schaffen sollte, damit sie ihre Verpflichtungen im Sinne des Abkommens erfüllen können. Um diese Frage zu beantworten, sollte man die konkreten Auswirkungen des Oslo-Abkommens, d.h. alles, was tatsächlich als Folge des Friedensprozesses in der geopolitischen Einheit zwischen Jordan und Mittelmeer geschah, beiseite lassen und die Lupe nur an dem Abkommen selbst ansetzen.

---

26   Die Frage, warum die im Camp-David-Abkommen verankerten Vereinbarungen nicht eingehalten wurden, kann im Rahmen dieses Buches nicht diskutiert und beantwortet werden. Die Terrorattacken der PLO gegen Israel – vor allem gegen Nordisrael –, der erste Libanonkrieg (1982), ein Mangel an ideologischer Überzeugung seitens Israel und Meinungsverschiedenheiten in der israelischen Politik bezüglich der palästinensischen Vertretung sind nur ein paar Faktoren von vielen anderen.

Die Konstruktionsfehler des Oslo-Abkommens

I

Mit dem Terminus „Oslo-Abkommen" ist in diesem Kapitel das Abkommen gemeint, welches am 13. September 1993 zwischen Israel und der Vertreterin der Palästinenser, der PLO, in Washington unterschrieben wurde. Offiziell wurde es als „Die Prinzipienerklärung über eine vorübergehende Selbstverwaltung" genannt. Die Begriffsklärung ist hier von Bedeutung, denn der sogenannte „Osloer Friedensprozess" besteht aus mehreren Verträgen und Vereinbarungen: dem Pariser Protokoll (29. April 1994), das die wirtschaftlichen Beziehungen zwischen Israel und der Palästinensischen Autonomiebehörde während der Interimsphase regulierte; das Gaza-Jericho-Abkommen (4. Mai 1994); das Interimsabkommen über das Westjordanland und den Gazastreifen –auch Oslo II genannt (28. September 1995); das Hebron-Protokoll (17. Januar 1997); das Wye-Abkommen (23. Oktober 1998) und das Sharm-El-Sheikh-Memorandum (4. September 1999). Dass der Fokus in diesem Kapitel vor allem auf das erste Abkommen in dieser Reihe gelegt wird, hat vor allem damit zu tun, dass dieses den gedanklichen Rahmen und die Spielregeln für die nächsten Vereinbarungen definierte und inspirierte. Wenn das Camp-David-Abkommen die Basis für das Oslo-Abkommen bildete, war das Oslo-Abkommen die Basis, auf welcher der gesamte Osloer Friedensprozess aufgebaut wurde. Und was nach dem 13. September 1993 in der israelisch-palästinensischen Arena geschah, geschah in seinem Geist.

(a) Das Ziel

Um die im letzten Kapitel gestellte Frage zu beantworten, inwiefern Konstruktionsfehler in der Planung und im Bau des Oslo-Abkommens zum Versagen der Israelis und der Palästinenser beitrugen, sollte man zuerst das Ziel des Abkommens einer Prüfung unterziehen. Eine solche Untersuchung macht es notwendig, die oben erwähnte Fragestellung wie folgt zu konkreti-

29

sieren: (a) Hatten die beiden Parteien ein vereinbartes Endziel, d.h. ein vereinbartes Ziel, das sie am Ende des Osloer Friedensprozesses erreichen wollten und das dementsprechend auch als solches im Abkommen verankert
wurde? (b) Inwiefern war dieses Ziel – falls überhaupt vorhanden – erreich-
bar?

Die ersten Zeilen des Oslo-Abkommens und vor allem der Artikel I liefern
einige Hinweise bezüglich der Antwort auf die erste Frage. Weil in Übersetzungen – wie schon aufgezeigt – die wichtigsten Nuancen manchmal verloren
zu gehen drohen, wird hier Bezug auf die einzig verpflichtende Version des
Abkommens, auf die englische, genommen:

> „The Government of the State of Israel and the PLO team [...],
> representing the Palestinian people, agree that it is time to put
> an end to decades of confrontation and conflict, recognize their
> mutual legitimate and political rights, and strive to live in
> peaceful coexistence and mutual dignity and security and
> achieve a just, lasting and comprehensive peace settlement and
> historic reconciliation through the agreed political process. Ac-
> cordingly, the two sides agree to the following principles:
>
> ARTICLE I – AIM OF THE NEGOTIATIONS
>
> The aim of the Israeli-Palestinian negotiations within the cur-
> rent Middle East peace process is, among other things, to estab-
> lish a Palestinian Interim Self-Government Authority, the
> elected Council (the "Council"), for the Palestinian people in the
> West Bank and the Gaza Strip, for a transitional period not ex-
> ceeding five years, leading to a permanent settlement based on
> Security Council Resolutions 242 and 338. It is understood that
> the interim arrangements are an integral part of the whole
> peace process and that the negotiations on the permanent sta-
> tus will lead to the implementation of Security Council Resolu-
> tions 242 and 338."

Fast in allen Formulierungen dieser Zielsetzung sind die Spuren des
Camp-David-Abkommens zu erkennen. So wie es schon 1978 vereinbart worden war, verfolgte auch das Oslo-Abkommen zwei Ziele: (1) die Errichtung ei-

ner palästinensischen Selbstverwaltungsbehörde als Zwischenziel (der Begriff „Self-Government Authority" stammt direkt aus dem Camp-David-Abkommen) und (2) die Unterzeichnung eines Endstatusabkommens („permanent settlement") zwischen Israel und den Palästinensern als Endziel. Aber während das erstere ziemlich klar definiert worden war, wurde das letztere mit Absicht nicht konkretisiert. So ist, wie bereits erwähnt, nirgendwo in dem Abkommen zu lesen, dass der Friedensprozesses zur Errichtung eines palästinensischen Staates führen solle. Dafür aber schließt kein Paragraph oder Artikel des Abkommens eine solche Entwicklung weder direkt bzw. indirekt aus. Nicht minder problematisch ist die Tatsache, dass die Kernfragen des Konflikts – Jerusalem, die Siedlungen, die Grenzen und die Flüchtlinge – beim Oslo-Abkommen keine Rolle spielten. Gemäß Artikel V/3 sollten sie erst im Rahmen der Verhandlungen über das Endstatusabkommen behandelt werden. Vor diesem Hintergrund ist auch überhaupt nicht klar, was unter der oben zitierten gegenseitigen Anerkennung „der legitimen und politischen Rechte" („recognize their mutual legitimate and political rights") zu verstehen ist. Denn „politische Rechte" können alles Mögliche sein. In diesem Kontext kann man darunter – je nach politischer Überzeugung – sowohl die Errichtung und Anerkennung einer palästinensischen Selbstverwaltung als auch die Gründung eines unabhängigen palästinensischen Staates verstehen. So entstand ein ziemlich großer und breiter Interpretationsspielraum, den die beiden Parteien allzu gern benutzten, um die Kritik der oppositionellen Kräfte in den eigenen Reihen durch kreative Auslegungen des Abkommens mundtot zu machen.

Das Protokoll der ersten Sitzung der Knesset vom 21. September 1993, ca. eine Woche nach der Unterzeichnung des Abkommens in Washington, zeigt diese Tendenz am deutlichsten. Mehrmals während der Sitzung behauptete und warnte der damalige Likud-Vorsitzende Benjamin Netanjahu – und nicht nur er –, dass man das Oslo-Abkommen nicht anders verstehen könne als einen Prozess, der nach der Errichtung eines palästinensischen Staates strebe. So zum Beispiel nahm er Bezug auf die Erklärung über die gegenseitige Anerkennung „der legitimen und politischen Rechte" der beiden Parteien: „Was sind ‚legitime politische Rechte des Volkes Israels'? Ein Staat"[27]. Und nach

---

27   Das Protokoll (Hebräisch) ist online zugänglich unter: http://www.knes
      set.gov.il/Tql/knesset/Knesset13/html/19930921@19930921002@002.html

dieser Logik – so Netanjahu weiter – könne die israelische Anerkennung der politischen Rechte der Palästinenser nichts anderes bedeuten als die Anerkennung eines palästinensischen Staates. Um sich gegen diesen Vorwurf zu wehren, pochten ausgerechnet Rabin, Peres[28] und die Koalitionsmitglieder darauf, dass der Terminus „palästinensischer Staat" an keiner Stelle im Abkommen zu finden sei. So entstand das absurde Szenario, dass die Palästinenser und die Opposition in Israel das Abkommen – und vor allem dessen Endziel – ähnlich verstanden und interpretierten, nämlich als den ersten Schritt auf dem Weg zur Gründung eines palästinensischen Staates, während ausgerechnet die Befürworter des Abkommens auf israelischer Seite (wenigstens auf deklaratorischer Ebene) das Gegenteil behaupteten. So unterminierten sich die israelischen und die palästinensischen Unterstützer des Abkommens gegenseitig: Die ersteren versuchten sich gegen die Kritik der Rechtsparteien dadurch zu wehren, dass sie das Endziel des Friedensprozesses kleinredeten, während die letzteren – um der Opposition in ihren eigenen Reihen Kontra zu bieten – genau das Gegenteil taten. Und während die israelische Regierung – vor allem Rabins Partei – immer wieder betonte, dass der Terminus „palästinensischer Staat" in dem Abkommen nicht vorkomme und dass Jerusalem im Rahmen des Endstatusabkommens „gesamt und vereinigt" unter israelischer Souveränität bleiben werde, sah sich Arafat auf dem Weg zur Gründung eines palästinensischen Staates mit Ostjerusalem als seine Hauptstadt[29].

Dass Israelis und Palästinenser ihre Reise mit nicht mehr als einer diffusen Ahnung von ihrem gemeinsamen Endziel begonnen hatten und dass das Erreichen dieses Ziels von beiden Seiten als Nullsummenspiel verstanden

---

28   In einem Artikel anlässlich des 20. Jahrestages des Oslo-Abkommens beschäftigte sich Dr. Ron Pundak – einer der Initiatoren des Abkommens – unter anderem auch mit der Frage, „Warum ist der Friedensprozess, welcher in Oslo begonnen hatte, gescheitert"? In dem hier diskutierten Kontext sah Pundak die Politik von Rabin und Peres, die die Errichtung eines palästinensischen Staates als das Endziel des Friedensprozesses immer wieder leugneten und so der Bevölkerung eine ziemlich diffuse Vision lieferten, als einen Grund dafür. Laut Pundak befürwortete Peres eine Lösung, im Rahmen derer das Westjordanland zu einem israelisch-jordanisch-palästinensischen Kondominium werden sollte.

29   Das erste Mal, dass die sogenannte Jerusalem-Frage offiziell in den Verhandlungen zwischen Israel und den Palästinensern behandelt wurde, war im Juli 2000 im Rahmen der Gespräche zwischen Yassir Arafat, Bill Clinton und Ehud Barak in Camp David (Camp David II). Damals galt das als Tabubruch.

wurde, hatte verheerende Auswirkungen auf die Dynamik des Friedensprozesses. Denn ein Abkommen, das kein klares Endziel definiert und die Auseinandersetzung mit den Kernfragen des Konflikts auf einen späteren Zeitpunkt verschiebt, bietet nicht nur einen endlosen Interpretationsspielraum bezüglich dieses Endziels, sondern – was nicht minder zerstörerisch ist – lädt die beiden Parteien ein, vor Ort einseitig Tatsachen zu schaffen, um ihre Position in künftigen Verhandlungen über das Endstatusabkommen zu verbessern. Ein Beispiel dafür bietet der israelische Siedlungsbau. Dieses Thema wird später noch besprochen, trotzdem ist es angebracht, schon an dieser Stelle einen Aspekt dieses Problems zu thematisieren. Nirgendwo im Oslo-Abkommen wurde gefordert, dass Israel den Bau neuer bzw. den Ausbau alter Siedlungen beenden muss. Aber nicht nur das: Sowohl die Siedlungen als auch die Grenzen sollten – wie bereits erwähnt – erst im Rahmen der Verhandlungen über das Endstatusabkommen erörtert werden. Beide Themen sind aber nahezu untrennbar miteinander verbunden: Denn wenn die künftige Lösung des Konflikts realistisch und umsetzbar sein soll, dürfen die Grenzen nicht nur nach historischen, geografischen oder sicherheitsbezogenen Maßstäben gezogen werden, sondern auch unter Berücksichtigung demografischer Kriterien. Vor allem betrifft das die großen Siedlungen, die nah an der Grenze vom 4. Juni 1967, der Grenze am Vorabend des Sechstagekrieges, liegen. Diese Ambiguität bezüglich des Endziels und die Verschiebung der Auseinandersetzung mit den Kernfragen auf einen späteren Zeitpunkt schafften deshalb eine kontraproduktive Konstellation, in der Israel ein klares Interesse daran hatte, bestimmte Siedlungen aus- bzw. neue zu bauen, um auf diese Art und Weise die künftige Grenzziehung so zu beeinflussen und zu gestalten, dass diese zu seinem Sicherheitskonzept und – nicht weniger wichtig – zu seiner historischen Identität passt.

Vor diesem Hintergrund kann man den Artikel XXXI/7 des „Interimsabkommens über das Westjordanland und den Gazastreifen" vom 28. September 1995, das zwei Jahre nach der Unterzeichnung des Oslo-Abkommens ratifiziert wurde, als einen Versuch verstehen, diese Problematik zu lösen oder wenigstens zu mildern. Dieser Artikel besagt, dass, solange kein Endstatusabkommen unterschrieben wurde, weder die Palästinenser noch die Israelis irgendwelche Schritte unternehmen dürfen, um den Status des Westjordanlands und des Gazastreifens zu ändern („Neither side shall initiate or take any step that will change the status of the West Bank and the Gaza Strip pending the outcome of the permanent status negotiations"). Aber was soll man genau unter „den Status ändern" verstehen? In einem Artikel zu diesem Thema nennt Dr. Yael Ronen – eine Expertin für Internationales Recht – die Formulierungen dieses Artikels „schwammig" und behauptet, dass damit eigentlich zwei Verpflichtungen gemeint seien: „Israel verpflichtete sich, keine Gebiete zu annektieren, während die PLO sich verpflichtete, keinen eigenen Staat auszurufen"[30]. Auf den ersten Blick könnte man zu dem Schluss kommen, dass die beiden Parteien ihre Verpflichtungen nicht verletzt hätten. Denn Tatsache ist, dass Israel seit der Unterzeichnung des Abkommens keine Gebiete annektiert hat und dass kein palästinensischer Staat existiert bzw. ausgerufen wurde. Anders sieht es aus, wenn man zwischen Änderungen de facto und Änderungen de jure unterscheidet. Und in diesem Sinne argumentiert Ronen. Sie weist darauf hin, dass Israel durch den Bau und Ausbau der Siedlungen sowie durch die damit verbundenen demografischen Veränderungen Tatsachen schuf und immer noch schafft, die seine Position in künftigen Verhandlungen über den Endstatus dieser Gebiete erheblich verbessern würden. Auf diese Art und Weise werde der Status des Westjordanlands zwar nicht de jure, dafür aber de facto geändert, vor allem gehe es in diesem Kontext um die Zone C. Die Israelis sind jedoch nicht die Einzigen, die gegen den oben erwähnten Artikel agierten, sondern auch die Palästinenser. Sie haben mittlerweile mehrere Schritte unternommen, um einen neuen Status als „Staat" zu erreichen. Im September 2011 stellten sie sogar einen Antrag auf die volle Mitgliedschaft bei den Vereinten Nationen[31]. Am 31. Oktober wurde Palästina als Mitglied in die UNESCO aufgenommen[32] und am 29. November 2012 – genau 65 Jahre nach der Verabschiedung der Resolution 181 über die Teilung Palästinas – verlieh die UN-Vollversammlung der Palästinensischen Autonomiebehörde den Status eines Beobachterstaates[33] unter dem Namen „Palästina".

---

30   https://il.boell.org/sites/default/files/20_shnh_lvslv_svpy.pdf (S.32)
31   United Nation Radio, 23. 11. 2011
32   Resolution 76 der Generalkonferenz.
33   Resolution 67/19 der UN-Vollversammlung. Der erste Schritt in dieser Richtung
        begann fast 40 Jahre vorher: Mit den Resolutionen 3210 vom 14.10.1974 und
        3237 vom 22.11.1974 erhielt die PLO den Status eines Beobachters bei den
        Vereinten Nationen.

Die Auswirkungen dieser Alleingang-Politik beider Seiten auf den Friedensprozess werden in den nächsten Kapiteln dieses Buchs ausführlich analysiert und diskutiert. An dieser Stelle aber wird bereits deutlich, wie ein Konstruktionsfehler bei der Gestaltung des Oslo-Abkommens die beiden Parteien „motivierte", gegen den Geist dieses Abkommens der künftigen Versöhnung zwischen den beiden Völkern zu handeln: Ohne ein klares und konkretes gemeinsames Endziel und mit der Verschiebung der Verhandlungen über die Kernfragen auf einen späteren Zeitpunkt schickte das Oslo-Abkommen die Israelis und die Palästinenser in die politische Wüste ohne eine lesbare Karte und ohne einen funktionierenden Kompass. Rasch nahm so der Friedensprozesses die Form eines Wettbewerbs zwischen zwei Rivalen statt einer gemeinsamen Anstrengung zweier Kameraden an.

Unvermeidbar aber war dieser Konstruktionsfehler nicht. In einem Artikel zu dem Thema, der aufgrund des 20. Jahrestages des Oslo-Abkommens verfasst wurde, schlugen Dr. Efraim Lavi und Henri Fischmann eine Alternative vor. Zuerst betonten die beiden Forscher die Wichtigkeit eines von beiden Seiten akzeptierten gemeinsamen Endziels, damit Verstöße gegen das Abkommen reduziert werden. Ihren Vorschlag nannten sie „eine bedingte Vereinbarung"[34]: Man hätte die Errichtung eines palästinensischen Staates als gemeinsames Endziel definieren können. Um dieses Endziel zu erreichen, müssten aber bestimmte Bedingungen erfüllt werden – in diesem Sinne ist die Vereinbarung an bestimmte Bedingungen geknüpft. Selbstverständlich wäre es trotzdem notwendig, über die Kernprobleme des Konflikts zu verhandeln, d. h. über Jerusalem, die Grenzen, die Flüchtlinge usw. Solche Verhandlungen würden dann aber in einem klar definierten Rahmen stattfinden.

(b) Der rechtliche Rahmen

Einen Vertrag zu schließen, ist eine ziemlich gewöhnliche und jedem wohlbekannte Aktion. Auf der alltäglichen Ebene werden Verträge in einem rechtlich klar abgesteckten Rahmen geschlossen. Dieser Rahmen definiert, was rechtmäßig ist und was nicht und bestimmt auch die Instanz, an die sich die Parteien wenden können, falls es später zu Meinungsverschiedenheiten

---

34   https://il.boell.org/sites/default/files/20_shnh_lvslv_svpy.pdf (S. 13)

in Bezug auf die Umsetzung oder auf die Interpretation des Vertrags kommt. Wesentlich komplizierter aber wird die Situation dann, wenn die Parteien keine Privatpersonen sind, die im Rahmen des Rechtssystems eines Staates einen Vertrag schließen oder schließen wollen, sondern zwei Staaten bzw. – wie in dem hier diskutierten Fall – einem Staat, Israel, und einer Organisation, der PLO. In einem solchen Szenario gibt es schon im Vorfeld keinen gegebenen und verpflichtenden Rahmen, der die Spielregeln bestimmt. So blieben den Israelis und den Palästinensern bei der Gestaltung des Oslo-Abkommens nur zwei Optionen: (1) ohne einen rechtlichen Rahmen zu verhandeln oder (2) das Internationale Recht als rechtlichen Rahmen festzulegen. Während die Palästinenser sich für die zweite Option starkmachten, stand Israel dieser sehr kritisch gegenüber. Es bezweifelte die Nützlichkeit des Internationalen Rechts und behauptete, dass es in vielen Fällen unmöglich sei, dieses auf den israelisch-palästinensischen Konflikt anzuwenden[35]. Was die Israelis damit genau meinten und dass sie wenigstens teilweise Recht hatten, zeigen die folgenden Beispiele. Das erste betrifft den Status des Westjordanlands. Dieses Territorium wurde nach dem UN-Teilungsplan vom 29. November 1947, den die Araber bis auf einige Ausnahmen ablehnten, dem arabischen Staat zugeordnet, der neben Israel gegründet werden sollte. Dazu kam es nicht, denn das Westjordanland wurde 1948 von Jordanien erobert und zwei Jahre später, am 24. April 1950, von diesem annektiert. Großbritannien, Irak und Pakistan erkannten diese illegale Aktion jedoch als legitim an. Kritik übrigens kam auch von der Arabischen Liga. Was diese Situation in Bezug auf den israelisch-palästinensischen Konflikt so kompliziert macht, ist die Tatsache, dass das Osmanische Reich eigentlich der letzte Staat war, der dieses Gebiet vor der jordanischen Eroberung legal besessen hatte. Dieses Reich aber existierte nicht mehr und seine Souveränität über Palästina wurde nach dem Ersten Weltkrieg an die Alliierten und Assoziierten Mächte übertragen[36]. So betrachtet eroberte Israel 1967 während des Sechstagekrieges ein Territorium, das unter keiner international anerkannten Souveränität stand. Unter anderem deswegen – neben anderen Argumenten – sieht Israel das Westjordanland als „disputed territories" und nicht als „occupied territories" an. Und völkerrechtlich betrachtet gelten für das erstere andere Regeln als für das zweite.

---

35   https://il.boell.org/sites/default/files/20_shnh_lvslv_svpy.pdf (Seite 26)
36   http://www.mefacts.com/cached.asp?x_id=10903

Die Palästinenser hingegen betrachten das Westjordanland nicht nur als „eroberte Gebiet", sondern sogar als ein „erobertes palästinensisches Gebiet"[37]. Das internationale Recht kann den beiden Parteien bei der Lösung des Konflikts kaum weiterhelfen, denn schließlich nehmen sie beide Bezug auf das Internationale Recht selbst, um ihre jeweilige Position zu untermauern.

Ein weiteres Beispiel für diese Problematik ist der Artikel 49 der Genfer Konventionen. Die Meinungsverschiedenheiten diesbezüglich drehen sich vor allem um den folgenden Satz: „The Occupying Power shall not deport or transfer parts of its own civilian population into the territory it occupies" („Die Besatzungsmacht darf nicht Teile ihrer eigenen Zivilbevölkerung in das von ihr besetzte Gebiet deportieren oder umsiedeln"). Die Palästinenser fühlen sich durch diesen Satz in ihrer Ablehnung der israelischen Siedlungen im Westjordanland als illegal bestätigt. Israel interpretiert diesen Satz aber völlig anders. Zuerst beziehe sich dieser Artikel auf ein „occupied territory", nämlich auf ein „besetztes Territorium", und wie schon oben erwähnt, betrachtet Israel das Westjordanland nicht als „besetztes Territorium", sondern als ein „umstrittenes Territorium". Aber auch wenn man davon ausgeht, dass das Westjordanland tatsächlich ein besetztes Gebiet ist, bleibt dieser Satz als Argument in der Debatte über die Rechtmäßigkeit der Siedlungen – wenigstens aus israelischer Perspektive – irrelevant. Denn in diesem Artikel wurde der Besatzungsmacht untersagt, Teile seiner Bevölkerung in das eroberte Gebiet zu deportieren bzw. umzusiedeln. Diese beiden Verben „deportieren" und „umsiedeln" suggerieren, dass es hier um Zwang oder wenigstens Passivität der betreffenden Bevölkerung geht. Israel behauptet hingegen, dass es seine eigene Bevölkerung niemals ins Westjordanland umsiedelte oder deportierte. Ganz im Gegenteil. Die ideologisch und messianisch motivierten Siedler siedelten sich freiwillig an, und das manchmal sogar entgegen den Anweisungen der israelischen Regierung. Mit „deportieren" und „umsiedeln" hat das also so gut wie gar nichts zu tun. Wer den Kommentar des Internationalen Komitees des Roten Kreuzes (veröffentlicht 1958) zur Genfer Konvention von 1949 liest, der bemerkt auch, dass der Artikel 49 vor einem ziemlich konkreten Hintergrund entstanden ist und man ihn deshalb – so Israel – nicht ohne weiteres auf den israelisch-palästinensischen Fall anwenden könne, ohne dass sein genuiner Sinn dabei verloren gehe:

---

[37]   So zum Beispiel Dr. Saeb Erekat (PNN, 18.11.2016).

„This clause was adopted after some hesitation, by the XVIIth International Red Cross Conference. It is intended to prevent a practice adopted during the Second World War by certain Powers, which transferred portions of their own population to occupied territory for political and racial reasons or in order, as they claimed, to colonize those territories. Such transfers worsened the economic situation of the native population and endangered their separate existence as a race."

Es ist nicht ganz uninteressant, dass das Komitee es für wichtig hielt, in seinem Kommentar zu betonen, dass die Annahme dieses Artikels nicht selbstverständlich und mit Zögern verbunden sein werde. Das damit verfolgte Ziel war, bestimmte Praktiken zu verhindern, die sich im Laufe des II. Weltkrieges etabliert hatten. Es ging vor allem um die Fälle, in denen der Besatzer aus finanziellen und rassistischen Gründen seine eigene Bevölkerung in das eroberte Territorium mit dem klaren Ziel umsiedelte, dieses zu kolonisieren. Inwiefern man einen solchen Artikel auf die Situation im Westjordanland anwenden kann und darf, darüber kann man lange debattieren.

Die Resolution 2334 des Sicherheitsrats der Vereinten Nationen vom 23. Dezember 2016 ist ein weiteres Beispiel für potenzielle Schwierigkeiten bei der Anwendung des Internationalen Rechts auf den israelisch-palästinensischen Konflikt. Mediale Aufmerksamkeit gewann diese Resolution aus zwei Gründen: (1) durch die Verurteilung der israelischen Siedlungspolitik und (2) durch die Einstellung der USA. Die Amerikaner hatten in der Vergangenheit mehrmals ähnliche Resolutionen gegen Israel blockiert, indem sie Veto einlegten. Dieses Mal enthielten sie sich, was in bestimmtem politischen Kreisen Israels als Tabubruch wahrgenommen wurde[38]. In dem oben diskutierten Zusammenhang aber ist vor allem die rechtliche Basis für diese Resolution wichtig. Wie aus ihrem Inhalt hervorgeht, nahm der Sicherheitsrat Bezug auf die „advisory opinion" (beratende Stellungnahme bzw. Gutachten) des Internationalen Gerichtshofs vom 9. Juli 2004. In diesem Gutachten ging es nicht um die Rechtmäßigkeit der israelischen Siedlungen, sondern eher um die Rechtmäßigkeit der israelischen Sperranlagen[39]. Allein dass der Inter-

---

38   Netanjahu ging sogar so weit zu behaupten, die Obama-Regierung habe hinter der Resolution gestanden. (News 1; 10.1.2017).

39   „Legal Consequences of the Construction of a Wall in the Occupied Palestinian

nationale Gerichtshof diese Sperranlagen „wall" (Mauer) nannte, obwohl sie nur ca. 30 km aus Mauer, hingegen 730 km aus Zaun bestehen, zeigt, wie schwer sich internationale Gremien mit dem Nahostkonflikt tun. Diese den Tatsachen nicht entsprechende Terminologie wurde übrigens später von dem Obersten Israelischen Gerichtshof kritisiert[40]. Zurück zu dem Gutachten: Der Internationale Gerichtshof kam in diesem zu dem Schluss, dass

> „der Bau der Mauer, die von Israel, der Besatzungsmacht, im besetzten palästinensischen Territorium, einschließlich in und um Ost-Jerusalem [...] gebaut wurde, im Widerspruch zum Völkerrecht steht [...]"; (2) dass „Israel verpflichtet ist, die Verletzungen des Völkerrechts zu beenden; es ist verpflichtet, die Arbeiten am Bau der Mauer, die im besetzten palästinensischen Gebiet errichtet wurde[41], einschließlich in und um Ost-Jerusalem [...] unverzüglich einzustellen [...]"; (3) dass „Israel verpflichtet ist, für alle Schäden, die durch den Bau der Mauer im besetzten palästinensischen Territorium verursacht wurden, einschließlich in und um Ost-Jerusalem, aufzukommen [...]"; (4) dass „alle Staaten verpflichtet sind, die illegale Situation, die sich aus dem Bau der Mauer ergibt, nicht anzuerkennen und keine Maßnahmen zu ergreifen, die der Aufrechterhaltung der durch diese Konstruktion geschaffenen Situation als Hilfe oder Unterstützung dienen [...]"; (5) dass „[D]ie Vereinten Nationen und insbesondere die Generalversammlung und der Sicherheitsrat darüber nachdenken sollten, welche weiteren Maßnahmen erforderlich sind, um die illegale Situation, die sich aus dem Bau der Mauer [...] ergibt, unter Berücksichtigung des vorliegenden Gutachtens zu beenden"[42].

---

40   Territory".
Schön, Daniel (2014) *Die Rolle des Obersten Israelischen Gerichtshofes im Nahostkonflikt.* (S. 217), Tradition Verlag, Hamburg.

41   Nicht alle Strecken der Sperranlage wurden auf palästinensischem Gebiet gebaut.

42   Diese Zusammenfassung stammt aus der Pressemitteilung des Internationalen Gerichtshofs vom 9.7.2004.

Wie der Internationale Gerichtshof seine Meinung begründete, interessiert uns hier wenig, denn an dieser Stelle steht nicht seine Einstellung an sich auf dem Prüfstand – auch wenn es dort einiges zu kritisieren und zu hinterfragen gibt –, sondern die Tauglichkeit des Internationalen Rechts, als rechtlicher Rahmen des Osloer Friedensprozesses zu fungieren. Und um zu verstehen, warum Israel diesen rechtlichen Rahmen von Anfang an ablehnte, ist es erforderlich, das oben diskutierte Gutachten mit dem Urteil[43] des Obersten Israelischen Gerichtshofs vom 15. September 2005 bezüglich derselben Frage, nämlich der Legalität der Sperranlagen, zu vergleichen. Von Relevanz ist dieser Vergleich vor allem aus zwei Gründen: (1) Der Oberste Israelische Gerichtshof gründete sein Urteil ebenso auf die Interpretation des Internationalen Rechts. (2) Die israelischen Richter analysierten das Gutachten des Internationalen Gerichtshofs, nahmen in ihrem Urteil darauf Bezug und kamen dann trotzdem zu einem anderen Schluss als die Richter in Den Haag. Wichtig an dieser Stelle sind vor allem die Abschnitte 56 bis 74 des Urteils. Der Präsident des Obersten Israelischen Gerichtshofs, Richter Aharon Barak, weist in jenen Abschnitten darauf hin, dass „die rechtliche Grundlage, auf der die Entscheidungen des Internationalen Gerichtshofs und des Obersten Israelischen Gerichtshofs basieren, dieselbe ist. [...] Trotz dieser gemeinsamen normativen Grundlage kamen die beiden Gerichte zu unterschiedlichen Schlussfolgerungen".[44] Während der Internationale Gerichtshof der Meinung ist, dass die Errichtung der Sperranlagen („Mauer") gegen Internationales Recht verstoße, vertritt der Oberste Israelische Gerichtshof eine differenziertere Meinung: In dem Beit-Sourik-Fall[45] entschied er, dass man nicht im Allgemeinen sagen könne, dass der gesamte Verlauf der Sperranlagen das Internationale Recht verletze. „Der Oberste Gerichtshof hat jeden Teil der Strecke zu prüfen und zu entscheiden, ob die Rechte der palästinensischen Bewohner verletzt werden und wenn ja, ob diese Verletzung verhältnismäßig ist"[46]. Hier stellt sich die Frage: Wie konnte es geschehen, dass zwei Gerichte, die ihre

---

43   HCJ, 7957/04

44   Abschnitt 57 des Urteils. Deutsche Übersetzung: Schön, Daniel (2014) *Die Rolle*
des   *Obersten Israelischen Gerichtshofes im Nahostkonflikt.* (S. 215), Tradition Verlag,
        Hamburg.

45   In diesem Fall entschied der Oberste Israelische Gerichtshof, dass die Route der
        Sperranlage geändert werden muss, weil die Schäden für die Zivilbevölkerung
        unverhältnismäßig seien. HCJ, 2056/04.

46   Abschnitt 58 des Urteils.

Urteile auf derselben rechtlichen Grundlage fällten, zu zwei gegensätzlichen Schlussfolgerungen kamen? Richter Aharon Barak beantwortet in seinem Urteil diese Frage, indem er auf die folgenden zwei Unterschiede in der Arbeit der beiden Gerichtshöfe hinweist: (1) Unterschiede in Bezug auf die Sachlage[47]; (2) methodologische Unterschiede. Was den ersten Punkt anbelangt, behauptet der Oberste Israelische Gerichtshof, dass das Gutachen des Internationalen Gerichtshofs an mehreren Stellen schlechthin auf falschen Fakten basiere. So zum Beispiel geht aus Abschnitt 67 des Urteils des OIGs hervor, dass nicht 100.000 km^2 – wie der IGH behauptet – in der ersten Phase des Baues der Sperranlage enteignet wurden, sondern nur 7000 km^2. Genauso falsch seien die Daten bezüglich der Situation in der Stadt Qalqiliya. Und das seien nur zwei Beispiele von vielen. Diese – so Richter Barak – spielten eine zentrale Rolle sowohl bei dem Gutachten des IGHs als auch bei dem Urteil des OIGs. Denn die Frage nach der Rechtmäßigkeit des Verlaufs der Sperranlagen sei von der Frage nach der Verhältnismäßigkeit zwischen Sicherheitserfordernissen auf der einen und der eventuellen Verletzung der Rechte der lokalen Bevölkerung auf der anderen Seite nicht zu trennen. Das ist aber nicht der einzige Kritikpunkt des OIGs. Bedenklicher noch sei die Tatsache, dass die Sicherheitsargumente – und vor allem die akute Sicherheitssituation in Israel aufgrund der alltäglichen Bedrohung durch den palästinensischen Terror – kaum Platz und Gewicht in dem Gutachten fanden[48]. Warum ein solch zentraler Aspekt fast völlig außer Acht gelassen wurde, ist bestenfalls ein Rätsel.

Der zweite Punkt – der methodologische Unterschied – bezieht sich auf die Art und Weise, in der die beiden Gerichte das Thema behandelten. Der Internationale Gerichtshof betrachtete die Sperranlagen (von ihm als „wall", Mauer, bezeichnet) als eine Einheit. Er setzte sich mit der Frage auseinander, ob die Sperranlagen an sich rechtmäßig seien oder nicht. Der Oberste Israelische Gerichtshof hingegen prüfte die Rechtmäßigkeit **jeder** Teilstrecke der Sperranlagen. Seine Grundeinstellung war, dass dies getan werden müsse, weil in jedem konkreten Fall die Faktoren unterschiedlich seien. Die Sperranlagen pauschal als widerrechtlich zu erklären, sei falsch.

Diese juristische Debatte soll an dieser Stelle nicht weitergeführt werden. In dem hier diskutieren Kontext ist sie kaum von Relevanz. Wichtig sind nur

---

47   vgl. Abschnitt 61 des Urteils.
48   vgl. Abschnitte 63 und 64 des Urteils.

die Meinungsverschiedenheiten, die immer wieder auftauchen, wenn man den Versuch unternimmt, das Internationale Recht auf den israelisch-palästinensischen Konflikt anzuwenden. Denn nur ein mit beiden Seiten abgestimmter und von beiden Seiten akzeptierter Rahmen hätte den Prozess effektiv unterstützen können. Und diese Voraussetzung erfüllt in diesem Fall – wie die oben erwähnten Beispiele zeigen – das Internationale Recht nicht.

Den beiden Seiten war aber klar, dass ohne einen rechtlichen Wegweiser kein Friedensprozess zustande kommen kann. Vor diesem Hintergrund wurden die UN-Resolutionen 242 und 338 zum rechtlichen Fundament, worauf das Oslo-Abkommen gebaut wurde. Weil man – wie schon im vorherigen Kapitel gezeigt – dieses Abkommen als direkte Fortsetzung der Vereinbarungen zwischen Israel und Ägypten bezüglich der Zukunft des Westjordanlands und den Gazastreifens sowie in Bezug auf die Lösung des palästinensischen Problems betrachten kann, ist es alles andere als überraschend, dass diesen beiden Resolutionen, die im Camp-David-Abkommen als rechtlicher Wegweiser fungierten, die Rolle eines „Rahmen-Ersatzes" zugewiesen wurde.

Um zu prüfen, inwiefern dieser Schritt sinnvoll war, sollte man sich zuerst mit der folgenden Frage auseinandersetzen, welche Aspekte des israelisch-palästinensischen Konflikts – vor allem in seiner konkreten Form am Anfang der Neunzigerjahre – die Resolutionen 242 und 338 abdecken. Der Inhalt der beiden Resolutionen wurde bereits weiter oben diskutiert, weshalb an dieser Stelle allein auf diese Frage eingegangen werden soll.

Die Adressaten der Resolution 242 vom 22. November 1967 waren die am Sechstagekrieg (5. bis 10. Juni 1967) beteiligten Staaten. Ägypten, Jordanien, Syrien und Israel. Bemerkenswert ist, dass die Palästinenser in dieser Resolution mit keinem Wort erwähnt werden. Im Punkt 1/ii fordert der Sicherheitsrat die „Beendigung jeder Geltendmachung des Kriegszustands beziehungsweise jedes Kriegszustands sowie zur Achtung und Anerkennung der Souveränität, territorialen Unversehrtheit und politischen Unabhängigkeit eines jeden Staates in der Region und seines Rechts, innerhalb sicherer und anerkannter Grenzen frei von Androhungen oder Akten der Gewalt in Frieden zu leben". In diesem Sinne erklärt der Sicherheitsrat im Punkt 2/c, dass es notwendig sei, „die territoriale Unverletzlichkeit und politische Unabhängigkeit eines jeden Staates der Region durch Maßnahmen zu garantieren, die auch die Schaffung entmilitarisierter Zonen einschließen". Es fragt sich natürlich, was man unter „territorialer Unverletzlichkeit" verstehen soll, vor allem wenn es um Jordanien geht, welches das Westjordanland einschließlich Ostjerusalem 1948 besetzt und später, am 24. April 1950, annektiert hat. Wenn Israel durch die Besetzung dieses Territoriums im Sechstagekrieg die „territoriale Unversehrtheit" des Haschemitischen Königreiches verletzt hat, bedeutet das nichts anderes, als dass in der Resolution das Westjordanland, obwohl von Jordanien illegal annektiert, als Teil des letzteren betrachtet wurde. Das ist keine Bagatelle, denn die Gebiete, welche die Palästinenser heute beanspruchen – das Westjordanland und den Gazastreifen – standen am 4. Juni 1967, am Vorabend des Sechstagekrieges, unter arabischer Besatzung. Mit anderen Worten: Nicht nur, dass an keiner Stelle der Resolution 242 gefordert oder auch nur suggeriert wurde, dass die Lösung des Konflikts in seiner neuen Form nach dem Sechstagekrieg die Errichtung eines palästinensischen Staates einschließen müsse, sondern man kann die Resolution sogar so verstehen, dass der Sicherheitsrat das Westjordanland als untrennbaren Teil Jordaniens betrachtet. Denn schließlich hätte dieses Gremium – wenn es nur gewollt hätte – die Gelegenheit nutzen können, auf die illegale Besatzung und Annektierung des Gebiets durch Jordanien hinzuweisen und so zwischen den Zeilen die Errichtung eines arabischen bzw. palästinensischen Staates zu empfehlen, und zwar im Sinne des Teilungsplans vom 29. November 1947, wenn auch „nur" in den Grenzen vom 4. Juni 1967 –, so wie die Palästinenser es heute verlangen. Diese wacklige rechtliche Basis wurde durch die Resolution 338 – das zweite Fundament des Oslo-Abkommens – nicht stabilisiert. Diese Resolution hatte den Oktober- bzw. Yom-Kippur-Krieg im Fokus. Als rechtliches Fundament fungierte sie nur, indem sie die Resolution 242 beinhaltete und bekräftigte. Von einem palästinensischen Staat bzw. von der ägyptischen Besetzung des Gazastreifens war dort nicht die Rede.

Dass der rechtliche Wegweiser des Oslo-Abkommens den Begriff „palästinensischer Staat" nicht kannte, ist aber nur ein Stolperstein von vielen anderen, die das Oslo-Abkommen den beiden Parteien in den Weg legte. Der zweite Stolperstein hatte mit dem Flüchtlingsproblem zu tun. In dem Artikel „Die

Resolution 242 und ‚die Akte 1948'"[49] sowie in einem Vortrag an der Universität Tel Aviv am 7. März 2012 weist Prof. Asher Sasser darauf hin, dass die Resolution 242 sehr hilfreich gewesen sei und immer noch sein könne, wenn es darum gehe, den Konflikt zwischen Israel und den arabischen Staaten zu lösen, dass sie dafür aber sehr mangelhaft sei, sobald man sie auf den Konflikt zwischen Israel und den Palästinensern anwende. Der Grund dafür sei sehr einfach: Der Konflikt zwischen Israel und seinen Nachbarländern Jordanien und Ägypten habe sich nur um die Folgen des Sechstagekriegs gedreht, auf den sich die Resolution 242 beziehe. Und dementsprechend sei auch dieser Konflikt nach der Formel der Resolution 242 „Land für Frieden" gelöst worden: zuerst am 26. März 1979 mit der Unterzeichnung des Friedensvertrags zwischen Israel und Ägypten und ca. 15 Jahre später am 26. Oktober 1994 mit der Unterzeichnung des Friedensvertrags zwischen Israel und Jordanien[50]. Israel und Syrien hingegen befänden sich immer noch im Konflikt, aber auch dieser – wie die Konflikte mit Ägypten und Jordanien – entstünde größtenteils nur wegen der Folgen des Sechstagekrieges und könnte so – wenigstens theoretisch – nach der Formel „Land für Frieden" gelöst werden. Konkret hieße das: Rückzug Israels hinter die israelisch-syrische Grenze vom 4. Juni 1967 gegen Frieden. Zwischen Israel und den Palästinensern sei die Situation viel komplizierter. Denn der israelisch-palästinensische Konflikt sei eigentlich aus den Resultaten zweier verschiedener Kriege entstanden: dem Krieg von 1948 und dem von 1967. Die Resolution 242 – um dies noch einmal zu betonen – bezieht sich aber nur auf letzteren. Die Frage nach den Grenzen, nach der Herrschaftsgewalt über Ostjerusalem und nach der Zukunft der israelischen Siedlungen resultierten aus dem Sechstagekrieg und können so im Rahmen der Resolution 242 beantwortet werden. Was die Grenzziehung anbelangt, ist wichtig zu erwähnen, dass die PLO keine – zumindest nicht im Rahmen des Osloer Friedensprozesses – Grenzziehung forderte, wie sie im Teilungsplan vom 29. November 1947 vorgesehen war. Man kann diesen Schritt auf unterschiedliche Weise interpretieren. Strategisch wussten die Palästinenser, dass eine solche Forderung einfach illusionär ist

---

49   https://il.boell.org/sites/default/files/20_shnh_lvslv_svpy.pdf (S.45-47)

50   Nachdem Jordanien 31.7.1988 seinen Anspruch auf das Westjordanland aufgegeben hatte, wurden die territorialen Aspekte des Konflikts zwischen den beiden Ländern – vor allem im Verhältnis zu den Konflikten zwischen Israel und Ägypten sowie zwischen Israel und Syrien – sekundär und in Form eines Gebietsaustausches gelöst.

und keine internationale Akzeptanz genießen würde. Gleichzeitig kann man aber diesen Schritt als eine Art Anerkennung des eigenen Fehlers betrachten, des Fehlers, den Teilungsplan abzulehnen. Diese Frage wird hier offen gelassen. Ein Thema aber – und zwar ein zentrales Thema[51] – „importierten" die Palästinenser aus dem Krieg von 1948: das sogenannte Flüchtlingsproblem.

(b.1) Das Flüchtlingsproblem im Rahmen der UN-Resolution 242

Bevor ich mich mit der Frage auseinandersetze, inwiefern das Flüchtlingsproblem in der Resolution 242 präsent ist, soll das Problem umrissen werden. An dieser Stelle ist es mir wichtig zu betonen, dass ich nicht die Absicht habe, die LeserInnen mit einer umfangreichen historischen Schilderung aller Aspekte dieses brisanten Themas zu vertraut zu machen. Ein solche Mammutaufgabe überschreitet die Grenzen meiner Problemstellung. Deswegen konzentriert sich die folgende Diskussion allein auf die Aspekte, die für die Problemstellung dieses Buches von Relevanz sind. Dass allein diese Herausforderung kompliziert genug ist, zeigen schon die Schwierigkeiten, die sich in der Betitlung dieses Konfliktpunkts verbergen. Den Palästinensern ist es im Lauf der Zeit gelungen, in dem öffentlichen Diskurs den Terminus „Recht auf Rückkehr" zu verankern, und das obwohl es alles anderes als einleuchtend ist, inwiefern es ein solches Recht – wenigstens im juristischen Sinn des Worts – überhaupt gibt und wenn ja, welchen Voraussetzungen und Bedingungen es unterliegt. Erstaunlicherweise aber dominiert dieser Terminus auch den israelischen Diskurs über das Thema, und zwar trotz der Tatsache, dass Israel selbst, aus Gründen, die später diskutiert werden, dieses angebliche Recht nicht anerkennt. Um dieses terminologische Minenfeld nicht zu betreten, werde ich in den folgenden Zeilen vor allem den relativ wertfreien Begriff „ Flüchtlingsproblem" benutzen.

Das Flüchtlingsproblem entstand während des 1948er-Krieges. Dieser begann am 30. November 1947, einen Tag nachdem die UN-Generalversammlung den Teilungsplan Palästinas angenommen hatte, der auf diesem

---

51   Laut Seab Erekat – um nur ein Beispiel zu nennen – ist die israelischen Anerkennung des sogennanten Rückkehrrechts eine erforderliche und notwendige Voraussetzung für einen dauerhaften Frieden. The Guardian, 10.12.2010.

Gebiet einen arabischen und einen jüdischen Staat vorsah (Resolution 181 II), und endete am 20. Juli 1949 mit der Unterzeichnung des letzten Waffenstillstandsabkommens zwischen Israel und Syrien. Den Casus Belli bildete die Ablehnung des UN-Teilungsplans seitens der palästinensischen Araber (mit Ausnahme der kommunistischen PKP und eines großen Teils des Familienclans Nashashibi[52]) sowie der arabischen Staaten (bis auf den jordanischen König Abdallah I.).[53]

Die erste Phase des Krieges, die mit einem arabischen Überfall auf einen Bus, der das Leben von sechs Juden kostete, begann, [54] war vor allem eine „innere Angelegenheit" der Bevölkerung Palästinas und durch eine Reihe von blutigen Gewalttaten zwischen palästinensischen Arabern und palästinensischen Juden gekennzeichnet. Diese Phase dauerte bis zum 14. Mai 1948, als der Staat Israel ausgerufen wurde. Am nächsten Tag begann mit der Invasion der Armeen Jordaniens, Syriens, Libanons, Iraks und Ägyptens in Palästina die zweite Phase des Krieges.

Im Rahmen der beiden Phasen verließen – zur Frage, ob gezwungenermaßen oder freiwillig, komme ich später – ca. 700.000 Araber entweder das britische Mandatsgebiet oder das Territorium des künftigen Staates Israel. Über die Richtigkeit dieser Zahlen gibt es natürlich Meinungsverschiedenheiten, und so liegen die sehr unterschiedlichen Schätzungen zwischen 500.000 und 900.000[55]. Wichtig zu erwähnen ist, dass der jüdisch-arabische Konflikt um

---

52   Kabha, Mustafa, *Die Palästinenser und der Teilungsplan.* (S.65), In: Gabison, Ruth [Hrsg.] (2009) *60 Jahre Resolution vom 29. November 1947.* Merkaz Mezila, Jerusalem.

53   Goren-Amitai, Nemera; Silberschatz, Jafa (2010) *Die Rückkehr der palästinensischen Flüchtlinge nach Israel.* (S. 19), Merkaz Mezila, Jerusalem.

54   Davar; 1.12.1947. Laut diesem Bericht wurden 9 weitere Fahrgäste verletzt. Laut Gudrun Krämer lag die Anzahl der Toten bei 7. Krämer, Gudrun (2015) *Geschichte Palästinas.* (S. 361), C.H.Beck, München. Interessant in diesem Zusammenhang ist die Bemerkung von Nazir Magali, der behauptet, dass dieser Angriff nicht politisch motiviert war, sondern es sei um eine Racheaktion einer beduinischen Familie gegangen, die an die zionistische Gesellschaft „Hachsharat Hayeshuw" Land verkauft und im Nachhinein das Gefühl gehabt habe, von dieser über den Tisch gezogen worden zu sein. Magali, Nazir, *Die Einstellung der arabischen Vertretung zu dem Teilungsplan: die Sünde und die Strafe.* (S.72-73), In: Gabison, Ruth [Hrsg.] (2009) *60 Jahre Resolution vom 29. November 1947.* Merkaz Mezila, Jerusalem.

55   Goren-Amitai, Nemera; Silberschatz, Jafa (2010) *Die Rückkehr der palästinensischen Flüchtlinge nach Israel.* (S. 19), Merkaz Mezila, Jerusalem.

die Zukunft Palästinas auch eine andere Gruppe von Flüchtlingen kannte, die selten im Rampenlicht steht. Gemeint sind die jüdischen Flüchtlinge aus den arabischen und muslimischen Staaten, deren Lebenssituation sich sowohl in den Jahren vor dem 1948er-Krieg, aber vor allem danach enorm verschlechterte. Deren Anzahl lag schätzungsweise bei 856.000[56]. Sie wurden am 6. Juli 1967 vom Hohen Flüchtlingskommissar der Vereinten Nationen[57] und später vom amerikanischen Kongress in der Resolution 185 vom 1. April 2008 als Flüchtlinge anerkannt[58]. Diese Tatsache hat sowohl die Generalversammlung der Vereinten Nationen als auch den Sicherheitsrat nicht daran gehindert, die sogenannte „jüdische Seite" des Flüchtlingsproblems völlig zu ignorieren. In einem Artikel über das Thema weist Dr. Stanely Urman darauf hin, dass im Zeitraum zwischen 1946 und 2009 die UN-Generalversammlung nicht weniger als 163 Resolutionen bezüglich der palästinensischen Flüchtlinge verabschiedete, während dies in Bezug auf die jüdischen Flüchtlinge mit keiner einzigen Resolution geschah. Im Sicherheitsrat war die Situation nicht besser: Neun Resolutionen befassten sich mit den palästinensischen Flüchtlingen, während den jüdischen Flüchtlingen nicht einmal eine Resolution gewidmet wurde[59]. Es geht hier nicht um eine Kleinigkeit, denn, wie noch gezeigt wird, ist in den wichtigsten Resolutionen der UN zum Thema „Flüchtlingsproblem" nicht von arabischen Flüchtlingen die Rede, sondern von Flüchtlingen generell.

Neben den Meinungsverschiedenheiten über die Anzahl der arabischen Flüchtlinge scheiden sich die Geister auch an den Fluchtgründen. Die Debatte dreht sich vor allem um folgende Motive bzw. Ursachen: Vertreibung[60]; einen

---

56   Urman, Stanely, *Die Vereinten Nationen und die Flüchtlinge im Nahen Osten: das unterschiedliche Verhältnis zu Juden und Arabern.* (S. 44), In: Baker, Alan [Hrsg.] (2012) *Die Rechte des Staates Israel als der Nationalstaat des jüdischen Volkes.* Jerusalem Center for Public Affairs.

57   Ebd.

58   https://www.govtrack.us/congress/bills/110/hres185/text

59   S. Fußnote 56 (S. 46-47) Urman nennt noch viele andere Beispiele für die einseitige Einstellung der Vereinten Nationen zu dem Flüchtlingsproblem. So weist er darauf hin, dass im Laufe der Zeit mindestens 10 verschiedene UN-Organisationen gegründet wurden, um die unterschiedlichen Aspekte des palästinensischen Flüchtlingsproblems zu behandeln, während nicht einmal eine UN-Organisation sich um die jüdischen Flüchtlinge kümmert (S.47).

60   Dass eine bestimmte Anzahl der palästinensischen Araber vertrieben wurde, wird von Israel nicht geleugnet. Diese Tatsache wird sogar in israelischen Schulbüchern erwähnt.

Appell der arabischen Staaten an die palästinensischen Araber, Palästina vorübergehend zu verlassen; die Angst vor jüdischer Rache; finanzielle Motive und schwache Führerschaft. Alle diese Gründe bewirkten, dass Teile der arabischen Bevölkerung ihre Heimat verließen, die Frage ist nur, welches Gewicht jeder von ihnen hatte. Das Hauptproblem liegt aber woanders, und zwar bei der Frage, wer unter die Kategorie „palästinensischer Flüchtling" fällt. Denn je mehr palästinensische Flüchtlinge es gibt, die auf ihr vermeintliches Recht pochen, zurück ins heutige Israel zu kehren, desto komplizierter wird die Lösung dieses Problems, wenn sie noch überhaupt machbar ist. Die Antwort auf die Frage nach den Konturen dieses Terminus führt zurück zum 8. Dezember 1949, dem Tag, an welchem die UN-Generalversammlung die Resolution 302 (IV) verabschiedete. Mit dieser Resolution (Punkt 7) wurde „Das Hilfswerk der Vereinten Nationen für Palästina-Flüchtlinge im Nahen Osten" (UNRWA) ins Leben gerufen. Bevor die Ziele und Funktionen dieser Organisation und vor allem ihren Beitrag zur Definition des palästinensischen Flüchtlingsbegriffes diskutiert werden, muss ein wichtiger und zentraler Aspekt dieser Entwicklung erwähnt werden: Während Flüchtlinge weltweit von „dem Flüchtlingshilfswerk der Vereinten Nationen" (UNHCR) betreut wurden (und immer noch betreut werden), genossen die palästinensischen Flüchtlinge eine andere Behandlung durch die separate Organisation (UNRWA). Das Verb „genießen" soll man hier nicht im politischen Kontext verstehen, sondern im rein statistischen Zusammenhang. In einem Artikel zu diesem Thema weisen Nemera Goren-Amitai und Jafa Silberschatz darauf hin, dass das Budget für eine von UNRWA unterstützte Person dreimal höher sei als das Budget für eine Person, die von UNHCR unterstützt wird. Auch das Verhältnis zwischen der Anzahl der Mitarbeiter und den Flüchtlingen ist in beiden Fällen sehr unterschiedlich: UNRWA 1:160; UNHCR 1:4.800[61].

Liest man die Resolution 302 (IV), muss man zu dem Schluss kommen, dass UNRWA – im Gegensatz zu UNHCR – als ein vorübergehendes Hilfswerk gegründet wurde. Zum Ausdruck kommt das vor allem in den Punkten 5, 6, 7a und 7b. Um es kurz zusammenzufassen: Zum Mandat UNRWAs gehören folgende Unterstützungsmaßnahmen: (1) direkte Hilfs- und Arbeitsprogramme in Zusammenarbeit mit den lokalen Regierungen durchzuführen; (2) mit

---

61   Goren-Amitai, Nemera; Silberschatz, Jafa (2010) *Die Rückkehr der palästinensischen Flüchtlinge nach Israel.* (S. 24-25), Merkaz Mezila, Jerusalem.

den nahöstlichen Regierungen über Vorbereitungen zu diskutieren, die getroffen werden müssen, wenn die internationale Unterstützung für Hilfsprojekte und Arbeitsprogramme nicht mehr verfügbar ist; (3) Planung für die Zeit, in der keine Hilfe mehr benötigt wird[62]. Entsprechend ihrer unterschiedlichen Stellung definierten die beiden Organisationen den Begriff „Flüchtling" auch völlig anders. Die UNRWA – wie Goren-Amitai und Silberschatz erwähnen und wie auch aus den „Zusammengefassten Richtlinien zur Berechtigung und Registrierung" der Organisation hervorgeht[63] – benötigte eine Definition, die ihr bei der Entscheidung behilflich sein sollte, wem ihre Dienstleistungen und Unterstützung zustehen. Und so definierte UNRWA als palästinensische Flüchtlinge diejenigen,

> „whose normal place of residence was Palestine during the period 1 June 1946 to 15 May 1948, and who lost both home and means of livelihood as a result of the 1948 conflict. Palestine Refugees, and descendants of Palestine refugee males, including legally adopted children, are eligible to register for UNRWA services."[64]

Das ist aber nicht alles. Im Punkt 2/4 und 2/5 wurde diese Definition sogar erweitert, so dass sie auch für Ehefrauen (und -männer) gilt,

> „who do not meet UNRWA's criteria for Palestine Refugees and are (or were) married to Registered Refugees. These women are eligible to register to receive UNRWA service".

Um zu verstehen, welche verheerenden Auswirkungen die Definition des Begriffs „palästinensischer Flüchtling" der UNRWA auf den israelisch-palästinensischen Konflikt – und später auf den Osloer Friedensprozesses – hatte, ist es erforderlich, diese Definition mit dem UNHCR-Flüchtlingsbegriff zu vergleichen, wie dieser im Abkommen über die Rechtsstellung der Flüchtlinge vom 28. Juli 1951 definiert wurde:

---

62   Diese Zusammenfassung stammt von der Webseite von UNRWA unter: https://www.unrwa.org/who-we-are/frequently-asked-questions

63   Siehe Punkt II „Purpose". Dieses Dokument ist online zugänglich unter: https://www.unrwa.org/userfiles/2010011995652.pdf

64   Ebd. III/A/1

„[Flüchtling ist eine Person], die infolge von Ereignissen, die vor dem 1. Januar 1951 eingetreten sind, und aus der begründeten Furcht vor Verfolgung wegen ihrer Rasse, Religion, Nationalität, Zugehörigkeit zu einer bestimmten sozialen Gruppe oder wegen ihrer politischen Überzeugung sich außerhalb des Landes befindet, dessen Staatsangehörigkeit sie besitzt, und den Schutz dieses Landes nicht in Anspruch nehmen kann oder wegen dieser Befürchtungen nicht in Anspruch nehmen will; oder die sich als staatenlos infolge solcher Ereignisse außerhalb des Landes befindet, in welchem sie ihren gewöhnlichen Aufenthalt hatte, und nicht dorthin zurückkehren kann oder wegen der erwähnten Befürchtungen nicht dorthin zurückkehren will".[65]

Die Unterschiede sind nicht zu übersehen und können wie folgt zusammengefasst werden:

(1) Die palästinensischen Flüchtlinge sind die einzige Flüchtlingsgruppe weltweit, deren Mitglieder ihren Flüchtlingsstatus erben bzw. vererben dürfen, und zwar ohne zeitliche Einschränkung. Als Folge sind im Laufe der letzten 70 Jahre aus jenen 700.000 palästinensischen Flüchtlingen mittlerweile schon mehr als 5.000.000[66] geworden. Dieses Recht steht den Flüchtlingen, die von UNHCR unterstützt werden – nämlich denen, die keine palästinensischen Flüchtlinge sind –, nicht zu. (2) Palästinensische Flüchtlinge behalten ihren Flüchtlingsstatus weiter, auch wenn sie (a) im Besitz einer Staatsbürgerschaft sind und (b) den Schutz dieses Staates in Anspruch nehmen können. Lässt sich – um ein Beispiel zu nennen – ein von UNHCR unterstützter Flüchtling in Deutschland einbürgern, verliert er dadurch seinen Flüchtlingsstatus. Lässt sich hingegen ein palästinensischer Flüchtling in Deutschland einbürgern, behält er trotzdem seinen Flüchtlingsstatus weiter. Konkret bedeutet das, dass er bei der UNRWA als Flüchtling registriert bleibt. (3) Ehegatten und Ehegattinnen palästinensischer Flüchtlinge bzw. ihrer Nachkommen erhalten automatisch nach der Eheschließung den Status eines palästinensischen Flüchtlings, auch wenn weder sie noch ihre Vorfahren jemals aus Palästina geflüchtet sind bzw. den Status eines palästinensischen Flüchtlings

65   Abkommen über die Rechtsstellung der Flüchtlinge; 28.7.1951. Artikel 1/A2
66   https://www.unrwa.org/palestine-refugees

besaßen. Heiratet also eine deutsche Frau einen palästinensischen Flüchtling, geht sie nach der Eheschließung als palästinensischer Flüchtling in die UNRWA-Statistik ein, und das obwohl sie weder von der Ethnie her palästinensisch noch sie bzw. ihre Vorfahren aus dem damaligen Palästina geflüchtet sind. Diese Besonderheit, nämlich dass der Titel „Flüchtling" im palästinensischen Kontext völlig anders definiert wird als im weltweiten und dass in diesem Zusammenhang den palästinensischen Flüchtlingen Sonderrechte zustehen, die den anderen Flüchtlingen abgesprochen werden, hat die absurde Tatsache zur Folge, dass es heute mehr als fünfmal mehr palästinensische Flüchtlinge gibt als 1948.

Die verheerenden Folgen dieser Absurdität für den Nahostkonflikt und für die Lösung des israelisch-palästinensischen Konflikts liegen nah: Hätte man die palästinensischen Flüchtlinge so behandelt und vor allem so definiert wie die anderen Flüchtlinge weltweit sonst, hätte man heute eventuell gar kein Flüchtlingsproblem mehr oder wenigstens läge die Lösung dieses Problems im Rahmen der politischen Machbarkeit. Denn die Anzahl der palästinensischen Flüchtlinge – damals ca. 700.000 - hätte aufgrund der Sterblichkeit und dem Erwerb einer Staatsbürgerschaft unbedingt schrumpfen müssen. Weil Israel im Rahmen der Familienzusammenführung de facto sowieso palästinische Flüchtlinge aufnimmt (laut Prof. Arnon Sofer und Gil Shalev kehrten seit der Gründung Israels unter anderem auch auf diesem Wege nicht weniger als 302.000 Palästenser zurück[67], auch wenn nicht auf Grundlage des angeblichen „Rückkehrrechts"), könnte man für die noch lebenden palästinensischen Flüchtlinge mithilfe der internationalen Gemeinschaft und in Anlehnung an das Modell der israelisch-palästinensischen „Genfer Initiative"[68] eine umsetzbare Lösung konzipieren. Solange aber die Palästinenser – wenigstens auf deklaratorischer Ebene und nicht unbedingt hinter verschlossenen Türen (mehr dazu gleich) – die mögliche[69] Rückkehr

---

67   http://geo.haifa.ac.il/~chstrategy/publications/books/give_back_claim.pdf

68   Das Modell der Genfer Initiative unterscheidet zwar zwischen den Begriffen „Palästinensischer Flüchtling" und „Genuiner Palästinensischer Flüchtling", das Recht aber auf die Bestimmung ihres künftigen Wohnorts steht nach diesem Modell allen palästinensischen Flüchtlingen zu.

69   Eventuell in dem Sinn, dass die Entscheidung bezüglich des künftigen Wohnorts den Flüchtlingen selbst überlassen wird. Diese könnten in einem solchen

von ca. 5.000.000 Flüchtlingen nach Israel fordern, was wiederum nichts anderes bedeuten würde als die demografische Vernichtung des Selbstbestimmungsrechts des jüdischen Volkes, wird dieser Streitpunkt ungelöst bleiben.

Das Problem mit der von UNRWA eingeführten Auflistung der palästinensischen Flüchtlinge liegt aber sogar noch tiefer, und zwar in der kollektiven Empfindung und Erinnerung des palästinensischen Volkes. Das vermeintliche Recht auf Rückkehr ist im Lauf der Zeit zur zentralen identitätsstiftenden Komponente in dem Nationalethos der Palästinenser geworden. Die Schlüssel für die 1948 verlassenen Häuser erhielten mittlerweile einen fast mythischen Symbolwert[70]. Die politische Führung – vor allem die moderaten Kräfte – der Palästinenser wurde so in eine ausweglose Lage gebracht: Einerseits setzt jedes Abkommen mit Israel ein bestimmtes Maß an Pragmatismus voraus, andererseits aber wird durch einen solchen Pragmatismus dieser Mythos entzaubert. Es spricht nicht wenig dafür, dass die palästinensische Führung hinter verschlossenen Türen sich anders äußert als vor laufenden Kameras. So zum Beispiel behauptete Dr. Ron Pundak – einer der Initiatoren des Oslo-Abkommens – in einem Vortrag an der Universität Tel Aviv am 20. Juni 2013, dass nicht nur Mahmud Abbas auf das „Rückkehrrecht" de facto verzichtet habe, sondern sogar schon Jahre vorher Jassir Arafat. Als Pundak Arafat fragte, wie er diese Idee (gemeint ist der Verzicht auf das Rückkehrrecht) seiner Bevölkerung verkaufen wolle, zeichnete dieser die Konturen eines Kompromisses. Palästinensische Souveränität über den „Haram al Sharif" (den Tempelberg) sollte der Preis sein für den palästinensischen Verzicht auf die Forderung nach Rückkehr der Flüchtlinge. Laut Pundak stellte Arafat den Häusern der Flüchtlinge das Haus Gottes gegenüber[71]. Die Frage, ob Arafat damals auch gesagt hat, was er tatsächlich meinte, wird unbeantwortet bleiben, da er am 11. November 2004 gestorben ist. Eins ist aber sicher: Ein

---

	aus palästinensischer Sicht erwünschten Szenario selbst entscheiden, ob sie zurück nach Israel wollen oder nicht.
70	Im April 2012 zum Beispiel lag auf dem Hof des KW Institute for Contemporary Art in Berlin der „Größte Schlüssel der Welt". Dieses Monument erreichte Berlin, nachdem es schon in mehreren Länder gezeigt worden war. So lautete die Nachricht auf der Webseite der Palästinensischen Autonomiebehörde: „Palästinensischer Schlüssel der Rückkehr erreicht Berlin. Der wohl größte Schlüssel der Welt und zugleich das wichtigste Symbol der palästinensischen Flüchtlinge hat am Montag Berlin erreicht und ist jetzt im Rahmen der Berlin Biennale im Hof des KW Institute for Contemporary Art zu sehen".
71	https://www.youtube.com/watch?v=UhNELJRnsCU (5:33)

Abkommen, welches auf einer wackligen Unterstützung durch die Bevölkerung fußt, ist zum Scheitern verdammt. Deswegen wird die palästinensische Führung – falls, wie Pundak meint, die Bereitschaft zum Kompromiss in diesem Punkt vorhanden ist –, früher oder später gezwungen sein, das, was sonst hinter verschlossenen Türen besprochen wird, öffentlich zu machen. Denn ohne Vorbereitung der palästinensischen Gesellschaft wird jeder Kompromiss in Bezug auf die Flüchtlingsfrage als Verrat verstanden werden. Diese Tendenz zu einer notwendigen politischen Gotteslästerung – was übrigens auch von Israel verlangt wird bezüglich des Anspruchs auf den Tempelberg in der Zukunft – findet man zum Beispiel bei dem palästinensischen Denker und Präsidenten der Al-Quds-Universität Prof. Sari Nusseibeh. In seinem Buch „Ein Staat für Palästina?" findet Nusseibeh klare Worte zur ethischen Basis, auf die die Lösung des Flüchtlingsproblems gebaut werden soll:

> „Der Streitpunkt, der die meisten Emotionen wecken würde, wäre die Frage des Rückkehrrechts für palästinensische Flüchtlinge. [...] [I]ch habe bereits angedeutet, dass die Lösung in ihrer theoretischen Form zwischen den beiden Polen „gerecht" und „gut" angesiedelt sein sollte. Vereinfacht ausgedrückt, in dieser „besten Option" geht es um das öffentliche Wohl in einer Weise, die die Rückkehr, die viele Palästinenser für ihr Recht halten, auf einen untergeordneten Platz verweist. Obgleich viele vertriebene Palästinenser verärgert wären, wenn dieses Recht an Bedeutung verlöre, spricht doch politisch wie moralisch etliches dafür. Es geht darum, die Rechte des Einzelnen gegen das Wohlergehen des palästinensischen Volkes als Ganzem abzuwägen. [...] Wo die Durchsetzung individueller Rechte der Verwirklichung des öffentlichen Wohls klar im Wege steht und wo zudem die betroffene Öffentlichkeit aus eben jenen Individuen besteht, die diese Rechte fordern, lautet die rationale Schlussfolgerung, dass es besser ist, diese Rechte aufzugeben".[72]

---

72   Nusseibeh, Sari (2012) *Ein Staat für Palästina? - Plädoyer für eine Zivilgesellschaft in Nahost.* (S. 121-122), Verlag Antje Kunstmann GmbH, München.

Man kann kaum klarere Worte finden, um zu beschreiben, welche zweck-
widrigen Auswirkungen die palästinensische Fixierung auf das „Rückkehrrecht" für ihr politisches Bestreben, nämlich für die Errichtung eines unabhängigen palästinensischen Staates, hat. Nusseibehs indirekte Forderung zur
Entmythisierung der Flüchtlingsfrage zugunsten der Realpolitik wird höchstwahrscheinlich noch auf enorme Widerstände stoßen, bis die Palästinenser
eines Tages vielleicht bereit sind, sie zu unterstützen. Wie tief aber das
Flüchtlingsproblem in der palästinensischen Psyche verankert ist, kann man
aus den Schriften eines anderen berühmten palästinensischen Intellektuellen
ersehen – Edward Said. Said, der an den Universitäten Yale, Columbia und
Harvard unterrichtete und dessen 1978 erschienenes Buch „Orientalismus"
auf der Liste der 100 besten Sachbücher der britischen Zeitung „Guardian" zu
finden ist, äußerte sich oft zum Oslo-Abkommen und dessen Auswirkungen
auf den Kampf der Palästinenser um Selbstbestimmung. Am 10. Februar
2000 veröffentlichte er in der englischsprachigen ägyptischen Wochenzeitung *Al-Ahram Weekly* unter dem Titel „The Right of Return: At Last" einen
polemischen Artikel, in dem er das aus seiner Sicht nachgiebige Vorgehen
der palästinensischen Führung unter Jassir Arafat bezüglich der Flüchtlingsfrage scharf kritisierte. Interessant an diesem Artikel ist festzustellen, wie
tief die mythischen Elemente des Flüchtlingsproblems – und ich will auf keinen Fall behaupten, dass alle Elemente dieses Problems mythisch sind – in
die kollektive Psyche der Palästinenser eingedrungen sind, sodass sogar ein
Vertreter der palästinensischen geistigen Elite wie Said – sonst ein scharfsin-
niger und renommierter Akademiker – sie als Selbstverständlichkeiten in seine Argumentation integriert. So zum Beispiel ist in dem Artikel die Rede von
4.500.000 palästinensischen Flüchtlingen[73]. Said, der sich mit dem israelisch-
palästinensischen Konflikt intensiv beschäftigte, müsste aber wissen, dass
diese Zahl auf die Definition von UNRWA zurückzuführen ist und dass in dieser Definition wiederum, wie oben dargelegt, der Flüchtlingsstatus automatisch von den Eltern auf die Kinder übertragen wird – ein Privileg, das nur
den palästinensischen Flüchtlingen zusteht. In einem anderen Artikel in der
amerikanischen Zeitschrift „The Nation" vom 30. Oktober 2000 erklärte er –
basierend natürlich auf der UNRWA-Definition – die „vier Millionen palästi-

---

73   Said, W. Edward (2000) *Das Ende des Friedensprozesses – Oslo und danach.* (S.
      230), Berlin Verlag.

nensischen Flüchtlinge" zur „größte[n] und älteste[n] Flüchtlingsbevölkerung der Welt"[74], ohne dabei zu erwähnen, wie es dazu kommen konnte, dass im Oktober 2000 ca. sechsmal mehr palästinensische Flüchtlinge lebten, als im Jahre 1948 geflüchtet waren. Und so geht es weiter: Das Flüchtlingsproblem beschreibt Said auf eindimensionale Art und Weise als zionistische ethnische Säuberung, und dementsprechend reduziert er die Fluchtgründe allein auf die Vertreibung der arabischen Bevölkerung durch Israel. In diesem Sinne pocht er immer wieder auf die UN-Resolution 194 (III) und beschränkt dabei die gesamte Resolution auf den 11. Artikel. So verschweigt Said seinen Lesern den gesamten historischen Kontext der Resolution, ihre neutralen Formulierungen, das Problem der jüdischen Flüchtlinge und vor allem die Tatsache, dass die Resolution als Gesamtpaket verabschiedet wurde. In demselben Artikel geht er sogar einen Schritt weiter und behauptet, dass, während die USA die Resolution unterstützt habe, es nur Israel gewesen sei, das dagegen gestimmt habe[75]. Diese Aussage ist entweder eine bewusste oder eine unbewusste Irreführung der LeserInnen: zuerst, weil Israel an der Abstimmung nicht teilnehmen durfte, und zwar aus dem einfachen Grund, dass es damals noch kein UN-Mitglied war. Das wurde Israel erst im Mai 1949 (Resolution 273). Irreführend ist auch, dass Said vergisst, dass einige arabische Staaten, darunter auch Ägypten, gegen die Resolution stimmten, weil dies (wenn auch indirekt) die Anerkennung des Staates Israel bedeutet hätte. Die Gründe für den Ausbruch des Krieges, woraus das Flüchtlingsproblem resultierte – die Weigerung der überwiegenden Mehrheit der Araber, den Teilungsplan zu akzeptieren, und vor allem die militärische Invasion Israels durch fünf arabischer Armeen –, werden von dem Autor ebenso vollständig verschwiegen.

Mit einer solchen eindimensionalen Geschichtsschreibung wird das Flüchtlingsproblem in der palästinensischen kollektiven Erinnerung so fest zementiert und mythisiert, dass sie auf Dauer die Sprache der Realpolitik irgendwann schlechthin verlernt.

---

74   Ebd. S. 256
75   Ebd. S. 232

Wie schon gesagt, geht eine umfangreiche und multidisziplinäre Schilderung des Flüchtlingsproblems über die Grenzen unserer Problemstellung weit hinaus. Dementsprechend bleibt hier auch der hochinteressante juristische Diskurs über die Frage, ob das Rückkehrrecht überhaupt ein Recht ist bis auf einige Andeutungen fast unbehandelt. Dieses brisante Thema ist in dem hier diskutierten Zusammenhang kaum von Relevanz, denn schließlich geht es nicht um die Frage, ob die Forderung der Palästinser nach Rückkehr der Flüchtlinge völkerrechtlich zu untermauern ist, sondern alleine um die Frage, inwiefern diese Forderung in der UN-Resolution 242 Ausdruck findet.

Zurück zur Resolution: Zu dem Flüchtlingsproblem äußert sich der Sicherheitsrat in der Resolution 242 (Punkt 2/b) wie folgt: „Der Sicherheitsrat erklärt ferner, dass es notwendig ist, eine gerechte Regelung des Flüchtlingsproblems herbeizuführen". Eine ziemlich kurze, lakonische und schwammige Formulierung, die mehr verschweigt, als sie offenbart. Zuerst ist es alles anders als klar, welche Flüchtlinge der Sicherheitsrat genau meint. Meint er die Flüchtlinge von 1948 oder von 1967? In dem Kontext des Osloer Friedensprozesses hat diese Frage eine entscheidende Bedeutung. Denn die Flüchtlinge von 1967 flüchteten oder wurden vertrieben – diese Frage lassen wir an dieser Stelle beiseite – aus dem Gebiet, das Israel im Sechstagekrieg erobert hatte. Dieses Territorium, nämlich das Westjordanland und den Gazastreifen, beanspruchen die Palästinser für ihren künftigen Staat. In einem solchen Fall – sollte es tatsächlich zur Gründung eines palästinensischen Staats auf diesem Gebiet kommen – kann man das Flüchtlingsproblem von 1967 zum großen Teil als gelöst betrachten: Die Geflüchteten werden sich dann deshalb in dem palästinensischen Staat niederlassen, weil dieser sich auf dem Territorium befinden wird, welches sie 1967 freiwillig oder gezwungenermaßen verlassen hatten. Selbstverständlich kennt ein solches Szenario auch eine Grauzone. Dazu gehören zum Beispiel Flüchtlinge, die zweimal geflüchtet sind: zuerst während des Krieges von 1948 aus dem Kernland Israels ins Westjordanland bzw. in den Gazastreifen und dann noch einmal 1967 beispielsweise nach Jordanien. Eine weitere Ausnahme sind Flüchtlinge, die aus einem Territorium geflüchtet sind, welches nach dem Konzept des Gebiets-

austausches im Rahmen eines Friedensvertrags zum Staatsgebiet Israels gehören sollte. Zwei Beispiele dafür sind die 6000[76] Einwohner der Dörfer Yalo,
Beit Nuba und Imwas in Latron und die ca. 650 Einwohner des marokkani-
schen Viertels in Jerusalem[77], das am 10. Juni 1967 von Israel zerstört wurde.
Das Viertel grenzte an die Klagemauer – ein Gebiet, das im Rahmen eines
Friedensvertrags unter israelischer Souveränität bleiben sollte. Ich riskiere
hier aber trotzdem die Aussage, dass sich die beiden Parteien auf diese oder
jene Lösung einigen könnten, wenn es nur allein um die Flüchtlinge von 1967
ginge. Unter anderem deshalb, weil Israel sich schon einige Male bereit erklärt hat, eine bestimmte, wenn auch kleine Anzahl von Flüchtlingen aufzu-
nehmen – selbstverständlich unter der Bedingung, dass ihre Zahl das demografische Gleichgewicht des Landes nicht wesentlich verändern würde.

Im Gegensatz zu den Flüchtlingen von 1967 verließen die Flüchtlinge von
1948 – ob freiwillig oder gezwungenermaßen – ein Territorium, das heute zu
dem sogenannten Kernland Israels gehört. Ihre Rückkehr als Voraussetzung
für die Umsetzung der Zwei-Staaten-Lösung würde – wie schon oben gezeigt
– eine absurde demografisch-politische Entwicklung zur Folge haben: Zwei
Staaten würden dann vielleicht entstehen – beide aber wären de facto und
sehr schnell auch de jure palästinensisch. Eine solche Entwicklung steht aber
sowohl dem UN-Teilungsplan vom 29. November 1947 als auch der Idee der
Zwei-Staaten-Lösung selbst diametral entgegen. Die letztere Idee soll die Verwirklichung des Selbstbestimmungsrechts beider Völker garantieren. Dass
das jeweilige Volk in seinem eigenen Territorium die Mehrheit der Bevölkerung ausmacht, ist eine notwendige Voraussetzung dafür, wenigstens solange
die Verwirklichung des Selbstbestimmungsrechts auf einer demokratischen
Basis stattfinden soll.

Die Unklarheit des Begriffes „Flüchtlingsproblem" in der UN-Resolution
242 ist aber auch aus einem anderen Grund problematisch. Wie oben erwähnt, betrifft das „Flüchtlingsproblem" in dem Kontext des israelisch-palästinensischen Konflikts nicht nur die palästinensischen, sondern auch ca.

---

76   Davar, 28.6.1973
77   Segev, Tom (2009) *1967 – Israels zweite Geburt.* (S. 478-479), Verlagsgruppe
        Random House, München.

856.000 jüdische Flüchtlinge. Vor diesem Hintergrund lässt sich die Resolution 242 als Appell zur Lösung des sowohl jüdischen als auch palästinensischen Flüchtlingsproblems lesen. Dafür spricht unter anderem auch, dass die
Konturen einer möglichen Lösung in der Resolution äußerst verschwommen
gezeichnet sind. So zum Beispiel ist von einer eventuellen Rückkehr der
Flüchtlinge – unabhängig von der Frage, ob jüdische oder arabische –, nicht
die Rede. Das ist kein Zufall und darf nicht auf eine angeblich nachlässige Arbeit des Verfassers zurückgeführt werden, denn, wie schon besprochen, ach-
tete der UN-Sicherheitsrat auf Nuancen – zum Beispiel bei der Formulierung
der Forderung nach dem Abzug der israelischen Armee aus Gebieten (und
nicht aus den Gebieten), die sie im Rahmen des Sechstagekrieges erobert
hatte. Aber nicht nur aus diesem Grund sollte man die Resolution 242 bezüglich des Flüchtlingsproblems als eine gegenseitige Forderung verstehen. In
seinem schon oben zitierten Artikel zu dem Thema weist Dr. Stanely Urman
auf die folgende Tatsache hin: Am 20. November 1967, also genau zwei Tage,
bevor der Sicherheitsrat die Resolution 242 verabschiedete, hatte die Sowjetunion ihren eigenen Entwurf eingereicht. In diesem Kontext ist dessen Paragraph 3 von großer Bedeutung:

> „The Security Council [...] deems it necessary in this connexion
> to continue its consideration of the situation in the Middle East,
> collaborating directly with the parties concerned and making
> use of the presence of the United Nations, with a view to achiev-
> ing an appropriate and just solution of all aspects of the prob-
> lem on the basis of the following principles: (a) The use or
> threat of force in relations between States is incompatible with
> the Charter of the United Nations; (b) Every State must respect
> the political independence and territorial integrity of all other
> States in the area; (c) There must be a just settlement of the
> question of the Palestine refugees; (d) Innocent passage
> through international waterways in the area in accordance with
> international agreements; [...]"[78]

---

78   S/8253

Im Gegensatz zur Resolution 242 (und zur Resolution 194, wie später noch deutlich wird) ist im Paragraph 3/C nicht generell von „Flüchtlingen", sondern ganz konkret von „palästinensischen Flüchtlingen" die Rede. Und nachdem die Resolution 242 verabschiedet worden war – so Urman – habe die Sowjetunion nicht darauf bestanden, dass auch über ihren Vorschlag abgestimmt wird[79]. Das heißt, die Entscheidung für eine ausgewogene Formulierung der Resolution 242 in Bezug auf das Flüchtlingsproblem wurde ganz bewusst getroffen.

Wie bereits festgestellt, findet die palästinensische Forderung nach der Rückkehr der Flüchtlinge (von 1948) – unabhängig von der Frage, ob diese Forderung juristisch zu untermauern ist –, keinen klaren und eindeutigen Ausdruck in der UN-Resolution 242, denn diese bezieht sich nicht nur auf palästinensische Flüchtlinge und spricht auch nicht von einer gerechten Regelung nur dieses Problems, sie schlägt diesbezüglich nichts Konkretes vor, geschweige denn, dass in ihr die Rückkehr einer bestimmten Flüchtlingsgruppe empfohlen wird. Der Konstruktionsfehler liegt in diesem Sinne nah: Der rechtliche Rahmen des Oslo-Abkommens bzw. des Osloer Friedensprozesses bezog sich nur auf die Folgen des Krieges von 1967, während zu dieser Zeit eines der Hauptprobleme – das Problem der palästinensischen Flüchtlinge – bereits ca. 19 Jahre zurücklag. Und weil dieser rechtliche Rahmen aus zwei UN-Resolutionen besteht, wäre es angebracht, mindestens mit einigen Worten zu erwähnen, mit welcher UN-Resolution die Palästinenser ihre mittlerweile zum nationalen Mythos gewordene Forderung begründen.

Am 11. Dezember 1948 verabschiedete die UN-Generalversammlung die Resolution 194 (III). Diese besteht aus 15 Artikeln. Ihre Forderung nach Rückkehr der Flüchtlinge (1948) begründen die Palästinenser mit dem Artikel 11. Dieser besagt, dass die Generalversammlung

> *resolves* that the refugees wishing to return to their homes and live at peace with their neighbours should be permitted to do so

---

79   Urman, Stanely, *Die Vereinten Nationen und die Flüchtlinge im Nahen Osten: das unterschiedliche Verhältnis zu Juden und Arabern.* (S. 51) In: Baker, Alan [Hrsg.] (2012) *Die Rechte des Staates Israel als der Nationalstaat des jüdischen Volkes.* Jerusalem Center for Public Affairs.

at the earliest practicable date, and that compensation should be paid for the property of those choosing not to return and for loss of or damage to property which, under principles of international law or in equity, should be made good by the Governments or authorities responsible; Instructs the Conciliation Commission to facilitate the repatriation, resettlement and economic and social rehabilitation of the refugees and the payment of compensation, and to maintain close relations with the Director of the United Nations Relief for Palestine Refugees and, through him, with the appropriate organs and agencies of the United Nations [...]".

Bevor man sich mit der Rolle und mit dem Gewicht dieser Resolution in dem Kontext der Diskussion über den rechtlichen Rahmen des Oslo-Abkommens auseinandersetzt, muss man verstehen, wie die beiden Parteien diese Resolution und vor allem diesen Artikel interpretieren. Dass die Palästinenser die oben zitierten Zeilen als Beweis für die Existenz des sogenannten „Rückkehrrechts" der Flüchtlinge auffassen, ist alles anderes als überraschend. Und auf den ersten Blick wenigstens spricht tatsächlich nicht wenig dafür. Liest man diesen Artikel aber genauer, und zwar vor dem historischen und politischen Hintergrund, in welchem er verfasst wurde, erkennt man sofort, wie verschwommen seine terminologischen Konturen sind. Das gilt sowohl für die inhaltlichen Aspekte als auch für die Form des Artikels 11.

Die erste Schwierigkeit liegt in dem Begriff „Flüchtlinge" (refugees). Die Resolution definiert nicht, um welche Flüchtlinge es sich hier genau handelt. Es wurde bereits dargestellt, dass der Konflikt zwei großen Gruppen von Flüchtlingen erzeugte: palästinensische (arabische) und jüdische Flüchtlinge. Die ersteren flüchteten aus Palästina, die letzteren aus verschiedenen arabischen Ländern. Es gibt also keinen Grund anzunehmen, dass dieser Artikel sich nur auf das palästinensische Flüchtlingsproblem bezieht. Als Beweis dafür, dass es sich hier nicht um ein Missverständnis oder um die nachlässige Arbeit des Verfassers handelt, gelten diejenigen Zeilen in diesem Artikel, die sich mit der Entschädigung der Flüchtlinge beschäftigen. Zwar steht da eindeutig, dass die Flüchtlinge für die ihnen verursachten Schäden und Verluste entschädigt werden sollen, jedoch ist weder in diesem Artikel noch in dieser

Resolution erwähnt, wer sie entschädigen soll. Das ist kein Zufall: In der gesamten Resolution wird Israel nicht einmal erwähnt. Der Verfasser benutzte den Terminus „the parties" (die Parteien – Artikel 4) bzw. „the Governments" und „the authorities" (die Regierungen; die Behörden). Diese Pluralformen zeigen eindeutig, dass in der UN-Resolution nicht Israel allein als Verantwortlicher gemeint sein kann. An dieser Stelle muss an den historischen Zusammenhang erinnert werden: Den UN-Teilungsplan vom 29. November 1947 lehnte die arabische Seite ab, während die jüdische ihn akzeptierte. In der Folge begann die erste Phase des sogenannten „Palästinakriegs". Die zweite Phase, wie schon oben diskutiert, begann einen Tag nach der Gründung des Staates Israel, das am 15. Mai 1948 von Armeen aus fünf arabischen Staaten überfallen wurde. Mit anderen Worten: Auch wenn man behaupten will, dass Israel für die Entstehung des palästinensischen Flüchtlingsproblems verantwortlich ist, darf man dabei die Verantwortung sowohl der arabischen Palästinenser als auch der arabischen Staaten nicht ignorieren – vor allem nicht, weil dieses Problem mit hoher Wahrscheinlichkeit nicht entstanden wäre, hätten die Araber den Teilungsplan akzeptiert, anstatt zu versuchen, Israel militärisch zu bezwingen. So betrachtet sollte man diejenigen Passagen der Resolution 194 (III), die sich mit dem Flüchtlingsproblem beschäftigen, nicht als einseitigen Appell an Israel lesen, sondern eher als Appell an beide Parteien. Dementsprechend sollte man auch den Terminus „Flüchtlinge" nicht allein auf die palästinensischen Flüchtlinge reduzieren. Im Umkehrschluss bedeutet das: Aus der Tatsache, dass die Generalversammlung in dieser Resolution weder eindeutig feststellte noch indirekt andeutete, dass Israel bzw. Israel allein die Flüchtlinge entschädigen muss, kann man Folgendes ableiten: (1) Unter dem Begriff „Flüchtlinge" verstand der Verfasser der Resolution, d. h. die UN-Generalversammlung, nicht nur arabische Flüchtlinge, sondern auch jüdische; (2) die Verantwortung für die Lösung des Flüchtlingsproblems und vor allem für die Entschädigung der Flüchtlinge liegt bei allen beteiligten Parteien (dazu gehören auch die an dem Krieg aktiv beteiligt gewesenen arabischen Staaten) und nicht nur bei Israel.

Genau so mehrdeutig ist auch der erste Satz des Artikels 11. Dieser besagt „daß es denjenigen Flüchtlingen, die zu ihren Wohnstätten zurückkehren und in Frieden mit ihren Nachbarn leben wollen, zum frühestmöglichen Zeitpunkt gestattet werden soll [...]". Dieser Satz beinhaltet mehrere verschwommene Begriffe, die für den gesamten Artikel und so wiederum auch für die gesamte Resolution einen relativ großen Interpretationsspielraum bieten. Zuerst ist in dem oben zitierten Satz nicht zu übersehen, dass die Empfehlung[80] der UN-Generalversammlung, die Rückkehr der Flüchtlinge zu gestatten, mindestens zwei wichtigen Bedingungen unterliegt: (1) Die Rückkehrer wollen mit ihren Nachbarn friedlich leben; (2) die Rückkehr muss nicht unbedingt sofort stattfinden, sondern zum frühestmöglichen Zeitpunkt. Wie und nach welchen Maßstäben aber konnte man damals wie heute entscheiden, ob die Flüchtlinge tatsächlich mit ihrer jüdischen Umgebung friedlich leben wollen? Man darf bezüglich dieser Bedingung sowohl den damaligen als auch den heutigen politischen Zusammenhang nicht außer Acht lassen. Die arabische Seite – wie bereits dargestellt – hatte den UN-Teilungsplan und damit auch das Existenzrecht eines jüdischen Staates in (einem Teil von) Palästina kategorisch abgelehnt. Vor diesem Hintergrund begann – dies wurde oben ebenfalls diskutiert – der sogenannte „Palästinakrieg", an dessen Ende die palästinensischen Araber ihr Territorium zugunsten Israels, Ägyptens und Jordaniens verloren. Diesen Krieg muss man als einen dynamischen Prozess verstehen, der durch den im Laufe der letzten Jahrzehnte aufgestauten Hass und gegenseitiges Misstrauen immer weiter getrieben wurde: Die sogenannten Nabi-Musa-Unruhen (April 1920), die Ausschreitungen in Jaffa ein Jahr später (Mai 1921), die das Leben von 47 Juden und 48 Arabern kosteten (verletzt wurden 146 Juden und 73 Araber)[81], der Vorfall an Yom-Kippur und der Streit um die Klagemauer (1928), das Massaker an 67 Juden in Hebron (24. August 1929) und der arabische Aufstand (1936-1939) sind nur einige Beispiele von vielen für die gewalttätigen Konflikte, die aus der hitzigen Stimmung zwischen Juden und Arabern in Palästina erwuchsen. So akut und gefährlich betrachtete Großbritannien die Situation in seinem Mandatsgebiet, dass es ein Jahr nach Ausbruch des arabischen Aufstands (1937) Sir Charles Tegart – damals einer der besten und erfahrensten britischen Experten für Terrorbekämpfung – nach Palästina schickte[82]. Dazu kommt noch eine

---

80   Laut der Charta der Vereinten Nationen (z.B: Kapitel IV / Artikel 10-11) sind Resolutionen der UN-Generalversammlung völkerrechtlich betrachtet nicht mehr als Empfehlungen.

81   Segev, Tom (2005) *Es war einmal ein Palästina*. (S.199), Random House GmbH, München. Bei diesen Ausschreitungen wurde der hebräische Publizist und Schriftsteller Josef Haim Brenner ermordet.

82   Ebd. S. 455

wichtige Komponente: Dieser dynamische Prozess fand nicht in einem ideologischen Vakuum statt. Der Kampf um Palästina – oder wenigstens um einen Teil von Palästina – war mehr als ein Wettrennen zwischen zwei Nationalbewegungen. Die arabische Position war gekennzeichnet durch eine kategorische Ablehnung jeder Initiative zur Teilung Palästinas[83] bzw. durch die systematische Verweigerung der Araber, die Entstehung eines jüdischen Staates in (einem Teil von) Palästina zu akzeptieren und basierte auf einem tiefen, damit einhergehenden Gefühl, ungerecht behandelt zu werden. Dieses fasste bei seinem Auftritt vor einem Ad-Hoc-Komitee [der Vereinigten Staaten] zur Palästinafrage Jamal Husseini, der Vertreter des Arabischen Hohen Komitee[84], klar und präzise zusammen. Hier sind einige Beispiele aus der Pressemitteilung des Komitees vom 29. September 1947:

„Herr Husseini sagte, dass der Fall der palästinensischen Araber einfach und selbstverständlich sei. Die Araber von Palästina seien dort, wo die Vorsehung und die Geschichte sie platziert haben. Wie alle anderen Nationen seien sie berechtigt, in Freiheit und Frieden zu leben und ihr Land in Übereinstimmung mit ihren Traditionen [...] zu entwickeln. Herr Husseini erklärte, dass die Araber schon immer in Palästina gewesen seien und dass die Zionisten eine Invasion dieses Landes durchführen. [...] Die Araber [so Husseini] sind und waren schon immer im Besitz von Palästina und haben daher eine verbindliche, rechtmäßige und heilige Pflicht: es gegen alle Aggression zu verteidigen. [...] Der Zionismus, so sagte er, beruhe auf der Verbindung der Juden mit dem Palästina vor 2000 Jahren. Wenn diese Behauptung einen rechtlichen oder moralischen Wert hätte, könnten die Araber größere und stärkere Ansprüche auf Spanien, Teile von Frankreich, die Türkei, Persien, Afghanistan und sogar Teile von Indien, Russland und China anmelden. [...] Schließlich, so Herr Husseini, fordern die Zionisten die Gründung eines jüdischen Nationalhauses aufgrund der Balfour-Deklaration. Groß-

---

83   Der Teilungsplan vom 1937 wurde von den Arabern ebenfalls abgelehnt.
84   Das Arabische Hohe Komitee war ab 1936 der politische Vertreter der palästinensischen Araber.

britannien, sagte er, habe niemals Palästina besessen und könne deshalb auch nicht darauf verzichten"[85].

Und zum Schluss, nachdem er die britische Mandatsmacht beschuldigt hatte, die im Artikel 6 des Mandatsvertrags klar formulierten Bedingungen zur Regulierung der jüdischen Einwanderung ignoriert zu haben, fügte Husseini noch hinzu, dass die palästinensischen Araber gegen jede Initiative, ihr Land zu teilen, mit allen ihnen zur Verfügung stehenden Mitteln kämpfen würden.

Die erste Bedingung zur Rückkehr der Flüchtlinge, nämlich dass sie mit ihren [jüdischen] Nachbarn in Frieden leben wollen, muss man vor diesem Hintergrund betrachten. Der Kern des Konflikts – wie aus den Aussagen von Husseini vor dem Komitee zu erkennen ist – drehte sich nicht um Fragen wie etwa, wo die Grenze zwischen den beiden (jüdischen und arabischen) Staaten verläuft bzw. in wessen Besitz der Tempelberg aufgrund der Religion und Tradition gelangen soll, sondern um die bloße Existenz eines jüdischen Staates in Palästina. Dieser war ein Dorn im Auge der palästinensischen Araber und der nahezu gesamten arabischen Welt, bis auf einige Ausnahmen. Sollte man unter diesen Umständen ernsthaft davon ausgehen, dass die erbitterten Feinde von gestern binnen eines Jahres ihre Gesinnung so radikal geändert haben, dass aus der von den Arabern als eine Katastrophe (Nakba) erlebte Niederlage (1948) der Wille zur friedlichen Koexistenz hätte wachsen können? So gesehen war die erste Bedingung unter den realen Umständen damals nicht gegeben. Denn um das Vorhandensein eines solchen Willens sicherzustellen, hätte man sich nicht nur mit einer unterschriebenen Erklärung der Rückkehrer begnügen dürfen. Die einzige Alternative damals hätte darin bestanden, dass man zuerst den Flüchtlingen die Rückkehr gestattet hätte, um erst später zu prüfen, inwiefern die jüdisch-arabische Koexistenz, die in den letzten Jahrzehnten vor dem Krieg 1948 kolossal gescheitert war, vielleicht plötzlich doch funktioniert. Weil die arabische Seite dem jüdischen Staat das Existenzrecht immer wieder absprach, betrachtete Israel – nicht ganz zu Unrecht – die erste Bedingung als noch nicht erfüllt.

---

85   Press Release GA/PAL/3 vom 29. September 1947; United Nations Press Division, übersetzt vom Autor.

Aber nicht nur Israel, sondern auch die UN-Generalversammlung, der Verfasser der Resolution 194 (III), glaubte nicht an ein rasches Abklingen der arabischen Ressentiments und des Gefühls, ungerecht behandelt worden zu sein. Und höchstwahrscheinlich wurde eben deswegen die zweite Bedingung gestellt. Diese besagt, dass „denjenigen Flüchtlingen, die zu ihren Wohnstätten zurückkehren und in Frieden mit ihren Nachbarn leben wollen, *dies zum frühestmöglichen Zeitpunkt gestattet werden soll*"[86]. Den Begriff „frühestmöglich" kann man natürlich sehr unterschiedlich interpretieren. Er schließt viele Überlegungen ein, wie zum Beispiel Sicherheits-, Wirtschafts- und demografische Erwägungen. Eins ist aber sicher: „Frühestmöglich" bedeutet nicht unbedingt „jetzt" oder „sofort". Es fragt sich auch, wer damals eigentlich entscheiden sollte, wann die Zeit reif ist, um denjenigen Flüchtlingen, die mit ihren Nachbarn in Frieden leben wollen, die Rückkehr zu gestatten. Die Resolution jedenfalls beantwortete diese Frage nicht.

Diese vorprogrammierten Meinungsverschiedenheiten bei der Interpretation und der eventuellen Umsetzung des 11. Artikels der UN-Resolution 194 (III) beschreiben aber noch lange nicht die gesamte Problematik. Nicht minder wichtig ist die terminologische Basis, auf welcher der 11. Artikel gebaut wurde. Wer den letzteren ausführlich betrachtet, der kann nur schwer übersehen, dass in diesem Artikel – wie die Forscherinnen Namera Goren-Amitai und Jafa Silberschatz in ihrem umfangreichen Beitrag zu dem Thema bemerken[87] – von einem **Recht** auf Rückkehr keine Rede ist. Laut Goren-Amitai und Silberschatz ist diese Tatsache nicht auf einen Zufall bzw. auf die nachlässige Arbeit des Verfassers zurückzuführen, sondern auf eine bewusste Entscheidung der UN-Generalversammlung. Zu dieser Schlussfolgerung kamen die beiden, nachdem sie die Empfehlungen des schwedischen Folke Bernadotte Graf von Wisborg für die Vereinten Nationen geprüft hatten: Im Mai 1948 schickten die Vereinten Nationen Folke Bernadotte mit dem Auftrag nach Palästina, zwischen Juden und Arabern zu vermitteln. In den folgenden Monaten reichte er bei seinem Auftraggeber zwei Berichte bzw. Pläne

---

86   Deutsche Übersetzung: https://palaestina.org/fileadmin/Daten/Do
          kumente/Abkommen/UN-Resolutionen/resolution_194_11.12.1948.pdf
87   Goren-Amitai, Nemera; Silberschatz, Jafa (2010) *Die Rückkehr der palästinensischen Flüchtlinge nach Israel.* (S. 40), Merkaz Mezila, Jerusalem.

ein, den ersten am 28. Juni 1948 und den zweiten am 16. September 1948. In beiden Berichten benutzte er den Terminus „right" (Recht) – und zwar nicht im moralischen, sondern eher im juristischen Sinn des Wortes[88] – in Bezug auf die Rückkehr von ca. 300.000 palästinensischen Flüchtlingen an ihre Wohnorte. So zum Beispiel schreibt er im Teil II, Punkt 9 des Berichts vom Juni 1948:

> „The Mediator advanced the following suggestions as a possible basis for discussion: [...] 9. That recognition be accorded to the right of residents of Palestine who, because of conditions created by the conflict there have left their normal places of abode, to return to their homes without restriction and to regain possession of their property".[89]

Und ca. drei Monate später formuliert er im zweiten Bericht vom 16. September 1948:

> „From the start, I held the firm view that, taking into consideration all the circumstances, the right of these refugees to return to their homes at the earliest practical date should be established".[90]

In dem hier diskutierten Zusammenhang lassen diese Zitate erkennen – und in diesem Sinne argumentieren auch Goren-Amitai und Silberschatz – dass die UN-Generalversammlung sich nicht zufällig, sondern ganz bewusst gegen die Argumentation von Bernadotte bzw. gegen den von ihm benutzten Terminus „right" entschieden hat. Anders formuliert heißt das: Wäre die UN-Generalversammlung der Meinung gewesen, dass es hier tatsächlich um ein Recht ginge, dann muss man sich fragen, warum sie den von Bernadotte benutzten Terminus nicht übernommen hat. Dafür, dass die UN-Generalversammlung die arabische Forderung nach Rückkehr der palästinensischen Flüchtlinge nicht als „Recht" verstand, spricht auch der Charakter der Resolution 194 (III). Diese – wie oben schon erwähnt – ist nicht weniger, aber auch nicht mehr als eine Empfehlung und dementsprechend rechtlich betrachtet

---

88 Diese Differenzierung ist von Bedeutung. Nicht alles, was moralisch verwerflich ist, findet auch juristischen Ausdruck.

89 S\863 vom 28.6.1948. Unterschrieben wurde der Bericht einen Tag vorher, am 27.6.1948.

90 A\648 vom 16.9.1948.

nicht verpflichtend. Wenn also die UN-Generalversammlung der Meinung gewesen wäre, dass die palästinensischen Flüchtlinge das **Recht** hätten, an ihre Wohnorte zurückzukehren, hätte sie das in der Resolution 194 (III) statuieren können, ohne dabei – wegen des empfehlenden Charakters von UN-Resolutionen – ein großes politisches Risiko einzugehen. Trotzdem hat sich die UN-Generalversammlung dagegen entschieden.

Die Meinungsverschiedenheiten zwischen Israelis und Palästinensern bezüglich des 11. Artikels der Resolution 194 (III) gehen aber über die oben erwähnten Streitpunkte hinaus. Ein weiterer hat nicht mit dem Inhalt des 11. Artikels zu tun, sondern damit, dass die Palästinenser, wenn sie von der Resolution 194 (III) sprechen, eigentlich nur den 11. Artikel meinen. Ein Beispiel für die Art und Weise der Palästinenser, diesen Artikel zu betrachten, als stünde er für sich allein und völlig unabhängig von den anderen 14 Artikeln der Resolution, findet man in einem Aufsatz, der von dem prominenten palästinensischen Politiker und einem der Architekten des Oslo-Abkommens Dr. Saeb Erekat verfasst und am 10. Dezember 2010 im *Guardian* veröffentlicht wurde:

> „Today, Palestinian refugees constitute more than 7 million people worldwide – 70% of the entire Palestinian population. Disregarding their legitimate legal rights enshrined in international law, their understandable grievances accrued over prolonged displacement, and their aspirations to return to their homeland, would certainly make any peace deal signed with Israel completely untenable. In accordance with past Israeli-Arab agreements based on UN resolutions – most significantly the Egypt-Israeli Camp David Accords based on UN resolution 242's formula of land-for-peace – resolution 194 must provide the basis for a settlement to the refugee issue."[91]

Erekats Behauptung, dass das (angebliche) Recht der palästinensischen Flüchtlinge auf Rückkehr völkerrechtlich zu untermauern sei, ist mehr als fragwürdig. Dies zu klären, ginge aber über den Rahmen dieses Buches hinaus. In unserem Kontext sind vor allem die folgenden Aspekte von Bedeutung: (1) Erekat – als offizielle Stimme der palästinensischen Autonomiebe-

---

91   The Guardian, 10.12.2010

hörde – akzeptiert die Angaben von UNRWA und kommt so auf 7.000.000 palästinensische Flüchtlinge (das sind zehnmal mehr als die Anzahl der Palästinenser, die während des Krieges von 1947-1949 aus Palästina flüchteten). (2) In diesem Artikel fordert Erekat, dass Israel das Recht der Palästinenser auf Rückkehr anerkennt und sieht dementsprechend **die Resolution 194 (III)** als die Basis für die Lösung des palästinensischen Flüchtlingsproblems an. Was Erekat aber vergisst oder eher verschweigt, ist, dass diese Resolution noch andere Aspekte beinhaltet, wie zum Beispiel (Artikel 7, 8), dass Jerusalem unter internationaler Souveränität stehen soll. Zu Jerusalem übrigens gehören laut dieser Resolution nicht nur die Stadt selbst, sondern auch Abu Dis (die östliche Grenze), Betlehem (die südliche Grenze), Ein Karim und Motza (die westliche Grenze) sowie Shuafat (die nördliche Grenze). Wie aber diese Passagen der Resolution 194 (III) mit der Forderung der Palästinenser nach Souveränität auf dem Tempelberg und nach der Anerkennung von Ostjerusalem als Hauptstadt des künftigen palästinensischen Staates in Einklang zu bringen sind, bleibt ein Rätsel. Hinzu kommt noch die kleine historische Pikantere, dass kein arabischer Staat für die Resolution 194 (III) stimmte, weil dies indirekt die Anerkennung des Staates Israel bedeutet hätte.

Für unsere Diskussion hier ist auch der 7. Artikel der Resolution relevant:

„[Die UN-Generalversammlung] beschließt, daß die heiligen Stätten – einschließlich Nazareth –, sowie Gotteshäuser und religiöse Stätten in Palästina geschützt und der freie Zugang zu ihnen gesichert sein sollen in Übereinstimmung mit bestehenden Rechten und der überlieferten Praxis; daß die zu diesem Zweck getroffenen Abmachungen unter wirksamer Kontrolle der Vereinten Nationen stehen sollen [...]"[92]

Auch dieser Artikel wurde nicht in die Realität umgesetzt und blieb ein leeres Wort. So zum Beispiel verweigerte Jordanien den Juden den Besuch der Klagemauer, nachdem es im Rahmen des Krieges 1948 die Westbank und Ostjerusalem erobert hatte[93]. Erst 1967, nach der israelischen Eroberung des Westjordanlands, durften die Juden ihre heiligsten Stätten wieder besuchen.

---

92   Deutsche   Übersetzung: https://palaestina.org/fileadmin/Daten/Dokumente/Abkommen/UN-Resolutionen/resolution_194_11.12.1948.pdf
93   Mehr zu dem Thema: Segev, Tom (2009) *1967 – Israels zweite Geburt.* (S. 208-209), Verlagsgruppe Random House, München.

Mit anderen Worten: Die Frage ist, ob man den 11. Artikel tatsächlich unabhängig von der gesamten Resolution betrachten darf, als stünde er für sich allein, oder aber – wie Goren-Amitai und Silberschatz behaupten –, ob man ihn als Teil einer Resolution, die niemals durchgeführt wurde, behandeln muss[94]. Aus dieser Perspektive betrachtet darf man nicht willkürlich bestimmte Artikel aus der Resolution anerkennen und andere schlechthin ignorieren. Diese Interpretationsweise ist willkürlich, vor allem, weil die Resolution 194 (III) als Gesamtpaket konzipiert wurde, zuerst, um zwischen den beteiligten Parteien zu schlichten[95], und perspektivisch, um die ersten Schritte in Richtung einer dauerhaften Lösung des Konflikts zu machen. Die 15 Artikel, die die Resolution ausmachen, sollten einander ergänzen und so die ersten Fundamente für eine künftige Koexistenz legen. Wer nur auf die Umsetzung bestimmter Artikel pocht, der handelt definitiv nicht im Sinne der Resolution 194 (III).

An dieser Stelle – bevor die anderen Konstruktionsfehler des Oslo-Abkommens analysiert werden – muss noch ein wichtiger Aspekt betont werden. Die hier vorgestellte Debatte über das Flüchtlingsproblem findet vor allem auf der argumentativen Ebene statt. Diese wiederum kann sowohl eine juristische als auch eine ethische Form annehmen. Dass der juristische Diskurs das Primat hat, liegt vor allem an dem verständlichen Bedürfnis beider Seiten, ihre Positionen – wenigstens dem Anschein nach – zu entideologisieren und so auf nationaler und internationaler Ebene durch eine völkerrechtlich fundierte Argumentation zu legitimieren. Letztendlich aber werden die beiden Parteien – solange sie miteinander und nebeneinander in Frieden leben wollen – gezwungen sein, einen Kompromiss zu schließen. Dass im Rahmen eines solchen Kompromisses die juristische Debatte eine Rolle spielen wird, steht außer Frage. Genauso gewiss aber ist die zentrale Rolle, die andere Aspekte dabei spielen werden. Die kollektive Erinnerung und das Ethos beider Völker ist ein solcher Aspekt. Das heißt, dass unabhängig von der Frage, inwiefern die palästinensische Argumentation überzeugend ist, die identitätsstiftende Rolle des Flüchtlingsproblems in dem kollektiven Bewusstsein der Palästinenser sowie das damit verbundene Gefühl der ungerechten Be-

---

94   Goren-Amitai, Nemera; Silberschatz, Jafa (2010) *Die Rückkehr der palästinensischen Flüchtlinge nach Israel*. (S. 39), Merkaz Mezila, Jerusalem.
95   So zum Beispiel die Gründung einer Vermittlungskommission (Artikel 2).

handlung wenigstens bis zu einem bestimmten Grad im Rahmen eines Kompromisses zum Ausdruck kommen muss. Das gilt natürlich auch umgekehrt.

Eine kurze Zusammenfassung ist an dieser Stelle angebracht, damit der Überblick und argumentative Kontext nicht verloren geht. In diesem Kapitel wurde das Oslo-Abkommen geprüft und auf eventuelle Konstruktionsfehler untersucht, die – neben anderen Faktoren, die später diskutiert werden – das Scheitern des Osloer Friedensprozesses erklären können. Im ersten Teil dieses Kapitels lag der Fokus auf dem rechtlichen Rahmen des Abkommens. Aus dieser Analyse ging hervor, dass das Internationale Recht die Funktion des rechtlichen Rahmens im israelisch-palästinensischen Friedensprozess nur mangelhaft, wenn überhaupt, erfüllen konnte. Weil die beiden Parteien trotzdem einen rechtlichen Orientierungspunkt benötigten, wurden zwei UN-Resolutionen – die Resolutionen 242 und 338 – zum rechtlichen Wegweiser des Oslo-Abkommens und damit auch des gesamten Osloer Friedensprozesses. So wurde der rechtliche Rahmen des Camp-David-Abkommens ins Oslo-Abkommen integriert.

Der nächste Schritt bestand darin zu prüfen, inwiefern die beiden erwähnten Resolutionen die Streitpunkte des israelisch-palästinensischen Konflikts decken. Es wurde deutlich, dass dieser Konflikt aus den Resultaten zweier verschiedener Kriege resultiert: 1948 und 1967. Vor allem im Rahmen des ersteren entstand das Flüchtlingsproblem. Dieses wiederum bildet ein zentrales Thema in dem palästinensischen Nationalethos. Ihre Forderung nach Rückkehr der Flüchtlinge begründen die Palästinenser mit der UN-Resolution 194 (III), die in den UN-Resolutionen 242 und 338 nicht erwähnt wird. Die Resolution 194 (III) wurde untersucht und es hat sich herausgestellt, dass sie eine ziemlich wacklige Basis für die palästinensische Forderung nach Anerkennung des „Rückkehrrechts" anbietet. Das ändert jedoch nichts an der exorbitanten Bedeutung, welche die Palästinenser diesem Streitpunkt beimessen. Daraus folgt: Die UN-Resolutionen, die den rechtlichen Wegweiser des Oslo-Abkommens ausmachen, beinhalten ein zentrales Thema des Konflikts kaum bzw. nur indirekt. Der rechtliche Wegweiser des Abkommens wurde diesbezüglich so gestaltet, als drehte sich der Konflikt nur um die Folgen des Sechstagekrieges von 1967, wohingegen sich die Forderung der Palästinenser auf die Korrektur der Folgen des Krieges von 1948 bezieht.

(c) Deutungshoheit

Unabhängig davon, wie präzise und akribisch man bei der Gestaltung und Formulierung eines Vertrags arbeitet, Meinungsverschiedenheiten bezüglich der Umsetzung und der Interpretation bestimmter Artikel und Paragraphen sind niemals auszuschließen. Kommt es aber beispielsweise zu einer rechtlichen Auseinandersetzung zwischen Mieter und Vermieter oder zwischen Arbeitgeber und Arbeitnehmer, wissen die beiden Parteien, an welche Instanz sie sich wenden müssen, um die Unstimmigkeiten beizulegen bzw. ihre Forderung geltend zu machen. Unterzeichnen hingegen zwei souveräne Staaten einen Vertrag, ist das Vorhandensein einer solchen Instanz nicht selbstverständlich. In einer derartigen Situation stehen die Parteien vor zwei Alternativen: (1) Es wird keine Instanz zur Klärung von Meinungs- bzw. Deutungsverschiedenheiten festgelegt. Kommt es dann zu einer Auseinandersetzung, müssen sich die Parteien zusammensetzen, neu verhandeln und einen Kompromiss finden. Zu dieser Alternative wird vor allem dann gegriffen, wenn keine Instanz zu finden ist, welche von allen Parteien akzeptiert wird. Man darf nicht vergessen: Auch wenn es ziemlich riskant ist, einen Vertrag zu schließen, ohne im Vorfeld festzulegen, wer, falls es zu Meinungsverschiedenheiten kommt, das letzte Wort hat, ist es oft doch viel besser, so zu handeln, als wenn eine Instanz festgelegt würde, die von einer Seite als parteiisch empfunden wird. Die Einmischung eines solchen Dritten kann unter diesen Umständen die schon vorhandenen Unstimmigkeiten sogar verschärfen und ein Gefühl der ungerechten Behandlung bei einer der Parteien hervorrufen. (2) Die beiden Seiten legen eine Instanz oder ein Gremium fest, an welches sie sich wenden können, falls es zu einer Auseinandersetzung um die Deutung bzw. Umsetzung des Vertrags kommt. Die Vorteile dieser Alternative liegen nah. Sie setzt aber voraus, dass sich die beiden Parteien auf eine bestimmte Instanz einigen können.

Wie die Sache im Oslo-Abkommen geregelt wurde, wird im Artikel XV unter dem Titel „Resolution of disputes" deutlich:

„(1) Meinungsverschiedenheiten, die sich aus der Anwendung oder Interpretation dieser Prinzipienerklärung oder jeglicher weiterer Abkommen in Bezug auf die Übergangsperiode ergeben, werden durch Verhandlungen in dem gemeinsamen Verbindungsausschuß, der gemäß dem oben genannten Artikel X eingerichtet wird, gelöst. (2) Streitfälle, die nicht durch Verhandlungen beizulegen sind, können durch einen zwischen den Parteien zu vereinbarenden Schlichtungsmechanismus gelöst werden. (3) Die Parteien können übereinkommen, Streitfälle, die sich auf die Übergangsperiode beziehen und nicht einvernehmlich gelöst werden können, einem Schiedsverfahren zu unterwerfen. Zu diesem Zweck werden die Parteien – mit Einverständnis beider Parteien – einen Schlichtungsausschuß einrichten".[96]

Wie aus diesem Artikel hervorgeht, standen den Israelis und den Palästinensern drei Werkzeuge zur Verfügung, um Streitfälle und Meinungsverschiedenheiten bezüglich der Interpretation oder der Umsetzung des Abkommens beizulegen. Sie hätten als ersten Schritt miteinander verhandeln können. Hätte dies nicht geholfen, stand ihnen ein Schlichtungsmechanismus zur Verfügung. Um diesen Weg zu gehen, hätte man aber die Zustimmung beider Seiten benötigt, denn schließlich ging es hier nicht um ein konkretes und im Vorfeld festgelegtes Gremium, sondern um einen „durch den Parteien zu vereinbarenden" Mechanismus. Dass aber ein Schlichtungsverfahren die Bereitschaft beider Seiten erfordert, liegt natürlich in der Natur der Sache und ist an sich überhaupt nicht problematisch, wenigstens solange man sich an eine höhere Instanz wenden kann, falls das Schlichtungsverfahren – aus welchem Grund auch immer – scheitert. Normalerweise erfüllt diese Funktion ein Gericht. In diesem Fall hier ist dies eine Schiedskommission. Aber auch der Weg dorthin benötigt die Zustimmung beider Parteien, was wiederum nichts anderes als eine Einladung zu neuen Konflikten und Meinungsverschiedenheiten bedeuten würde.

Als Beispiel für das Versagen dieses Reglements kann man vor allem die Entwicklung des Osloer Friedensprozesses in dem Zeitraum zwischen 1996-

---

96   Deutsche Übersetzung: palaestina.org/fileadmin/Daten/Dokumente/Abkommen/Friedensprozess/prinzipienerklaerung.pdf

1999 vorbringen. Nachdem er im Mai 1996 die Wahl gewonnen hatte, erkannte der neue israelische Premierminister Benjamin Netanjahu das von Rabins Regierung unterzeichnete Oslo-Abkommen sofort an, obwohl er dieses ständig kritisiert hatte. Seine Anerkennung hielt ihn nicht davon ab, eine relativ neue Politik diesbezüglich einzuführen. So betrachtete Netanjahu den israelischen Rückzug aus Gebieten im Westjordanland und Gazastreifen – was laut dem „Interimsabkommen über das Westjordanland und den Gazastreifen" vom 28. September 1995 schrittweise erfolgen sollte[97] – und die Terrorbekämpfung der Palästinenser als zwei miteinander untrennbar verbundene Aufgaben. Diese Logik wollte Arafat nur bedingt akzeptieren. Und tatsächlich: Wer das „Interimsabkommen über das Westjordanland und den Gazastreifen" liest, bemerkt sofort, dass die Schritte, die Israel bzw. die Palästinenser unternehmen sollten, nicht so formuliert wurden, als bedingten sie sich direkt gegenseitig oder als gelte die Erfüllung bestimmter Forderungen durch eine Seite als Voraussetzung für die Umsetzung anderer Forderungen durch die andere. Gleichzeitig aber verpflichteten sich die beiden Seiten, entschlossen gegen den Terror vorzugehen. Bereits in der Präambel wird darauf Bezug genommen:

The Government of the State of Israel and the Palestine Liberation Organization (hereinafter "the PLO"), the representative of the Palestinian people [...] Reaffirming their mutual commitment to act, in accordance with this Agreement, immediately, efficiently and effectively against acts or threats of terrorism, violence or incitement, whether committed by Palestinians or Israelis [...]"

oder im Artikel XV heißt es:

„Both sides shall take all measures necessary in order to prevent acts of terrorism, crime and hostilities directed against each other, against individuals falling under the other's authority and against their property and shall take legal measures against offenders."

---

97   Siehe: Chapter 2 – Redeployment and Security Arrangements. Vor allem Artikel X und XI.

Diese Verpflichtungen wurden in das Abkommen zwar nicht als direkte Voraussetzungen oder Bedingungen für israelische Gegenleistungen aufgenommen, betrachtet man es jedoch im Ganzen, kann man sie kaum anders verstehen. Das gilt natürlich auch für die Verpflichtungen der Israelis den Palästinensern gegenüber, vor allem in Bezug auf den Rückzug Israels aus dem Gazastreifen und Westjordanland. Mit anderen Worten: Die erste Herausforderung für den Friedensprozess, erwuchs aus Netanjahus Ansicht, das Abkommen als eine Form von „Leistung und Gegenleistung" zu betrachten. Diese Herausforderung brachte eine andere mit sich: Welche Seite würde zuerst diese Kausalkette durchbrechen bzw. welche Seite würde laut dem Abkommen zuerst „liefern", um dadurch den Anspruch zu haben, beliefert zu werden? Das ist aber noch nicht alles. Unabhängig von der Frage, ob Israel seinen Rückzug aus den oben erwähnten Gebieten von der Terrorbekämpfung seitens der Palästinenser abhängig machen darf oder nicht, stellt sich auch die Frage, was man unter effektiver und effizienter Terrorbekämpfung versteht. Soll man vor allem Maßnahmen in Betracht ziehen oder nur Ergebnisse? Israel allerdings war fest davon überzeugt – und hatte dazu auch gute Gründe –, dass Jassir Arafat gegen den palästinensischen Terror weder effizient noch effektiv kämpfen noch aktiv oder passiv an der Erfüllung dieser Forderung mitarbeiten würde.

Hätten die beiden Parteien eine schon im Vorfeld festgelegte Instanz gehabt, an die sie sich hätten wenden können, um ihre Meinungsverschiedenheiten bezüglich der Interpretation und Umsetzung des Oslo-Abkommens und des Interimsabkommens über das Westjordanland und den Gazastreifen beizulegen, hätte man vielleicht den gesamten Osloer Friedensprozess wieder auf einen stabilen Kurs bringen können. Weil aber eine solche Instanz nicht vorhanden war, blieb den Israelis und Palästinensern nichts anderes übrig, als immer wieder miteinander zu verhandeln und neue Abkommen zu schließen, welche die Umsetzung der schon unterzeichneten Abkommen ermöglichen sollten. So zum Beispiel wurden in dem Zeitraum zwischen 1996 und 1998 noch zwei Interzonenabkommen geboren: Das Hebron-Protokoll vom 15. Januar 1997 sollte die Umsetzung des Artikels VII/Annex I des „Interimsabkommens über das Westjordanland und den Gazastreifen" regeln. Dieser Artikel sah den Rückzug Israels aus bestimmten Teilen der Stadt Hebron vor, und zwar spätestens sechs Monate nach der Unterzeichnung des Abkommens[98]. Israel brachte das nicht unberechtigte Argument, die Palästinenser würden ihre Verpflichtungen bezüglich der Terrorbekämpfung nicht erfüllen, vor und weigerte sich diesen Artikel umzusetzen. Als Folge davon wurde am 23. Oktober 1998 das Wye-Abkommen („The Wye River Memorandum") unterzeichnet. Dieses hatte das folgende Ziel:

> „The following are steps to facilitate implementation of the Interim Agreement on the West Bank and Gaza Strip of September 28, 1995 (the "Interim Agreement") and other related agreements including the Note for the Record of January 17, 1997 (hereinafter referred to as "the prior agreements") so that the Israeli and Palestinian sides can more effectively carry out their reciprocal responsibilities, including those relating to further redeployments and security respectively. These steps are to be carried out in a parallel phased approach in accordance with this Memorandum and the attached time line. They are subject to the relevant terms and conditions of the prior agreements and do not supersede their other agreements".

Zwei Aspekte dieses Zitats sind von Relevanz: (a) Das Wye-Abkommen hatte lediglich die Funktion, den Israelis und Palästinensern zu helfen, das Hebron-Protokoll (bzw. Hebron-Abkommen) und das „Interimsabkommen über das Westjordanland und den Gazastreifen" umzusetzen. An dieser Stelle ist es wichtig, noch einmal in Erinnerung zu rufen, dass das Hebron-Protokoll, auf welches sich das Wye-Abkommen unter anderem bezieht, dieselbe Funktion hatte, nämlich, die Umsetzung des „ Interimsabkommens über das Westjordanland und den Gazastreifen" von 1995 zu ermöglichen. Ad absurdum wurde diese Rettungskette geführt, als am 4. September 1999 ein weiteres Abkommen unterschrieben wurde: Das Sharem-Abkommen („The Sharm El Sheikh Memorandum on Implementation Timeline of Outstanding Commitments of Agreements Signed and the Resumption of Permanent Status Negotiations"), welches in der israelischen Presse als „das korrigierte Wye [Abkommen]" bezeichnet wurde. Mit anderen Worten: Hier wurde ein Bademeister nach dem anderen gerufen, um seinen Vorgänger zu retten, der wiederum ins Wasser sprang, um einen orientierungslosen Schwimmer aus dem

---

Wasser zu holen. (b) Der zweite Aspekt bezieht sich darauf, dass die in diesem Abkommen vereinbarten Schritte parallel unternommen werden sollten. Diese Leitidee war wichtig, um zu verhindern, dass eine Seite ihren Verpflichtungen erst dann nachkommt, wenn die andere Seite ihre eigene schon erfüllt hatte, denn in diese argumentative Falle waren die beiden Parteien schon mehr als ein Mal getappt. Aus diesem Grund, und um die Parallelität bei der Durchführung zu betonen, beinhaltet das Wye-Abkommen einen ausführlichen Zeitplan zur Umsetzung und Erfüllung der Verpflichtungen der jeweiligen Seite. Jede „zeitliche Einheit" umfasste israelische und palästinensische Verpflichtungen. So zum Beispiel sah die zweite Einheit (Zeitrahmen – die zweite Woche) unter anderem Folgendes vor:

> „Beginn der Umsetzung des Sicherheitsplans; [...]; Palästinensischer Bericht zur Umsetzung; [...] Kommission zur Verhinderung des Aufrufs zu Gewalt nimmt ihre Arbeit auf; [...] Dekret wird herausgegeben; [...] PLO Exekutivkomitee bekräftigt den Brief zur PLO-Charta[99]; [...] Stufe 1 der Umsetzung des Teilrückzugs: 2 Prozent der Zone C zu Zone B; 7,1 Prozent der Zone B zu Zone A. [...]".[100]

Was aus diesem Abkommen geworden ist, ist nicht schwer zu erraten. Es scheiterte genau an dem Punkt, an welchem auch die vorherigen Abkommens scheiterten, der jedoch die Umsetzung eigentlich ermöglichen sollte: Nachdem Israel den ersten Schritt beim Rückzug gemacht hatte, teilte die israelische Regierung am 12. Dezember 1998 mit, dass sie keine weiteren Schritte unternehmen werde, bevor die Palästinenser nicht ihren Verpflichtungen nachkämen. Dazu zählte die israelische Regierung fünf Sachverhalte, unter anderem die Beschlagnahme illegaler Waffen und das Unterbinden von Gewalt und Hetze zur Gewalt[101]. So gesehen war das Scheitern des Sharem-

---

99   C2: „Das Exekutivkomitee der PLO und der Palästinensische Zentralrat stimmen dem Inhalt des Briefs von PLO-Führer Yasser Arafat an US-Präsident Bill Clinton vom 22. Januar 1998 im Hinblick auf die Aufhebung der Artikel der PLO-Charta zu, die im Widerspruch zum Briefwechsel zwischen PLO-Führer Arafat und der israelischen Regierung vom 9./10. September 1993 stehen". Es geht um die Artikel, welche zur Vernichtung Israels aufrufen bzw. das Existenzrecht Israels leugnen. Deutsche Übersetzung:palaestina.org/fileadmin/Daten/Dokumente/Abkommen/Friedensprozess/wye_abkommen.pdf
100   Deutsche Übersetzung: Ebd.

Abkommens („Das korrigierte Wye") vom 4. September 1999 vorprogrammiert.

Es fragt sich natürlich, warum sich die Israelis und Palästinenser ausgerechnet für diesen schwammigen Mechanismus zur Beilegung ihrer Meinungsverschiedenheiten entschieden haben. Nicht weniger interessant ist, ob es schon Präzedenzfälle gab, in denen sich dieser Mechanismus als effektiv erwiesen hatte. Diese Frage kann man wenigstens teilweise – wie das folgende Beispiel zeigt – bejahen:

In dem am 26. März 1979 in Washington unterzeichneten Friedensvertrag zwischen Israel und Ägypten wurde im Artikel II die künftige Grenze zwischen den beiden Staaten wie folgt definiert:

„The permanent boundary between Egypt and Israel is the recognized international boundary between Egypt and the former mandated territory of Palestine, as shown on the map at Annex II, without prejudice to the issue of the status of the Gaza Strip. The Parties recognize this boundary as inviolable. Each will respect the territorial integrity of the other, including their territorial waters and airspace".

Damit meinten die Parteien die schon 1906 im Rahmen einer Vereinbarung zwischen Ägypten (bzw. Großbritannien, denn 1882 wurde Ägypten zur britischen Kolonie erklärt) und dem Osmanischen Reich festgelegte Grenze. Bei der Umsetzung des israelisch-ägyptischen Friedensvertrags entstanden Meinungsverschiedenheiten in Bezug auf Taba, ein kleines Territorium am nördlichen Teil des Golfs von Akaba. An diesem Ort war die Grenzziehung von 1906 nicht ganz klar. Israel behauptete, dass Taba zu dem ehemaligen Mandatsgebiet Palästina gehörte, während die Ägypter es umgekehrt betrachteten, nämlich dass Taba laut Grenzziehung von 1906 ein untrennbarer Teil Ägyptens sei. Solche Meinungsverschiedenheiten sah der israelisch-ägyptische Friedensvertrag vor und dementsprechend wurde im Artikel VII Folgendes festgelegt: „(1) Streitigkeiten, die sich aus der Anwendung oder

---

101   http://www.jewishvirtuallibrary.org/israel-sets-conditions-for-wye-implemen tation-december-1998

Auslegung dieses Vertrags ergeben, werden durch Verhandlungen geregelt; (2) solche Streitigkeiten, die nicht durch Verhandlungen geregelt werden können, sollen durch Schlichtung oder Schiedsgerichtsbarkeit geregelt werden"[102]. Und so geschah es tatsächlich. Weil die Parteien sich nicht einigen konnten, wurde das Problem im Rahmen eines Schiedsverfahrens beigelegt, an dessen Ende Ägypten Recht bekam. Der Konflikt um Taba verursachte zwar Spannungen zwischen den beiden Ländern, der Friedensvertrag war aber stark und stabil genug, um sie zu überwinden. Die Formulierung des Artikels VII des israelisch-ägyptischen Friedensvertrags ähnelt, wie man erkennen kann, der des Artikels XV des Oslo-Abkommens. Falls es zwischen den jeweiligen Parteien zu Streitigkeiten bezüglich der Interpretation oder Umsetzung des Vertrages kommen sollte, sah Artikel VII genau wie der Artikel XV drei Alternativen vor, um diese beizulegen: (1) Verhandlung; (2) Schlichtungsverfahren; (3) Schiedsverfahren. Aus beiden Formulierungen geht nicht eindeutig hervor, ob das Schiedsverfahren an der Spitze der Pyramide der Maßnahmen steht: Das Wort „oder" in dem israelisch-ägyptischen Friedensvertrag (Schlichtung oder Schiedsverfahren) sorgt für dieselbe Ambiguität wie die Formulierung des ersten Satzes des Artikels XV/3 des Oslo-Abkommens („Die Parteien können übereinkommen, Streitfälle, die sich auf die Übergangsperiode beziehen und nicht einvernehmlich gelöst werden können, einem Schiedsverfahren zu unterwerfen"). Das ist unter anderem in dem Protokoll der 43. Sitzung der 11. Knesset vom 9. Januar 1985 ersichtlich. In dieser Sitzung wurde das israelisch-ägyptische Treffen zum Thema Taba in Beer Sheva besprochen. Zwischen dem Knesset-Mitglied Geula Cohen und dem damaligen Vizeaußenminister Roni Milo entbrannte eine Auseinandersetzung bezüglich der eventuellen Durchführung eines Schiedsverfahrens als Instrument, um die Meinungsverschiedenheiten um Taba endlich beizulegen und damit die Beziehungen zwischen Israel und Ägypten, die darunter gelitten hatten, zu entspannen. Cohen, die sich vor der Unterzeichnung des Friedensvertrags entschlossen gegen den israelischen Rückzug von der Halbinsel Sinai geäußert hatte, vertrat dementsprechend auch eine klare Meinung ge-

---

102   Dieselbe Formulierung findet man auch im Artikel 29 des Friedensvertrags zwischen Israel und Jordanien vom 26. Oktober 1994. Ein fast identisches Konzept zur Beilegung von Meinungsverschiedenheiten aufgrund unterschiedlicher Interpretationen des Abkommens findet sich auch in dem Abkommen zwischen Israel und Libanon vom 17. Mai 1983 (Artikel 11).

gen einen Rückzug aus Taba. Sie behauptete, dass ein Schiedsverfahren, sollte es überhaupt stattfinden, sich mit dem gesamten Vertrag befassen müsste und nicht nur mit bestimmten Paragrafen oder Artikeln. Daraufhin erwiderte Milo, dass es keine israelische Zustimmung für ein Schiedsverfahren gebe. Laut dem Camp-David-Abkommen, so der Vizeaußenminister, sei „der Vorgang [...] Verhandlung, Schlichtung oder Schiedsverfahren"[103]; eine Voraussetzung für das Stattfinden eines Schiedsverfahrens – so lässt sich aus Milos Antwort erkennen – ist die Zustimmung Israels (im bereiten Kontext – die Zustimmung beider Seiten) für ein solches Verfahren. Dass der Konflikt um Taba nach einem langen Weg doch friedlich gelöst werden konnte, und zwar im Rahmen eines Schiedsverfahren, ist offensichtlich eher auf die geostrategische Bedeutung (besser gesagt – den Mangel an Bedeutung) des umstrittenen Territoriums, auf seinen unterschiedlichen symbolischen und realen Wert für die jeweiligen Parteien und auf deren realpolitische Interessen zurückzuführen als auf die Effektivität des im Vertrag verankerten Mechanismus zur Beilegung von Streitigkeiten. Dieses Beispiel zeigt aber noch etwas: Man sollte den Wert solcher Mechanismen weder unter- noch überschätzen. Wenn die Bereitschaft vorhanden ist und wenn die realpolitischen Interessen beider Parteien den symbolischen Wert des Streitgegenstands übersteigen, können Konflikte auch mittels mangelhafter Mechanismen – wie in dem Fall von Israel und Ägypten – gelöst werden. In diesem Zusammenhang ist es wichtig zu erwähnen, dass Israel und Ägypten einen „symmetrischen" Friedensvertrag unterschrieben haben, da beide etablierte Staaten sind. Sie sahen sich mit relativ wenigen offenen Fragen konfrontiert. Die Grenzziehung war mehr oder weniger klar, bis auf den Konflikt um Taba, und jeder wusste annähernd, was er liefern musste, um wiederum beliefert zu werden. Der ziemlich „dünne" Mechanismus zur Beilegung von Streitigkeiten in dem israelisch-ägyptischen Friedensvertrag wurde vor diesem Hintergrund konstruiert. Israel und die Palästinenser hingegen unterzeichneten kein symmetrisches Abkommen. Die Herausforderung des Oslo-Abkommens war viel größer und breiter angelegt als jene des israelisch-ägyptischen Friedensvertrags. In dem ersteren ging es um die Entstehung und Etablierung einer palästinensischer Selbstverwaltung. Auf dem Tisch lagen viele unbehandelte

103   http://knesset.gov.il/tql/knesset_new/knesset11/HTML_27_03_2012_05-59-19-PM/19850109@19850109002@002.html

Fragen, die ganz bewusst auf die Verhandlungen über das Endstatusabkommen verschoben wurden. Vor dem Hintergrund der enormen Unterschiede zwischen den beiden Verträgen (Abkommen) ist es wichtig zu fragen, warum man trotzdem den israelisch-ägyptischen Mechanismus zur Beilegung von Streitigkeiten auf das israelisch-palästinensische Abkommen übertrug.

Ein Beispiel für einen anderen Mechanismus zur Beilegung von Meinungsverschiedenheiten bietet der „Friedensvertrag von San Francisco" zwischen Japan und 48 anderen Staaten. Unterschrieben wurde er am 8. September 1951. Mit diesem Vertrag endete die Besatzung Japans. Weil ich nicht die Absicht habe zu behaupten, dass man dieses Modell ohne erforderliche Adaptionen auf das israelisch-palästinensisches Abkommen übertragen kann, erlaube ich mir, die enormen Unterschiede zwischen der historischen Entwicklung während und nach dem Zweiten Weltkrieg in Japan einerseits und dem Nahostkonflikt anderseits außer Acht zu lassen und mich allein auf Kapitel VI/Artikel 22 des Friedensvertrags zu konzentrieren. Dieser besagt:

„If in the opinion of any Party to the present Treaty there has arisen a dispute concerning the interpretation or execution of the Treaty, which is not settled by reference to a special claims tribunal or by other agreed means, the dispute shall, at the request of any party thereto, be referred for decision to the International Court of Justice. Japan and those Allied Powers which are not already parties to the Statute of the International Court of Justice will deposit with the Registrar of the Court, at the time of their respective ratifications of the present Treaty, and in conformity with the resolution of the United Nations Security Council, dated 15 October 1946, a general declaration accepting the jurisdiction, without special agreement, of the Court generally in respect to all disputes of the character referred to in this Article."

Warum das Internationale Recht nicht als der rechtliche Rahmen für das Oslo-Abkommen ausgewählt geworden war, wurde bereits lange diskutiert. Allein aus diesem Grund kann man den hier vorgeschlagenen Mechanismus nicht direkt – ohne die notwendigen Adaptionen – auf den israelisch-palästinensischen Fall übertragen. Aber auch, ohne das Internationale Recht als rechtlichen Rahmen zu verwenden, hätten die beiden Parteien aus diesem Mechanismus einiges adaptieren können. Erstens die klare Festlegung einer externen und unabhängigen Instanz zur Klärung und Beilegung von Meinungsverschiedenheiten bezüglich der Interpretation oder der Umsetzung des Vertrags. Die Israelis und Palästinenser hätten zum Beispiel an Stelle des Internationalen Gerichtshofs ein anderes Gremium oder eine andere Instanz, welche in Konfliktsituationen eingeschaltet werden konnte, bestimmen oder sogar neu gründen können. Zweitens, wie in dem oben zitierten Artikel 22 eindeutig zu lesen ist, darf sich jede Partei an diese Instanz wenden, und das auch ohne die Zustimmung der anderen. Der Vorteil dieses Mechanismus ist, dass er beiden Seiten einen relativ schnellen Ausweg aus dem Teufelskreis der direkten Konfrontation bietet, schlicht dadurch, dass ein Dritter einbezogen wird.

Um die bisherigen Ergebnisse kurz zusammenzufassen: Ein ineffektiver Mechanismus zur Beilegung von Konflikten und Meinungsverschiedenheiten bezüglich der Interpretation und Umsetzung der Vereinbarungen zwischen Israel und den Palästinensern war einer der Konstruktionsfehler des Oslo-Abkommens. Der Beitrag dieses Konstruktionsfehlers am Gesamtversagen des Osloer Friedensprozesses sollte im Verhältnis zu den anderen Fehlern, Voraussetzungen sowie emotionalen und politischen Dispositionen gemessen werden. Wie an dem israelisch-ägyptischen Beispiel ersichtlich, führte ein fast identischer Mechanismus doch zu einem positiven Ergebnis, was wiederum weniger dem Mechanismus selbst zu verdanken war, sonder eher anderen Faktoren, welche die beiden Parteien davon abhielten, den (schwachen) Mechanismus überzustrapazieren.

(d) Zeitrahmen

Schon an verschiedenen Stellen wurde erwähnt, dass das Oslo-Abkommen auf den Fundamenten des 15 Jahre vorher zwischen Israel und Ägypten unterzeichneten Camp-David-Abkommens konstruiert wurde. Und so wurden auch die zeitlichen Konturen in beiden Abkommen relativ identisch gezeichnet. Laut dem Camp-David-Abkommen[104] sollte mit der Errichtung der

---

104   Siehe: Framework/Westbank and Gaza/1 and 3.

palästinensischen Selbstverwaltungsbehörde eine Übergangsphase („transitional period") von fünf Jahren beginnen. So bald wie möglich, aber nicht später als im dritten Jahr nach dem Beginn der Übergangsphase, sollten Verhandlungen stattfinden, um den endgültigen Status des Westjordanlands und des Gazastreifens zu bestimmen. Spätestens zu diesem Zeitpunkt hätten sich die beiden Parteien mit den brennenden Fragen und Themen des Konflikts auseinandersetzen müssen.

Das Oslo-Abkommen sah denselben Vorgang vor. Schon im Artikel I wurde unter dem Titel „Ziele der Verhandlungen" ein zeitlicher Rahmen festgelegt. Genau wie beim Camp-David-Abkommen ist auch hier von der Errichtung einer palästinensischen Selbstverwaltungsbehörde für eine Übergangsphase von (nicht länger als) fünf Jahren die Rede. Im Artikel V/Punkt 2 wurde festgelegt, wann die Verhandlungen über das Endstatusabkommen beginnen sollten: „Permanent status negotiations will commence as soon as possible, but not later than the beginning of the third year of the interim period [...]". Auch diese Festlegung des dritten Jahres der Übergangsphase als der späteste Zeitpunkt für den Beginn der Verhandlungen über den Endstatus des Westjordanlands und Gazastreifens stammt wortwörtlich aus dem Camp-David-Abkommen. Und so begann der Countdown – die Übergangsphase von fünf Jahren – am 4. Mai 1994, als Jassir Arafat und Ytzchak Rabin in Kairo das sogenannte Gaza-Jericho-Abkommen unterzeichneten.

Um zu verstehen, warum die Israelis und Palästinenser die zeitlichen Kontoren des Camp-David-Abkommens übernommen hatten, muss man die Leitideen des Osloer Friedensprozesses unter die Lupe nehmen, ebenso wie auch die strategischen Erwägungen und die Alternativen, welche den beiden Parteien damals zur Verfügung standen.

In seiner historischen Rede am 13. Dezember 1988 in Genf erkannte Jassir Arafat die UN-Resolution 181 vom 29. November 1947 über die Teilung Palästinas sowie die UN-Resolutionen 242 (1967) und 338 (1973) und damit auch das Existenzrecht des Staates Israels an. Zusätzlich rückte er in jener Rede – als PLO-Vorsitzender – von „jeder Form von Terrorismus, einschließlich individual-, Gruppen- und Staatsterrorismus" ab[105]. Um Missverständnis-

---

105   http://www.jewishvirtuallibrary.org/arafat-clarifies-statement-on-satisfying-
           u-s-conditions-for-dialogue-december-1988

se zu vermeiden, betonte er diese Aspekte nochmals in einer Pressekonferenz am nächsten Tag:

"In my speech also yesterday (Tuesday) it was clear that we mean our people's right to freedom and national independence according to Resolution 181 and the right of all parties concerned in the Middle East conflict to exist in peace and security and as I have mentioned including the state of Palestine and Israel and other neighbours according to the Resolutions 242 and 338."

Zum Thema Terrorismus fand er bei der Pressekonferenz auch klare Worte:

"As for terrorism, I renounced it yesterday (Tuesday) in no uncertain terms and yet I repeat for the record that we totally and absolutely renounce all forms of terrorism, including individual, group and state terrorism".

Als Folge, oder wenn man will als Gegenleistung, gab der damalige US-Präsident Ronald Reagan das folgende Statement ab:

„Die Palästinensische Befreiungsorganisation hat heute eine Erklärung abgegeben, in der sie die Resolutionen des Sicherheitsrates der Vereinten Nationen 242 und 338 akzeptierte, das Existenzrecht Israels anerkannte und auf Terrorismus verzichtete. Diese sind seit langem unsere Voraussetzungen für einen substantiellen Dialog. Sie sind erfüllt. Deshalb habe ich das State Department ermächtigt, in einen substantiellen Dialog mit PLO-Vertretern einzutreten".[106]

Mit diesem Statement begann eine neue Ära in der Geschichte des israelisch-palästinensischen Konflikts. Auf dem Tisch lagen nun zwei strategische Fragen, mit denen sich die beiden Parteien auseinandersetzen mussten: (1) Wer genau soll die Palästinenser vertreten bzw. mit wem soll Israel verhandeln? und (2) Welches Abkommen ist zu befürworten? Als potenzielle Vertre-

---

106 Das Statement ist online zugänglich unter: http://www.jewishvirtuallibra ry.org/president-reagan-statement-on-diplomatic-talks-with-the-palestine-li beration-organization-december-1988

ter der Palästinenser kamen wiederum zwei in Betracht: (a) eine lokale Vertretung, d. h. die palästinensische Führung im Westjordanland und Gazastreifen, auch „PLO-Inland" genannt. Zu dieser Führung zählten damals Zentralfiguren wie Haidar Abdel Schafi (Gaza), Faisal Husseini und Hanan Aschrawi (Westjordanland)[107] oder (b) das sogenannte „PLO-Ausland" – Jassir Arafat und seine Anhänger, die im Exil in Tunis lebten und von dort sowohl politisch als auch militärisch agierten. Diese Teilung der PLO in „Inland" und „Ausland" ging weit über die geographischen Grenzen hinaus und schloss mehrere ideologische Unterschiede ein. Generell vertrat das PLO-Inland einen pragmatischeren Kurs als das PLO-Ausland. In seinem Buch „The Rise and Fall of Arab Jerusalem" analysiert der Autor Hillel Cohen die Meinungsverschiedenheiten zwischen den beiden Gruppen bezüglich des israelisch-palästinensischen Konflikts. So – um nur ein Beispiel zu nennen –, akzeptierte das PLO-Inland die Existenz Israels als gegebene Tatsache und schloss dementsprechend nicht aus, mit ihm Vereinbarungen zu treffen, um dadurch den Palästinensern die Souveränität in wenigstens einem Teil des historischen Palästinas zu garantieren. Das PLO-Ausland hingegen – so Hillel weiter – vertrat eine nahezu kategorisch ablehnende Meinung gegenüber jedem Verzicht auf Teile von Palästina[108]. Dieser Unterschied wurde zwar am 13. Dezember 1988 mit der oben erwähnten Rede von Arafat wenigstens auf deklaratorischer Ebene behoben, geblieben sind aber trotzdem andere Differenzen, zum Beispiel was die Forderung nach Rückkehr der palästinensischen Flüchtlinge anbelangt. Während das PLO-Inland sich vor allem auf den Rückzug der israelischen Besatzer konzentrierte und so den Kampf und das sogenannte „Rückkehrrecht" als sekundär betrachtete, betonte das PLO-Ausland vor allem dieses. Auch in Bezug auf die Frage, welches Abkommen zu befürworten sei, standen Israelis und Palästinenser vor zwei möglichen Alternativen: (a) einem Endstatusabkommen, d. h. einem Abkommen, im Rahmen dessen alle offenen Fragen und Konfliktpunkte, einschließlich der Grenzen, der Sicherheit, der Siedlungen, der Flüchtlinge und natürlich auch Jerusalems, beantwortet und beigelegt werden. Ein solches Modell war zum Beiepiel der Friedensvertrag zwischen Israel und Ägypten oder (b) ein stufenweiser Vorgang,

---

107   Wallach, Janet; Wallach, John (1994) *Jassir Arafat – Der lange Weg zur Versöhnung*. (S.12), Heyne Verlag, München.
108   Cohen, Hillel (2007) *The Rise and Fall of Arab Jerusalem 1967-2007*. (S. 45), The Jerusalem Institute for Israel Studies, Ivrit Publishing House.

der zuerst die Unterzeichnung eines Interimsabkommens vorsieht, mit dem Ziel, später, nach einer festgelegten Übergangsphase, einen Endstatusfriedensvertrag zu unterschreiben. Inwiefern sich diese beiden Alternativen voneinander unterscheiden, wurde bereits bei der Analyse des Endziels des Oslo-Abkommens im ersten Teil dieses Kapitels dargelegt.

Vor diesem Hintergrund muss man auch die folgenden zwei Initiativen zur Beilegung des israelisch-palästinensischen Konflikts betrachten: die Verhandlungen in Washington als Fortsetzung der Friedenskonferenz von Madrid – die letztere begann am 30. Oktober 1991 – und die Geheimverhandlungen in Oslo (Das erste Treffen fand am 20. Januar 1993 statt). Diese beiden Prozesse liefen ab einem bestimmten Zeitpunkt parallel und unterschieden sich in einem wichtigen Punkt: Während Israel in Washington offiziell mit der lokalen Führung der Palästinenser, d. h. mit dem sogenannten „PLO-Inland" verhandelte, verhandelte es gleichzeitig in Oslo inoffiziell und unter dem Schleier der Geheimhaltung mit dem PLO-Ausland. Diese Uneinigkeit fand sich aber nicht nur auf palästinensischer Seite. In Israel waren es Ytzchak Rebin, der am 23. Juni 1992 Premierminister geworden war, und Shimon Peres (der Außenminister in Rabins Regierung), die in diesem Punkt zwei voneinander abweichende Meinungen vertraten. Peres – so der Forscher Adam Raz – befürwortete die Geheimverhandlungen in Oslo mit dem PLO-Ausland und strebte nach einem Endstatusabkommen, während Rabin genau das Gegenteil für richtig hielt, nämlich eine Art von Stufenabkommen mit dem PLO-Inland[109]. Über die Frage, warum Rabin seine Meinung änderte und sich letztendlich doch für Oslo entschied, wird bis heute in Israel debattiert, ohne bisher eine klare Antwort gefunden zu haben. Merkwürdig ist diese Wende vor allem angesichts des Briefes, den Rabin am 6. Juni 1993 an Peres schickte. In diesem beschrieb Rabin die Verhandlungen in Oslo als „eine Gefahr für die Fortsetzung der Friedensverhandlungen"[110], gemeint waren natürlich die Verhandlungen in Washington unter der diplomatischen Schirmherrschaft der USA. Dementsprechend ordnete er seinen Außenminister an, die Osloer Verhandlungen zu beenden. Die Entwicklung, die dazu führte, dass Rabin seine Einstellung gegenüber den Gesprächen in Oslo (mit dem PLO-Ausland) änderte, geht über den Rahmen dieses Buches hinaus.

---

109   http://in.bgu.ac.il/bgi/israelis/DocLib/Pages/2012/
110   Maariv, 12.9.2003

Von Relevanz für die Diskussion über eventuelle Konstruktionsfehler in der Gestaltung des Zeitrahmens zur Umsetzung des Abkommens ist weniger die bloße Entscheidung, ein solches Abkommen ausgerechnet mit dem PLO-Ausland zu unterzeichnen, sondern eher die Entscheidung für ein Stufenabkommen anstatt für ein Endstatusabkommen.

Der Grund, warum Rabin sich für das erstere einsetzte, analysiert Adam Raz in dem oben bereits zitierten Artikel. Laut Raz war Rabin bewusst, wie tief die Feindschaft und wie kompliziert sich die Streitpunkte zwischen Israelis und Palästinensern gestalteten. So musste jedes Endstatusabkommen, d. h. jeder Friedensvertrag, unbedingt die Entmythisierung wenigstens einiger identitätsstiftender Mythen beinhalten. Jerusalem und die Flüchtlingsfrage sind nur zwei Beispiele. Rabin ging also davon aus, dass die Beilegung des israelisch-palästinensischen Konflikts in Form eines Friedensvertrags Zeit in Anspruch nehmen würde, unter anderem weil es erforderlich gewesen wäre, die Bevölkerung, sowohl die israelische als auch die palästinensische, auf die bevorstehenden schmerzhaften Kompromisse vorzubereiten. Jeder Versuch, die brisanten und explosiven Streitthemen sofort im Rahmen eines Endstatusabkommens beizulegen, würde laut dieser These entweder zum Scheitern der Verhandlungen oder zu einem instabilen Abkommen führen[111]. Ein sogenanntes Stufenabkommen sollte also der Entstehung von gegenseitigem Vertrauen und wechselseitiger Glaubwürdigkeit verhelfen. Die Leitidee war, dass es leichter wäre, die Unterstützung der Bevölkerung für die nächsten Schritte zu sichern, wenn die ersten Phasen friedlich und reibungslos laufen würden. Anders formuliert: Die Festlegung eines solchen umfangreichen Zeitrahmens sollte den Israelis und Palästinensern die Chance geben, sowohl die jeweilige andere Partei zu überzeugen, dass sie es ernst meint, als auch überzeugt zu werden, dass die andere Seite es genau so ernst meint. Aus diesem Grund wurde das Abkommen wie eine Pyramide konstruiert, deren Basis aus Schritten bestand, in denen jeweils ein relativer Konsens erreicht werden sollte – mit Betonung auf „relativ". Je höher man kletterte, desto brisanter und komplizierter wurden die Streitgegenstände. Die Spitze der Pyramide – wie schon bei der Diskussion über das Ziel des Abkommens deutlich wurde – wurde aber nicht definiert.

---

111   http://in.bgu.ac.il/bgi/israelis/DocLib/Pages/2012/%D7%90%D7%93%D7%
9D-%D7%A8%D7%96.pdf (S. 121-122)

Das Erreichen eines Konsens war aber nicht der einzige Grund, welcher für diese Art von Abkommen sprach. Ein anderer Vorteil dieses Modells – wenigstens aus damaliger Perspektive – scheint die Minimierung der Gefahr zu sein, die entsteht, falls die Entwicklung bzw. Umsetzung des Abkommens in der Realität einen anderen Kurs nehmen würde als vereinbart. Man könnte zwar nicht alles rückgängig machen, dafür aber wenigstens die nächsten Schritte stoppen und so etwas für sich selbst behalten, über welches zu einem späteren und günstigeren Zeitpunkt weiter verhandelt werden könnte.

Auf der strategischen Metaebene sprach aber noch etwas für ein Interims- bzw. Stufenabkommen – wenigstens aus Rabins Perspektive. In einem Vortrag am 11. September 2013 vor dem israelischen Institute for National Security Studies (INSS) berichtete einer der Initiatoren des Oslo-Abkommens, der damalige israelische Vizeaußenminister Dr. Jossi Beilin, von einem Gespräch mit Rabin über die hier diskutierte Frage, nämlich welche Art von Abkommen zu befürworten sei. Beilin, ebenso wie Peres und im Gegensatz zu Rabin, sah in der Unterzeichnung eines Endstatusabkommens die bessere Alternative. Darauf habe Rabin wie folgt erwidert: Wenn man jetzt versucht, mit den Palästinensern ein Interimsabkommen zu erreichen und scheitert, kann man immer noch versuchen, ein Endstatusabkommen zu verhandeln. Umgekehrt – so Rabins Logik laut Beilin – sei es aber nicht der Fall. Wenn man ein Endstatusabkommen verhandele und scheitere, könne man danach kein Interimsabkommen (bzw. Stufenabkommen) mehr erreichen[112]. Dieses Argument macht wenigstens aus einem Grund viel Sinn, denn jedes Interimsabkommen sollte schließlich in ein Endstatusabkommen münden. Warum sollte man, wenn man beim Erreichen des letzteren scheitert, dann ein Interimsabkommen unterzeichnen, obwohl allen klar ist, dass das Endziel dieses Abkommens, das Endstatusabkommen, unerreichbar ist.

In Anbetracht dieser Erwägungen stellt sich die Frage, inwiefern die Festlegung eines fünfjährigen Zeitrahmens zur Umsetzung des Oslo-Abkommens als Konstruktionsfehler zu betrachten ist. Diese Frage ist aus vielen Gründen nicht so leicht zu beantworten – vor allem nicht, weil sie sowohl von Antwor-

---

112   Der Vortrag ist online zugänglich unter: https://www.youtube.com/watch?v=V8MSzO8dp2o (19:15 Min)

ten auf andere Fragen als auch von anderen Konstruktionsfehlern abhängig ist. Um die Grenzen der Diskussion nicht zu überschreiten, werden die Meinungsverschiedenheiten zwischen Rabin und Peres bezüglich der Frage, welche Art von Abkommen zu befürworten sei, außer Acht gelassen. Aus methodischen Gründen wird hier das Oslo-Abkommen samt seinem fünfjährigen Zeitrahmen als gegebene Tatsache betrachtet. In diesem Kontext muss man mindestens zwei Aspekte beachten, die wiederum darauf hinweisen, dass der im Oslo-Abkommen festgelegte Zeitrahmen die Gesamtkonstruktion des Osloer Friedensprozesses eher schwächte als stärkte.

Den ersten Aspekt beschrieb Dr. Jossi Beilin in seinem oben erwähnten Vortrag. Der Zeitraum von fünf Jahren hätte zwar von den Befürwortern des Friedensprozesses genutzt werden können, um gegenseitiges Vertrauen aufzubauen. Genausogut aber hätte er den Gegnern des Abkommens genug Zeit geboten, um das letztere zu torpedieren. Laut Beilin war den Beteiligen diese Schwachstelle bewusst. Sie hätten jedoch falsch beurteilt, „wie extrem die Extremisten auf beiden Seiten sind"[113]. In den folgenden Kapiteln wird noch deutlich, dass die Gegner des Abkommens tatsächlich diesen breiten Zeitrahmen nutzten, und zwar sehr effektiv, um die sowieso wacklige Konstruktion zum Zusammenbruch zu bringen. In diesem Kontext bemerkte Beilin noch etwas Interessantes. Der Hauptdenkfehler bei der Gestaltung des Osloer Friedensprozesses (das gilt übrigens für die Festlegung des fünfjährigen Zeitrahmens, aber auch für die anderen in diesem Kapitel geschilderten Konstruktionsfehler) war, dass das Oslo-Abkommen – wie bereits verdeutlicht – eine Art von Adaption des Autonomie-Konzepts von Menachem Begin war, wie dieses im Camp-David-Abkommen entworfen wurde. Dieses Modell aber hat versagt, beunruhigender noch: Beilin vemutet, dass es so konstruiert wurde, um zu versagen, denn schließlich wollte Begin kein Abkommen mit den Palästinensern schließen, sondern mit den Ägyptern; vor allem wollte er kein Abkommen, das in die Errichtung eines palästinensischen Staats mündet. Wenn man diese Argumentation akzeptiert, war das Autonomie-Konzept aus Begins Perspektive ein kalkuliertes Manöver, um die Gründung eines palästinensischen Staates zu vermeiden, und so betrachtet war es nicht mehr als eine unerwünschte, aber notwendige Nebenwirkung des erwünschten und strategisch notwendigen Friedensvertrags mit Ägypten. Aus diesem Grund

---

113   Ebd. 19:40 Min

lag laut Beilin der größte Fehler bei der Konstruktion des Oslo-Abkommens darin, dass „es das Konzept von Begin nicht geändert habe"[114].

Der zweite Aspekt bezieht sich auf das Verhältnis zwischen dem unklaren Endziel des Osloer Friedensprozesses und dem relativ langen und breiten Zeitrahmen von fünf Jahren für seine Verwirklichung. In diesem Kontext schwächte nicht die Länge des Zeitrahmens allein die Konstruktion des Oslo-er Friedensprozesses, sondern an erster Stelle die Tatsache, dass im Vorfeld nicht vereinbart worden war, was nach Ablauf dieser fünf Jahre konkret geschehen soll. Eine solch dauerhafte politische Ungewissheit ist ein reicher Nährboden für das von Anfang an vorhandene Misstrauen, welches im Laufe der Zeit permanent wuchs. Wie in den folgenden Kapiteln noch dargestellt wird, begann im Schatten dieser Ungewissheit ein inoffizieller Wettbewerb, im Rahmen dessen die beiden Parteien ständig versuchten, vor Ort Tatsachen zu schaffen, um ihre Ausgangspositionen bei den Verhandlungen über das Endstatusabkommen zu verbessern. Das ist aber noch nicht alles. In ihrer Studie über die strategischen Fehler bei der Gestaltung des Oslo-Abkommens schlagen Dr. Efraim Lavi und Henri Fischmann alternative Prinzipien für die Leitideen des Abkommens vor. Diese könnten den Aufbau des Vertrauens zwischen Israelis und Palästinensern unterstützen. Dazu gehört auch die Festlegung eines hohen Preises für Verstöße gegen Vereinbarungen[115]. Diese Vereinbarungen sollten wiederum für die beiden Parteien einen hohen Wert haben, was nur vor dem Hintergrund eines klaren politischen Endziels der Fall sein könnte.

Um diesen Aspekt kurz zusammenzufassen: Die Festlegung eines solch langen Zeitrahmens kann an sich – trotz des Versagens des Autonomieplans im Camp-David-Abkommen – nur bedingt als Konstruktionsfehler bezeichnet werden. Viel wichtiger in diesem Kontext ist der Einfluss anderer Faktoren, wie zum Beispiel die Unklarheit des Endziels des Prozesses, die Unsicherheit, die damit verbunden ist und die Abwesenheit von „Strafmechanismen", die die beiden Parteien davon abhalten, gegen die Vereinbarungen zu verstoßen. Nur in diesem gesamten Zusammenhang kann man den fünfjährigen Zeitrah-

---

114   Ebd. 15:49 Min
115   https://il.boell.org/sites/default/files/20_shnh_lvslv_svpy.pdf (S. 16)

men zur Umsetzung des Abkommens als gravierenden Konstruktionsfehler betrachten.

Bevor dieses Kapitel abgeschlossen wird, muss man sich mit noch einigen Fragen auseinandersetzten: Wie akut waren die hier beschriebenen Konstruktionsfehler, welches Gewicht hatten sie in dem beidseitigen Versagen der Israelis und der Palästinenser bzw. wie zentral war ihre Rolle beim Zusammenbruch des Osloer Friedensprozesses? Anders formuliert: Wären diese Fehler bei der Konstruktion des Friedensprozesses nicht begangen worden, wäre der Prozess dann zu einem erfolgreichen Ende gekommen? Diese Fragen kann man nur schwer beantworten. Es ist zum Beispiel nicht auszuschließen, dass unter anderen Umständen und vielleicht bei anderen Völkern ein starker politischer Wille und ein ausreichendes Ausmaß an Realpolitik die Konstruktionsfehler ausgeglichen hätten. Im Umkehrschluss kann man aber genauso gut behaupten, dass dort, wo diese beiden Elemente fehlen, eine fehlerhafte Konstruktion die undankbare Rolle eines Katalysators für destruktive Prozesse übernimmt. So gesehen kann das Scheitern des Osloer Friedensprozesses ohne Zweifel auf diese Konstruktionsfehler zurückgeführt werden, aber eben nicht nur auf sie.

Arafats Politik und der Zusammenbruch des israelischen Friedenslagers

Auch wenn mittlerweile außer Zweifel steht, dass die oben geschilderten Konstruktionsfehler bei der Gestaltung des Oslo-Abkommens einen nicht zu unterschätzenden Teil zum kolossalen Kollaps des gesamten Friedensprozesses beitrugen, so wurde doch erkennbar, dass parallel dazu mehrere andere politische und gesellschaftliche Faktoren wirkten, welche die wacklige Konstruktion an eben den Stellen massiv überforderten, wo sie am schwächsten und anfälligsten war. Dieses Kapitel beschäftigt sich mit einem solchen Faktor, der den Kurs des Osloer Friedensprozesses nicht weniger beeinflusste, als es die Konstruktionsfehler taten. Es geht um die dialektische Beziehung zwischen der Politik Arafats, vor allem in Bezug auf den palästinensischen Terror und auf die historische Funktion des Oslo-Abkommens in dem palästinensischen Nationalethos, und der mangelnden Akzeptanz des Osloer Friedensprozesses in der israelischen Gesellschaft. Es wird deutlich gemacht, dass ausgerechnet das sogenannte israelische Friedenslager, welches für einen territorialen Kompromiss mit den Palästinensern plädierte, durch die Politik der Palästinenser erheblich an Relevanz verloren hat, was wiederum am deutlichsten zeigte, wie unzulänglich die Verwendung gewöhnlicher Kategorien zum Verständnis des israelisch-palästinensischen Konflikts ist.

Drei Bestandteile dieses politischen Phänomens sind besonders von Interesse: (a) das palästinensische Spannungsfeld von politischen Befürwortern und Gegnern eines Kompromisses mit Israel auf der Basis der Formel „Land für Frieden". Der Fokus wird in diesem Kontext vor allem auf zwei oppositionelle Kräfte gelegt: die Hamas und die Volksfront zur Befreiung Palästinas (PFLP). (b) Arafats politische Selbstwahrnehmung, seine destabilisierenden Äußerungen zur historischen Funktion und zur strategischen Bedeutung des Oslo-Abkommens sowie sein Umgang mit der Herausforderung des palästinensischen Terrors, (c) die Auswirkungen dieser Faktoren auf die logische Infrastruktur der Argumentation des israelischen Friedenslagers und auf seine politische Überzeugungskraft.

I

Am 9. September 1993 wurde die letzte Hürde auf dem Weg zur Unterzeichnung des Oslo-Abkommens überwunden. Per Briefwechsel erkannten
sich Israel und die PLO – vertreten durch Rabin und Arafat – gegenseitig an.
Damit kam ein historischer Prozess zum Ende, der im Oktober 1974 begonnen hatte, als die Arabische Liga in der 7. Gipfelkonferenz in Rabat (Marokko)
einstimmig die PLO als „die einzige legitime Vertreterin des palästinensischen Volkes" anerkannte. Seitdem war jeder Versuch, die PLO zu umgehen
bzw. hinter Arafats Rücken zu verhandeln – entweder mit dem jordanischen
König Hussein direkt oder mit der lokalen Führung der Palästinser im
Westjordanland und Gazastreifen, wie zum Beispiel in Washington am Anfang der 90er-Jahre – zum Scheitern verurteilt.

Die Reihenfolge des Briefwechsels ist nicht ganz unwichtig: Rabins Brief
war eine Antwort auf Arafats , der die folgenden Verpflichtungen beinhaltete:

„The PLO recognizes the right of the State of Israel to exist in
peace and security. The PLO accepts United Nations Security
Council Resolutions 242 and 338. The PLO commits itself to a
peaceful resolution of the conflict between the two sides and
declares that all outstanding issues relating to permanent status will be resolved through negotiations. The PLO renounces
the use of terrorism and other acts of violence and will assume
responsibility over all PLO elements and personnel in order to
assure their compliance, prevent violations and discipline viola-
tors. The PLO affirms that those articles of the Palestinian
Covenant which deny Israel's right to exist, and the provisions
of the Covenant which are inconsistent with the commitments
of this letter are now inoperative and no longer valid. Consequently, the PLO undertakes to submit to the Palestinian National Council for formal approval the necessary changes in regard to the Palestinian Covenant".

Neben der Anerkennung des Existenzrechts des Staates Israel und die
Verpflichtung, den Konflikt gemäß den UN-Resolutionen 242 und 338 friedlich beizulegen, beinhaltet der Brief – wie hier zu lesen ist – auch einen klaren Verzicht auf den Einsatz von Terror und das Versprechen, diejenigen Pa-

ragraphen der Palästinensischen Nationalcharta, die Israels Existenzrecht bestreiten bzw. mit dem Inhalt des oben zitierten Briefs nicht in Einklang zu bringen sind, abzuschaffen. Außerdem verpflichtete sich die PLO, dafür zu sorgen, dass alle Fraktionen der Organisation den in dem Brief erwähnten Verpflichtungen nachkommen würden. Dieser Aspekt wird später noch genauer dargelegt.

Als Gegenleistung folgte Rabins Antwort im Namen der israelischen Regierung:

> „In response to your letter of September 9, 1993, I wish to confirm to you that, in light of the PLO commitments included in your letter, the Government of Israel has decided to recognize the PLO as the representative of the Palestinian people and commence negotiations with the PLO within the Middle East peace process".

Ganz bewusst hat Israel nicht die Formulierung der Arabischen Liga übernommen: Es hat die PLO zwar als die Vertreterin des palästinensischen Volkes anerkannt, nicht aber als „die einzige legitime" Vertreterin. Diese Nuance änderte jedoch nicht viel an der historischen Dimension dieses Wendepunkts in der israelischen Politik und bildete auch kein Hindernis für die Unterzeichnung des Abkommens vier Tage später in Washington. In diesem Kontext aber ist nicht dieser, sondern sind zwei andere Aspekte wichtig: (a) Die PLO ist eine Dachorganisation, die aus verschiedenen Gruppierungen und Fraktionen besteht. In Bezug auf den israelisch-palästinensischen Konflikt vertreten diese manchmal sehr unterschiedliche Meinungen, in bestimmten Punkten schließen diese sich sogar gegenseitig aus. Zwar wird die PLO seit 1969 durch die Fatah unter Jassir Arafat dominiert – jedoch bedeutet politische Hegemonie noch lange nicht politische Harmonie. Wie bald deutlich werden wird, erschwerten solche tief verwurzelten ideologischen Rivalitäten zwischen den verschiedenen Fraktionen der Dachorganisation die Umsetzung des Oslo-Abkommens. (b) Die Führung der PLO, das heißt der Führungskreis um Jassir Arafat, bestand vor allem aus Exilanten. Die identitätsstiftende Phase der Intifada, die 1987[116] begann, beobachteten sie aus ihrem relativ si-

---

116   Der Begriff „Intifada" (Aufstand) bezieht sich in dem hier diskutierten Kontext auf den palästinensischen Aufstand bzw. auf die palästinensischen Ausschrei-

cheren Sitz in Tunis. Mittlerweile aber war in den besetzten Gebieten, im Westjordanland und im Gazastreifen, eine neue, religiös motivierte und unter dem Einfluss der Muslimbruderschaft stehende politische Macht entstanden – die Hamas. So musste sich die PLO sowohl gegen die Opposition in den eigenen Reihen als auch gegen politische Gegenkräfte, die niemals Teil der Dachorganisation waren, durchsetzen.

(a) Arafats Unfähigkeit ein Gewaltmonopol zu etablieren

Der Weg der PLO ins Exil war rückblickend fast symptomatisch und begann am Ende der 60er- bzw. am Anfang der 70er-Jahre. Zwei Elemente des künftigen palästinensischen Spannungsfelds um die Legitimität und Umsetzung des Oslo-Abkommens waren schon damals präsent: die ideologischen Meinungsverschiedenheiten unter den verschiedenen Fraktionen der Dachorganisation sowie Arafats Führungsstil. Das folgende Beispiel zeigt das am deutlichsten: Nachdem es der PLO nicht gelungen war, kurz nach dem Sechstagekrieg im Westjordanland und Gazastreifen Fuß zu fassen, agierte sie von Jordanien aus. Das jordanische Territorium war für die PLO aus zwei Gründen lukrativ: Es grenzte an Israel und bot so die Möglichkeit, sowohl die Terrorinfrastruktur auszubauen als auch in Israel Anschläge auszuüben. Israel wiederum sah sich gezwungen, auf solche Attacken zu reagieren – unter anderem durch Druck auf König Hussein, der die souveräne Macht vor Ort war. Die Destabilisierung des haschemitischen Königreiches durch die Anwesenheit und Aktivitäten palästinensischer Terrororganisationen unter dem Dach der PLO war so vorprogrammiert. Aber nicht nur der Druck seitens Israel alarmierte den König. Die PLO entwickelte sich rasch zum Staat im Staate. Bestimmte Stadtteile der Hauptstadt Amman wurden von ihr gänzlich kontrolliert, sodass das Gewaltmonopol des jordanischen Staates in akute Gefahr geriet. Diese bedrohliche Entwicklung mündete in dem gescheiterten Anschlag auf den König am 1. September 1970[117]. Diese beiden Faktoren, näm-

---

tungen, die am 9. Dezember 1987 in Gaza ausbrachen. Zu der Entwicklung des Begriffs in der palästinensischen politischen Literatur sehen Sie: Shemesh, Moshe (1995) *Die PLO: Der Weg zu Oslo – Das Jahr 1988 als Wendepunkt in der Geschichte der palästinensischen Nationalbewegung.* (S. 193-194), Ben Gurion Universität, Israel.

117   Husseins Großvater, der König Abdallah ibn Husain I., wurde 1951 von einem Palästinenser ermordet als er die Al-Aqsa Moschee in Jerusalem besuchte. Dem König wurde unter anderem unterstellt, während des Krieges 1948 mit Israel

lich dass die verschieden Fraktionen der PLO im Jordanien de facto einen Staat im Staate gründeten und so die öffentliche Sicherheit und Ordnung in Amman gefährdeten und dass ihre Aktionen Jordanien ständig in Konfliktsituationen mir Israel brachten, überzeugten den König, endlich gegen die florierende palästinensische Terrorindustrie in seinem Hinterhof militärisch vorzugehen[118]. Arafats Rolle in dieser für seine Organisation wenigstens kurzfristig verheerende Entwicklung kann man unterschiedlich bewerten. Laut der Politologin Dr. Helga Baumgarten von der Universität Bir Zeit in Ramallah lag die Hauptverantwortung für die direkte Konfrontation mit dem Haschmitischen Königsreich zuallererst bei zwei palästinensischen linken Organisationen und Mitgliedern der PLO: der DFLP (Demokratische Front zur Befreiung Palästinas) und der PFLP (Volksfront zur Befreiung Palästinas). Die Fatah unter Arafat – so Baumgarten – habe hingegen die Politik der Nichteinmischung[119] in die inneren Angelegenheiten Jordaniens vertreten. Ihre Ziele und Interessen lagen schließlich auf dem westlichen Ufer des Jordans und nicht auf dem östlichen. In die blutige Auseinandersetzung mit Jordanien – so Baumgarten weiter – „wurden Arafat und Fatah [und] die PLO überhaupt [wider Willen] gezogen„[120]. Mit ihrer These ist Baumgarten nicht alleine. In ihrem biografischen Buch „Jassir Arafat – Der lange Weg zur Versöhnung" berichten die Autoren Janet und John Wallach von einem Treffen zwischen Arafat und dem Führer der PFLP George Habasch am 11. Juni 1967, kurz nach dem Ende des Sechstagekrieges. In diesem Treffen ging es eben um dieses Thema:

> „Habasch sagte ihm [gemeint ist Arafat], bevor ein erfolgreicher Krieg gegen Israel stattfinden könne, müsse ihnen zuerst Jordanien gehören. Die reaktionären arabischen Regimes können die

---

kooperiert zu haben, um das dem künftigen arabischen Staat zugeordnete Territorium zu erobern und später zu annektieren. Gemeint sind die Gebiete östlich des Jordans. Mehr dazu: Sela, Awraham (1990) *Die Beziehungen des Königs Abdallah und der israelischen Regierung während des Unabhängigkeitskriegs - Teil I.* In: Openheimer, Aaon; Cohen, Amnon; Kaniel, Jehoshua [eds.] (September 1990) *Katedra 57.* (S. 120-162), Yad Ben Zwi, Jerusalem.

118   Die Terrororganisation, welche die israelischen Sportler 1972 entführte und später ermordete, wurde als Andenken an diesen Monat „Schwarzer September" genannt.

119   Baumgarten, Helga (2002) *Arafat – zwischen Kampf und Diplomatie.* (S. 60), Ullstein, München.

120   Ebd. S. 62

palästinensische Revolution nicht akzeptieren, weil sie ihren Interessen zuwider ist. Wenn Israel und die Vereinigten Staaten sie unter Druck setzen, sich die palästinensische Guerilla vom Hals zu schaffen, dann werden uns diese arabischen Regimes bekämpfen', prophezeite er. ,Darum kann man Israel nicht einfach den Krieg erklären und Jordanien außer acht lassen'. Arafat widersprach ihm, aber Habasch ließ sich dadurch nicht beirren."[121]

Über die Frage, ob Arafat ca. drei Jahre später die rebellierenden Organisationen nicht zur Disziplin zwingen wollte oder konnte, kann man nur spekulieren. Interessant ist, dass ca. 24 Jahre danach, kurz nach der Unterzeichnung des Oslo-Abkommens, dieselbe Frage noch einmal auftauchte, dieses Mal jedoch – wie später noch deutlich wird – hinsichtlich Arafats unentschlossener Politik gegenüber dem palästinensischen Terror.

Am Ende des sogenannten „Schwarzen September" wurden Jassir Arafat und die PLO aus Jordanien vertrieben, um sich später in Südlibanon ansässig zu machen. Ihre Terrorattacken richteten sie nun vor allem auf Nordisrael, was Israel wiederum 1982 dazu brachte, denselben Weg zu gehen wie zwölf Jahre vorher der König Hussein. So landete die Führung der PLO nach dem ersten Libanonkrieg in Tunis, abgeschnitten vom Westjordanland und vom Gazastreifen und ohne unmittelbare Berührungspunkte mit den israelischen Grenzen.

Interessanterweise sehen viele Forscher die Vertreibung der PLO aus Südlibanon als den Startpunkt eines Prozesses, der mit der Unterzeichnung des Oslo-Abkommens am 13. September 1993 endete. Einer von ihnen ist Prof. Asher Sesser von der Universität Tel Aviv, der das Oslo-Abkommen als „eine Widerspiegelung des ersten Libanonkrieg[es]" versteht[122]. Damit ist gemeint, dass die Hauptmotivation der PLO, Israel anzuerkennen und mit ihm zu verhandeln, auf ihre internationale Isolation und auf die Angst ihrer Führerschaft – vor allem vor dem Aufstieg alternativer palästinensischen Lokalkräfte – in die politische Bedeutungslosigkeit zu geraten, zurückzuführen ist.

---

121   Wallach, Janet; Wallach, John (1994) Jassir Arafat – Der lange Weg zur Versöhnung. (S.244), Heyne Verlag, München.
122   Vortag an der Tel-Aviv Universität (7.3.2012). Den ganzen Vortrag auf Hebräisch findet man unter: https://www.youtube.com/watch?v=AzLIhJ7y57s

Dass Jassir Arafat während des Ersten Golfkriegs (1990-1991) ausgerechnet Saddam Hussein unterstützte[123] – was sowohl seine Popularität unter den arabischen Nationen als auch die finanzielle Basis der PLO schädigte –, trug auch zu diesem Prozess des Bedeutungsverlusts bei. Die Verhandlungen mit Israel und die Unterzeichnung des Oslo-Abkommens können so als der politische und ideologische Preis betrachtet werden, den Arafat bezahlen musste, um wieder an Bedeutung zu gewinnen.

Die diversen ideologischen Richtungen in der PLO, wie sie sich in den Meinungsverschiedenheiten zwischen Habash und Arafat manifestierten, prägten den palästinensischen Kampf um Unabhängigkeit weiter. Das gilt auch für die Ära, die am 13. September 1993 mit der Unterzeichnung des Oslo-Abkommens begonnen hatte. Um diesem roten Faden zu folgen, sollen zuerst die oben erwähnten ideologischen Unterschiede zwischen der PFLP und der von der Fatah dominierten PLO betrachtet werden.

Gegründet wurde die Volksfront zur Befreiung Palästinas am 11. Dezember 1967. Zwei Jahre später veröffentlichte sie ein umfassendes Dokument unter dem Titel „Strategy for the Liberation of Palestine". Als säkulare sozialistische Organisation betrachtete die PFLP neben Israel und der zionistischen Weltorganisation[124] auch den Imperialismus und die arabischen Reaktionäre, vertreten durch Feudalismus und Kapitalismus[125], als ihre Feinde. Ihre Einstellung dem Oslo-Abkommen gegenüber war deswegen kategorisch ablehnend. Wie sich diese beiden Komponenten in ihrer Rhetorik manifestieren, zeigen zum Beispiel die Worte von Khaled Barrakat, der das Abkommen mit Israel als Bankrotterklärung der palästinensischen Bourgeoisie bezeichnete[126]. In der PLO bildete die PFLP die zweitgrößte Kraft nach der Fatah.

---

123   Nach dem Historiker Ahron Bregman brachte Saddam Hussein die Besatzung Kuweits in Verbindung mit der israelischen Besatzung und „schlug eine umfassende Lösung für alle Probleme der Okkupation in der gesamten Region' vor". Bregman, Ahron (2014) *Gesiegt aber doch verloren.* (S. 166-167), Orell füssili Verlag, Zürich. Noch zu dem Thema: Schreiber, Friedrich; Wolffsohn, Michael (1996) *Nahost – Geschichte und Struktur des Konflikts.* (S. 340-343), Leske & Budrich, Augsburg.

124   Abschnitt II; Das Dokument findet sich auf der Internetseite der PFLP unter: http://pflp.ps/english/strategy-for-the-liberation-of-palestine-who-are-our-enmies/

125   Abschnitt IIb

126   http://pflp.ps/english/2015/09/13/barakat-oslo-agreement-was-the-palestinian-bourgeoisies-declaration-of-bankruptcy-and-failure/

Vor diesem Hintergrund ist es nicht überraschend, dass die PFLP trotz Mitgliedschaft in der PLO am Vorabend der Unterzeichnung des Oslo-Abkommens nicht die Absicht hatte, dem Terror und dem bewaffneten Kampf den Rücken zu kehren. Und ihr Widerstand beschränkte sich nicht nur auf die deklaratorische Ebene. Am 9. Oktober 1993 – ca. einen Monat nach der Unterzeichnung des Abkommens – ermordeten Terroristen der PFLP die Israelis Dror Fohrer und Aran Bachar in der judäischen Wüste. Am 31. Dezember ermordeten Mitglieder der Organisation zwei weitere Israelis in Ramle. Zwölf Tage später, fiel in der Stadt Rishon LeZion südlich von Tel Aviv der Israeli Moshe Becker dem PFLP-Terrorismus zum Opfer. Die blutige Odyssee ging weiter und am 23. März 1994 bekannte sich die PFLP zu dem Attentat auf Victor Lashiver in Jerusalem[127]. Welche Auswirkungen diese Terrorangriffe auf die israelische Bevölkerung hatten und vor allem auf die Überzeugungskraft des Friedenslagers, wird später noch erläutert.

Die Volksfront zur Befreiung Palästinas war aber nur das kleinere Übel. Weitaus größeren Schaden richtete die Hamas, der islamistische Widerstand außerhalb der Reihen der PLO, an. In ihrer Charta vom 18. August 1988 schilderte die Hamas unverblümt ihre politischen Ziele. Neben der Zerstörung Israels (Präambel) und antisemitischer Hetze (Artikel 22 und 32) sind hier vor allem Artikel 11 und 13 von Bedeutung:

„Das Land Palästina ist ein Islamischer Waqf (Heiliger Besitz), der den kommenden Generationen der Muslime bis zum Ende der Zeiten als Vermächtnis gegeben wurde. Es darf weder darauf verzichtet werden, noch darf etwas davon abgetrennt werden".

„Ansätze zum Frieden, die sogenannten friedlichen Lösungen und die internationalen Konferenzen zur Lösung der Palästinafrage stehen sämtlichst im Widerspruch zu den Auffassungen der Islamischen Widerstandsbewegung. Denn auf irgendeinen Teil Palästinas zu verzichten bedeutet, auf einen Teil der Religi-

---

127   http://www.mfa.gov.il/mfa/foreignpolicy/terrorism/palestinian/pages/fatal
             %20terrorist%20attacks%20in%20israel%20since%20the%20dop%20-
             s.aspx

on zu verzichten; der Nationalismus der Islamischen Wider-standsbewegung ist Bestandteil ihres Glaubens. (...) Für die Pa-lästina-Frage gibt es keine andere Lösung als den Djihad. Die In-itiativen, Vorschläge und internationalen Konferenzen sind rei-ne Zeitverschwendung und eine Praxis der Sinnlosigkeit. Das palästinensische Volk aber ist zu edel, um seine Zukunft, seine Rechte und sein Schicksal einem sinnlosen Spiel zu unterwer-fen"[128].

Der Artikel 13 ist also die einzige logische Schlussfolgerung aus Artikel 11 der Charta, der ganz Palästina, sprich Israel, als islamischen Waqf definiert. Ein heiliger Besitz dürfe nicht irdischen oder politischen Interessen unter-worfen sein und bleibe in diesem Sinne unverhandelbar. Aus diesem Grund sei jeder Kompromiss mit Israel per se abzulehnen. Nur um den Unterschied zur PLO und vor allem zur Fatah noch einmal zu betonen: Die letztere ist, wenn nicht ganz säkular, dann wenigstens nicht tief religiös geprägt, auch wenn ihre Rhetorik mit quasi religiösen Elementen dekoriert ist[129]. So zum Beispiel weist der Journalist Johannes Gerloff in seinem Buch „Die Palästi-nenser" darauf hin, dass Jerusalem „in der ‚palästinensischen National-Char-ta kein einziges Mal erwähnt [wird]"[130] (was Arafat aber nicht davon abhielt, den Kampf um Jerusalem mit religiöser Rhetorik zum Zentralthema zu ma-chen). Die Hamas hingegen hat dieselbe politische DNA wie die Muslimbru-derschaft, eine islamistisch geprägte Bewegung. Die politischen Konsequen-zen dieser Religiosität sind in den Artikeln 11 und 13 zu erkennen.

Das erste Attentat nach der Unterzeichnung des Oslo-Abkommens, wel-ches auf das Konto der Hamas geht, fand am 24. September 1993 statt. Genau einen Monat später ermordeten Mitglieder der Terrororganisation zwei isra-

---

128 Deutsche Übersetzung: Jungle World, Nr. 49, 27. November 2002
129 Eine Gegenmeinung vertritt der Forscher Efraim Karash in seinem Artikel *The Myth of Palestinian Centrality* (Fußnote 29 / S. 17). Er behauptet, dass Arafat ein frommer Muslim war und weist auf seine Verbindung in seiner Jugend mit der Muslimbruderschaft. Karash nimmt auch Bezug auf das Grund-gesetz der palästinensischen Behörde, das aus nicht weniger als 121 Artikeln besteht. Artikel 4 sagt, dass die Grundsätze der islamischen Scharia die Hauptquelle der Gesetzgebung sind.
130 Gerloff, Johannes (2012) *Die Palästinenser.* (S. 128), SCM-Verlag, Holzgerlingen.

elische Reservisten. In dieser Phase konzentrierte die Hamas ihre Terrorattacken vor allem auf das Westjordanland (Ramallah, Hebron und Umgebung) und den Gazastreifen. Jede Attacke kostete ein oder zwei Menschen das Leben. Der Terror nahm mit dem blutigen Anschlag am 6. April 1994 eine neue Dimension an. Eine Autobombe, gezündet von einem Selbstmordattentäter, explodierte neben einem Bus der israelischen Busgesellschaft EGGED, tötete 8 Israelis – darunter auch Kinder – und verletzte 55. Das ereignete sich nicht in den besetzten Gebieten, sondern im Kernland Israels, in der Stadt Afula. Weil dieses Attentat genau 40 Tage nach dem Massaker in der Grotte der Patriarchen[131] (der Höhle Machpela in Hebron) stattfand – ein Massaker, in dem der jüdische Terrorist Baruch Goldstein 29 Muslime ermordete – tendierte man dazu, dieses Attentat als Racheaktion zu betrachten. Dabei ignorierte man aber das gesamte Bild. Die Terrorattacken der Hamas begannen schon vor dem Massaker und wurden nach dem Attentat von Afula fortgesetzt: Am 13. April 1994 riss ein Selbstmordattentäter 5 Fahrgäste der Buslinie von Hadera nach Tel Aviv mit sich in den Tod. Dutzende wurden verletzt.

Von April bis zum 19. Oktober 1994 mordete die Hamas weiter, vor allem im Westjordanland und im Gazastreifen. An jenem Tag sprengte sich in Tel Aviv ein Selbstmordattentäter in die Luft und tötete dabei 22 Fahrgäste der Buslinie Nummer 5. Mehr als 100 wurden verletzt. In dem Zeitraum zwischen Oktober 1994 und Mai 1996 kosteten ähnliche Attentate – am 22. Januar, am 24. Juli und am 21. August 1995 sowie am 25. Februar, am 3. März und am 4. März 1996 – das Leben Hunderter Israelis. Alle diese Anschläge fanden im israelischen Kernland statt, nicht in den besetzten Gebieten.

Was die Israelis von Arafat erwarteten, war eine palästinensische Version von „Altalena". Am 26. Mai 1948 hatte der damalige israelische Premierminister David Ben Gurion den Befehl zur Errichtung „der Verteidigungsstreitkräfte für den Staat Israel" (Akronym - Zahal) unterschrieben. Artikel 4 des Befehls hatte die Errichtung und Existenz anderer Streitkräfte neben oder außerhalb Zahal verboten, was nichts anderes als die Entwaffnung und Integration der jüdischen Untergrundstreitkräfte in die neue Armee bedeutete.

---

131   Nach der Bibel (Genesis, 23; 8-19) verkaufte Efron der Hethiter Awraham die Höhle, damit der letztere seine Frau dort begrabe. Nach der jüdischen Überlieferung sind dort Awraham, Yitzchak, Jaakow, Sara, Riwka und Lea begraben. So wohl Juden als auch Muslime betrachten die Höhle als ein heiligen Ort.

Dieser Schritt hatte nicht nur eine militärische, sondern auch eine staatliche bzw. politische Bedeutung, denn mit diesem Befehl war das Gewaltmonopol des Staats Israel verankert worden. Kaum einen Monat später stand es schon vor seiner ersten schweren Prüfung: Am 20. Juni 1948 erreichte das Schiff Altalena die israelische Küste in der Nähe von Kfar Witkin. Dieses Schiff gehörte der jüdischen Militärorganisation „Etzel"[132], die Anfang Juni in die Zahal integriert worden war. An Bord befanden sich – neben 900 Einwanderern – auch Waffen und Munition. Um die Frage, wie diese Waffen zu verteilen sind, entbrannte ein heftiger Streit, der sich fast zum Bürgerkrieg entwickelte. Die israelische Regierung unter David Ben Gurion sah die Zahal – nach dem oben erwähnten Befehl – als die einzigen legitimen Streitkräfte Israels an und verlangte dementsprechend die Übergabe der Ausrüstung allein an sie. Etzel hingegen forderte 20 % der militärischen Ausrüstung für ihre Kämpfer in Jerusalem. Nachdem die Situation vor Kfar Witkin eskaliert war, fuhr das Schiff – nun mit Menachem Begin an Bord – in Richtung Tel Aviv, in der Hoffnung, dort die Waffen entladen zu können. Am 22. Juni 1948 erteilte Ben Gurion der israelischen Armee den Befehl, das Schiff militärisch zu bezwingen, was auch geschah.

Den Mut und den Willen, den Ben Gurion am 22. Juni 1948 besessen hatte, hatte Arafat nicht. Diesen Mangel an Gewaltausübung auf palästinensischer Seite beklagte auch Dr. Yair Hirschfeld – einer der beiden Initiatoren des Osloer Friedensprozesses – in seinem Vortrag vom 26. März 2013 an der Universität Haifa anlässlich des 20. Jahrestag der Unterzeichnung des Abkommens: „Er", so Hirschfeld über Arafat, „baute nicht die Basis für einen Staat, [nämlich] das Monopol auf Gewaltausübung"[133]. Laut Hirschfeld gab es unter Arafat zehn verschiedene Sicherheitsorganisationen im Gazastreifen und zehn im Westjordanland, die Arafat gegeneinander ausgespielt hat.

Diese Politik bzw. Unfähigkeit oder vielleicht auch der Führungsstil von Arafat prägt den Konflikt bis heute – mehr als 13 Jahre nach seinem Tod. Die politische Spaltung der Palästinenser nach der Machtergreifung der Hamas (2007) war eigentlich die einzig mögliche und logische Entwicklung aus dieser permanenten Verweigerung bzw. Unfähigkeit der Palästinenser, ein Ge-

---

132   „Etzel" ist das Akronym (Hebräisch) für „Irgun Tzwaei Leumi" (Nationale Militärorganisation).

133   https://www.youtube.com/watch?v=wNR_Y4saeTc

waltmonopol zu errichten und auszuüben. Ob die Palästinenser die Hamas 2006 vor allem wegen der Korruption der Fatah und nicht aus ideologischer Überzeugung wählten – wie zum Beispeil Ami Ayalon in einem Interview mit der „Washington Post" sagte[134] –, oder ob dieser Wahlsieg in dem breiten Kontext der Islamisierung der Region zu verstehen ist – wie Prof. Asher Sasser behauptete[135] –, ist in unserem Zusammenhang irrelevant. Relevant ist nur die neue politische Realität, die daraus entstand. Und diese wurde jahrelang nur zu gerne von der internationalen Gemeinschaft entweder falsch verstanden oder – schwerwiegender noch – absichtlich ignoriert. Denn wenigstens bis zur Versöhnung zwischen Fatah und Hamas im Oktober 2017 gab es de facto zwei verschiedene palästinensische Autonomiebehörden: Im Gazastreifen regierte die Hamas und im Westjordanland die Fatah unter Mahmud Abbas. Jede dieser beiden Regierungen vertrat – nicht nur auf deklaratorischer Ebene – eine völlig unterschiedliche Politik. Während Mahmud Abbas den Weg der Verhandlungen mit Israel weiterging, erkennt die Hamas bis heute den Osloer Friedensprozess und die damit verbundenen Verpflichtungen der Palästinenser nicht an und ruft zur Zerstörung des Staates Israel und zur Errichtung eines islamischen Staates auf. In diesem Kontext ist es wichtig zu erwähnen, dass die Ersten, die den Preis für die brutale Machtergreifung der Hamas im Gazastreifen bezahlten, niemand anderes als die Anhänger der Fatah selbst waren – Demütigungen und Hinrichtungen gehörten dazu. Mit anderen Worten: Wer von Israel verlangte, mit den Palästinensern zu verhandeln, der musste präziser mitteilen, welche Palästinenser er genau meinte. Denn jedem ist wohl klar, dass ein solcher Vertrag für Gaza nicht gelten würde, wenn Israel mit der Fatah im Westjordanland einen Friedensvertrag unterschreiben würde. Diese Situation – trotz gravierender Unterschiede in vielen Bereichen – kann mit der politischen Konstellation in Deutschland vor der Wende verglichen werden. Man konnte damals nicht mit Deutschland als politischer Einheit verhandeln oder diplomatische Beziehungen aufnehmen, sondern nur separat mit der DDR bzw. mit der Bundesrepublik Deutschland. Inwiefern die im Oktober 2017 erreichte Versöhnung zwischen Fatah und Hamas diese Konstellation grundsätzlich ändert, ist noch nicht abzusehen. Eins ist aber sicher: Solange die Hamas ihre 25.000 Mann starke Streitkraft

---

134   Washington Post, 26.1.2006
135   https://il.boell.org/sites/default/files/20_shnh_lvslv_svpy.pdf (S.46)

nicht entwaffnet, ist diese Versöhnung für die Etablierung eines staatlichen Gewaltmonopols so gut wie bedeutungslos.

(b) Arafats Doppelgesicht

Nicht minder verheerend wie die Anschläge der palästinensischen Terrororganisationen auf die israelische Zivilbevölkerung war die Tatsache, dass es mehrmals Arafat selbst war, der die Position des israelischen Friedenslagers – auf die Argumentation des letzteren wird noch eingegangen – schwächte und unterminierte. In diesem Kontext hatte vor allem die berühmte „Johannesburg-Rede" vom 10. Mai 1994 zerstörerische Auswirkungen auf die Glaubwürdigkeit Arafats selbst und damit auf die Überzeugungskraft des israelischen Friedenslagers.

Die Rede, die Arafat in einer Moschee in Johannesburg hielt, wurde von einem südafrikanischen Journalisten heimlich aufgenommen und später im israelischen Radio übertragen. Ihr Inhalt, ca. acht Monate nach der Unterzeichnung des Oslo-Abkommens und genau sechs Tage nach der Unterzeichnung des Kairo-Abkommens (4. Mai 1994), das den Rückzug Israels aus Gaza und Jericho garantierte, ist aus der Sicht des israelischen Friedenslagers nicht ohne Grund irritierend. Nachdem er sich bei seinem Publikum für seine mangelhaften Sprachkenntnisse entschuldigt hatte (die Rede wurde auf Englisch gehalten), erklärte er zuerst die Motivation der PLO, das Oslo-Abkommen zu unterschreiben. Nicht überraschend war, dass Arafat diesen Schritt mit der miserablen Situation der PLO und der Palästinenser – unter anderem in Kuweit – nach dem Golfkrieg verband. Was er aber nicht erwähnte, war der Grund für diesen elenden Zustand, nämlich die Unterstützung Saddam Husseins durch ihn selbst (Als Folge hatte Kuweit ca. 400.000 Palästinenser, die damals dort lebten, vertrieben; die PLO wurde in der internationalen Arena isoliert und ihre finanziellen Ressourcen knapp[136]). Das Oslo-Abkommen, betonte er, sei „nicht mehr als der erste Schritt", – denkt man an das 10-Punkte-Programm des Palästinensischen Nationalrats vom Juni 1974 (vor allem an die Punkte 2, 4 und 8), das damals noch nicht außer Kraft gesetzt worden war, erhält diese Aussage eine verhängnisvolle Dimension. Denn der Subtext jenes Programms war, dass jeder Schritt auf dem Weg zur Befreiung

---

136   Karash, Efraim (August, 2004) *The Myth of Palestinian Centrality*. (S. 20), The Begin-Sadat Center for Strategic Studies, Bar-Ilan University.

ganz Palästinas legitim sei, und das vor dem Hintergrund der ausdrücklichen Ablehnung der Resolution 242 des UN-Sicherheitsrats (Rückzug Israels aus Gebieten, die 1967 erobert wurden auf der einen Seite, auf der anderen Seite das Recht Israels „innerhalb sicherer und anerkannter Grenzen frei von Androhungen oder Akten der Gewalt in Frieden zu leben"). Die einzelnen Schritte wurden in dem Programm nicht ausführlich und detailliert beschrieben, ihr Ziel aber wurde ganz eindeutig im Punkt 8 dargelegt: "Once it is established, the Palestinian national authority will strive to achieve a union of the confrontation countries, with the aim of completing the liberation of all Palestinian territory, and as a step along the road to comprehensive Arab unity."[137]. In diesem Weltbild hat Israel keinen Platz. Aber auch wenn man sich bemüht, die Aussage des Vorsitzenden nicht in den Kontext des Dokuments von 1974 zu setzen, kann man die darauf folgenden Aussagen Arafats in seiner Rede zum Thema „Jerusalem" nicht anders als Aufruf zum Dschihad verstehen. In diesem Zusammenhang weisen die israelischen Forscher Efraim Lawi und Henri Fischmann darauf hin, dass Jassir Arafat unter anderem da versagte, wo der ägyptische Präsident Anwar as-Sadat und der jordanische König Hussein enormen Erfolg ernteten. Ihnen gelang es durch ihre Auftritte, „das Herz der Israelis zu erobern"[138]. Tief verankert in der kollektiven Erinnerung der israelischen Bevölkerung ist zum Beispiel der Besuch des Königs Hussein in Israel nach dem Anschlag in Naharayim am 13. März 1997, bei dem ein jordanischer Soldat sieben israelische Schülerinnen ermordet hatte. Hussein besuchte die Familien und entschuldigte sich persönlich bei den Eltern und Verwandten der Opfer. Arafat hingegen kommunizierte mit der israelischen Bevölkerung auf eine völlig andere Art und Weise. Um bei diesem Beispiel zu bleiben, bereitete es Arafat – im Gegensatz zu Hussein – Schwierigkeiten, Anschläge gegen die israelische Zivilbevölkerung, die er eigentlich hätte verhindern müssen, zu verurteilen. Dementsprechend unterschiedlich nahm die israelische Bevölkerung die beiden wahr. Die Ergebnisse einer Umfrage vom September 1994, drei Jahre vor dem Anschlag in Naharayim und kurz vor der Unterzeichnung des Friedensvertrags zwischen Israel und Jordanien am 26. Oktober 1994, zeigen das am deutlichsten: Während 75 % der Israelis Hussein als glaubwürdig betrachteten, schrieben nur 7,5 % der Be-

---

137   https://web.archive.org/web/20110805192136/http://www.un.int
138   https://il.boell.org/sites/default/files/20_shnh_lvslv_svpy.pdf

fragten Arafat diese Eigenschaft zu[139]. In diesem Kontext weist Dr. Ron Pundak – der zweite Initiator des Osloer Friedensprozesses auf israelischer Seite – darauf hin, dass Jassir Arafat bei der festlichen Unterzeichnung des Abkommens, am 13. September 1993 in Washington, keinen Anzug trug, sondern seine Uniform; er trat also als Guerillakämpfer auf und nicht als Staatsmann[140]. In ihrer schon oben erwähnten Biografie „Jassir Arafat – Der lange Weg zur Versöhnung" beschreiben die Autoren Janet und John Wallach diese nur vorgegebene und laut Pundak niemals erfolgte Metamorphose wie folgt:

> „Als wir einander die Hände schüttelten, grinste er von einem Ohr zum anderen, fast wie ein Kind. Hier stand er, beinahe ein halbes Jahrhundert nach dem Beginn des Befreiungskampfes, auf dem Höhepunkt des israelisch-palästinensischen Dramas, im Mittelpunkt des Geschehens. Diese Rolle zu spielen hatte er immer ersehnt: der Soldat, der zum Staatsmann wird und dem der Präsident der einzigen verbliebenen Supermacht, USA, die 29 Jahre lang seine Bedeutung und Rolle bestritten hat, applaudiert"[141].

Ob es tatsächlich Arafats Traum war, sich in seinen letzten Jahren von einem Terroristen bzw. Guerillakämpfer zum Staatsmann zu entwickeln, lässt sich nur spekulieren. Hätte er aber seine neue Rolle fundierter studiert, hätte er diese Metamorphose auch auf symbolischer Ebene zum Ausdruck gebracht. Symbole besitzen als solche nicht wenig Macht. Es mag wohl sein, dass Arafat sich die Rolle eines Staatsmanns ersehnte und vielleicht sich selbst ab September 1993 auch als solcher betrachtete. Diese Selbstwahrnehmung – wenn sie überhaupt stimmte – fand bei ihm weder einen ästhetischen noch einen politischen Ausdruck.

All das hatte einen direkten Einfluss auf das Vertrauen der Israelis in die Palästinenser, in Arafat selbst und in das Konzept von Oslo. In seinem Artikel „Israeli Public Opinion Polls on the Peace Process" aus dem Jahr 1995 analy-

139   Dan Leon (1995) *Israeli Public Opinion Polls on the Peace Processs.* In: *Palestine-Israel Journal* (Vol.2; No.1). http://www.pij.org/de tails.php?id=676
140   https://il.boell.org/sites/default/files/20_shnh_lvslv_svpy.pdf
141   Wallach, Janet; Wallach, John (1994) *Jassir Arafat – Der lange Weg zur Versöhnung.* (S.10), Heyne Verlag, München.

sierte der Friedensaktivist Dan Leon die Kausalbeziehung zwischen dem Terror und den Auftritten Arafats auf der einen und der Unterstützung und Popularität des Osloer Friedensprozesses in der israelischen Bevölkerung auf der anderen Seite. Kurz nach Unterzeichnung des Abkommens am 13. September 1993 genoss der Osloer Friedensprozess die Unterstützung von nicht weniger als 61 % der Israelis (31 % äußerten sich gegen das Abkommen). Weniger als ein Jahr danach – am 25. Juni 1994 – änderte sich der Stand der Dinge dramatisch. Die Unterstützung lag nur noch bei 35 % (63 % sprachen sich dagegen aus)[142]. Die Erklärung für diese radikale Wende liegt nah und besteht aus zwei Komponenten: aus der oben diskutierten palästinensischen Terrorwelle (z. B. die Attentate am 6. und 13. April) und ebenso aus der schon erwähnten „Johannesburg-Rede" von Arafat (10. Mai).

Einen weiteren klaren Beweis für die verheerenden Auswirkungen des palästinensischen Terrors und Arafats Politik auf die Akzeptanz des Oslo-Abkommens in Israel liefern uns die Schwankungen in der öffentlichen Meinung der Israelis im Zeitraum zwischen Ende Oktober 1995 und dem 29. Mai 1996, dem Tag, an welchem die Wahl zur 14. Knesset stattfand. Die Ermordung des damaligen israelischen Premierministers Yitzchak Rabin (am 4. November 1995), dessen links orientierte Regierung das Oslo-Abkommen unterschrieben hatte, beflügelte auf eine ziemlich makabre Art und Weise das sogenannte israelische Friedenslager. Laut dem Friedens-Index des Israel Democracy Institute der Universität Tel Aviv stieg nach der Ermordung Rabins die Anzahl der BürgerInnen, die den Osloer Friedensprozess unterstützten, dramatisch. Am 29. Oktober 1995, ca. eine Woche vor dem Anschlag auf Rabin, erklärten 58 % der Befragten, dass sie entweder „mehr oder weniger dafür" oder „sehr dafür" seien (gemeint ist, für den Friedensprozess). Am 8. November 1995, drei Tage nach dem Anschlag, waren es schon mehr als 75 %[143]. Diese Ergebnisse sind massenpsychologisch betrachtet vielleicht verständlich, logisch-politisch geprüft hingegen erstaunlich und rätselhaft. Denn

---

142   Dan Leon (1995) *Israeli Public Opinion Polls on the Peace Processs.* In: *Palestine-Israel Journal* (Vol.2; No.1). Online zugänglich unter: http://www.pij.org/de tails.php?id=676. Es ist zu erwähnen, dass bei diesen Umfragen laut dem Autor nur die jüdische Bevölkerung befragt wurde.

143   (8.11.1995) http://www.peaceindex.org/files/peaceindex1995_11_9.pdf
       (29.10.1995) http://www.peaceindex.org/files/peaceindex1995_10_9.pdf

welchen Syllogismus hätte man daraus ableiten können? Die einzige kohärente Schlussfolgerung wäre gewesen, dass die israelische Bevölkerung Rabin als Hindernis auf dem Weg zur erfolgreichen Umsetzung des Oslo-Abkommens gesehen und so, nach seiner Ermordung, dem Friedensprozess mehr Vertrauen als vorher geschenkt hatte. Diese Schlussfolgerung ist aber natürlich falsch, denn genau das Gegenteil war der Fall. Die enorme Unterstützung des Friedensprozesses nach dem Mord war eher eine Mischung aus vielen emotionalen und unter jenen Umständen auch absolut verständlichen Faktoren, wie zum Beispiel einem kollektiven schlechten Gewissen, das aus der Erkenntnis erwachsen war, dass man rechtzeitig nicht genug getan hatte, um dem vergifteten Klima gegenzusteuern, was den Mord vielleicht hätte verhindern können. Diese politische Umkehr kann man auch als Reaktion auf die Hetze der Rechtsparteien gegen Rabin in den Wochen und Monaten vor dem Anschlag betrachten. Sie gewann mit den ersten Anschlägen, die nach der Unterzeichnung des Abkommens verübt worden waren, sehr rasch eine neue und bis dahin kaum bekannte Dimension. In die kollektive Erinnerung ging vor allem die Demonstration auf dem Zions-Platz in Jerusalem am 5. Oktober 1995 ein. Ca. eine Woche vorher, am 28. September, war das Abkommen „Oslo II" unterschrieben worden, im Rahmen dessen Israel den Palästinensern die Kontrolle über die großen Städte und über 450 Dörfer im Gazastreifen und im Westjordanland übertragen hatte[144]. Am Tag der Demonstration in Jerusalem nahm die Knesset das Abkommen mit einer Mehrheit von 61 gegen 59 Stimmen an. Dass seine politische Basis auf einem solch wackligen Fundament gebaut war, was seine Akzeptanz durch die Bevölkerung erschwerte, war nur das kleinere Übel. Die Mehrheit in der Abstimmung verdankte Rabins Regierung jedoch drei Abgeordneten, die als Mitglieder der Rechtspartei „Zomet" in die Knesset gewählt worden waren – einer Partei, die sich ausdrücklich gegen den Osloer Friedensprozess positionierte. Am 7. Februar 1994 waren sie aus ihrer Partei ausgetreten und hatten sich der Koalition angeschlossen. Das Protokoll der Sitzung erzählt die Geschichte einer dramatischen und vor allem hitzigen Debatte, in der Rabin mehrmals durch

---

144   Im Rahmen des Abkommens wurden das Westjordanland und der Gazastreifen in drei verschiedene Zonen geteilt: A, B und C. Die Verantwortung für die Sicherheits- und Zivilangelegenheiten lag in Zone A ausschließlich bei Israel und in Zone C wiederum ausschließlich in palästinensischen Händen. In der Zone B übernahm die Palästinensische Autonomiebehörde die Kontrolle über die Zivilangelegenheiten und Israel über die Sicherheit.

Zwischenrufe der Abgeordneten der Opposition unterbrochen wurde[145]. Vor diesem Hintergrund fand die Demonstration in Jerusalem statt. Tausende versammelten sich auf dem Zions-Platz und riefen unter anderem: „Rabin ist ein Verräter", „Rabin ist ein Mörder", „Mit Blut und Feuer werden wir Rabin vertreiben" und „Tod Rabin". Zu sehen war auch ein Foto von Rabin in SS-Uniform. An jener Demonstration nahmen Politiker verschiedener Rechtsparteien aktiv teil, unter anderem auch Ariel Sharon und Benjamin Netanjahu. Ihnen wurde später vorgeworfen, nichts unternommen zu haben, um die mörderische Hetze gegen Rabin zu stoppen[146].

Politisch und gesellschaftlich gesehen ging deswegen der Mord auf das Konto des religiös-nationalen Lagers, aus dessen Reihen der Mörder Igal Amir stammte, und der israelischen Rechtsparteien, wie zum Beispiel HaLikud unter Führung von Benjamin Netanjahu. Er ahnte übrigens sofort nach dem Anschlag die bevorstehende Wende in der israelischen Bevölkerung bezüglich der politischen Debatte um den Osloer Friedensprozess und befürchtete das Verschwinden der israelischen Rechtsparteien, wenn die Wahlen früher als geplant stattfinden würden[147]. Und tatsächlich: Hätte die Wahl kurz nach dem Mord stattgefunden, hätte Shimon Peres mit sehr hoher Wahrscheinlichkeit Netanjahu besiegt. So makaber und zynisch es auch klingen mag, der Mord gab dem Friedensprozess und seinen Unterstützern eine zweite Chance.

Diese Welle von Unterstützung prallte aber auf die harte Realität des palästinensischen Terrors und auf Arafats Mangel an Willen bzw. Fähigkeit, diesem Paroli zu bieten. Mit jedem ihrer Attentate erreichte die Hamas genau das, was sie beabsichtigte: Sie lieferte den Rechtsparteien und Oslo-Gegnern auf israelischer Seite Beweise, warum den Palästinensern nicht vertraut werden kann, und leistete damit jenen bei einem Wahlsieg Vorschub. Der Hauptangriff richtete sich gegen die gedankliche Konstruktion des Friedenslagers –

---

145   www.knesset.gov.il/Tql/knesset/Knesset13/html/19951005@1995100500
         1@001.html
146   Am 12. November 2016 – kurz nach dem 21. Jahrestag der Ermordung Rabins –
         veröffentliche Netanjahu auf seiner Facebook-Seite ein Video, auf dem zu sehen
         war, dass er sich gegen solche Rufe wie „Rabin ist ein Verräter" ganz eindeutig
         positionierte, z. B im April und im August 1995.
147   Haaretz, 4.11.2011. Laut der Zeitung stammt die Information von der Enthül-
         lungsplattform Wikileaks. http://www.haaretz.co.il/news/politics/1.1557210

bekannt vor allem durch die Parole „Land für Frieden". Das Friedenslager betrachtete den palästinensischen Terror vor allem als ein Produkt der Besatzung. Dementsprechend argumentierte es auch in dieser Richtung, nämlich dass das Ende der Besatzung bzw. der Weg dorthin auch das Ende des Terrors bedeuten werde. Die Erkenntnis, dass hinter der damaligen Terrorwelle – wie oben bereits erwähnt – oppositionelle Organisationen und Bewegungen standen, führte zum Kollaps dieser gedanklichen Konstruktion. Denn auch wenn man glauben wollte, dass die Fatah – die größte Organisation in der PLO – und vor allem der Vorsitzende Jassir Arafat, keine Selbstmordattentäter in das israelische Kernland schickten, so war doch eindeutig, dass die palästinensische Führung bzw. die bewaffneten Kräfte der Palästinensischen Autonomiebehörde keine ernstzunehmenden Schritte unternahmen, um die Terrororganisationen zu stoppen und zu entwaffnen. Das wichtigste Element der Souveränität, nämlich das Gewaltmonopol, wurde entweder absichtlich nicht ausgeübt oder – was aus israelischer Perspektive genau so katstrophal war – konnte überhaupt nicht ausgeübt werden, weil es nicht existierte. Das Resultat in beiden Fällen war für das Friedenslager und für seine argumentative Kraft verheerend. Man benötigte ein neues altes Paradigma, um für diese Anomalien eine plausible Erklärung zu finden.

Dass die durch Rabins Ermordung neu entstandene Chance verantwortungslos verspielt wurde, zeigen am deutlichsten die Ergebnisse der Wahl zur 14. Knesset am 29. Mai 1996. Netanjahu, dessen politischer Ruf ebenso wie die Erfolgschancen seiner Partei kurz nach dem Mord so gut wie irreversibel zerstört schienen, gelang es binnen kurzer Zeit, mit einer knappen Mehrheit (50,5 % der Stimmen) seinen Rivalen und dem Mitgestalter des Oslo-Abkommens Shimon Peres zu besiegen. Die gegen die israelische Zivilbevölkerung gerichteten verheerenden Anschläge der Hamas wie die am 25. Februar 1996 (Jerusalem; 26 Tote), am 3. und 4. März (Jerusalem; 19 bzw. Tel Aviv; 13 Tote) sowie die Unfähigkeit Arafats – was viele Israelis nicht ganz ohne Recht als Mangel an Willen interpretierten –, sie zu stoppen, weckten die israelische Gesellschaft aus ihrer politischen Lethargie. Die Unterstützung, die der Friedensprozess nach dem Mord genossen hatte, bröckelte nun. Solche Parolen wie „Es gibt keinen Frieden, es gibt keine Sicherheit, es gibt keinen Grund, Peres zu wählen"; „Netanjahu – man macht einen sicheren Frieden" oder „Peres ist gut für die Araber, Bibi [Benjamin Netanjahu] ist gut für die Juden" hätten wohl ohne den palästinensischen Terror und ohne Arafats unentschlossenen Kampf dagegen keine Wirkung auf die israelischen Wähler gehabt.

Das palästinensische Volk und die palästinensische Führung gestalteten und bestimmten – damals wie auch heute – durch ihr Handeln und ihre Rhetorik die Tagesordnung der israelischen Politik mehr, als sie vielleicht glauben oder zugeben wollen. Rabin und Peres, die israelischen Linken und das Friedenslager, waren – und das Letztere ist es immer noch – vollkommen auf die Palästinenser angewiesen. Denn kaum ein anderes Argument schwächt die israelischen Unterstützer des Osloer Friedensprozesses und die Befürworter der Zwei-Staaten-Lösung mehr als die Behauptung, dass es auf palästinensischer Seite keinen Partner gäbe, mit dem man ernsthaft verhandeln könne. Und genau das ist das größte Versäumnis und tragischerweise auch das politische Vermächtnis Jassir Arafats, dass er sowohl den Kampf um die Akzeptanz des Friedens in der israelischen Bevölkerung als auch den Kampf gegen den Terror vernachlässigt hat. Niemals suchte er ernsthaft, systematisch und auf Dauer den Zugang zu den Herzen der Israelis. Zu keinem Zeitpunkt unternahm er den Versuch, ein effektives Gewaltmonopol zu etablieren. Die israelische Linke lieferte er dem palästinensischen Terror aus und – als reichte das nicht – verunsicherte die israelische Bevölkerung ständig mit zahlreichen Aussagen und Deklarationen, in denen er sich – getreu vielleicht seiner historischen Rolle in der Ära vor 1993 – nicht als international anerkannter Staatsmann, sondern als Guerilla- und (wenn die Umstände es erforderten) Jihadkämpfer profilierte.

Die Widersprüchlichkeit der israelischen Politik

I

Die Dialektik des Konflikts setzt voraus, dass nicht nur das palästinensische Handeln die israelische Politik beeinflusste und gelegentlich sogar bestimmte, sondern dass dies auch umgekehrt der Fall war. Denn während Israel den palästinensischen Kampf gegen den Terror als Maßstab für die Ernsthaftigkeit ihrer Verhandlungspartner nimmt, war für die Palästinenser ein anderes Kriterium für die Ehrlichkeit der israelischen Absichten von Bedeutung: die Siedlungspolitik. Um die zentrale Rolle dieses Kriteriums im politischen Denken der Palästinenser zu verstehen und um die damit verbundene Frage zu beantworten, inwiefern die Befürchtungen, die die Palästinenser mit der israelischen Siedlungspolitik assoziieren, tatsächlich berechtigt sind, sollte man die völkerrechtliche Auseinandersetzung – die in den vorigen Kapiteln dieses Buches erwähnt wurde – außer Acht lassen. Denn mit der Unterzeichnung des Oslo-Abkommens haben bestimmte rechtliche Fragen – wie zum Beispiel, ob das Westjordanland und der Gazastreifen besetzte oder umstrittene Territorien sind – erheblich an Relevanz eingebüßt. Der Fokus in diesem Kapitel liegt deshalb auf den Anomalien, die aus der israelischen Siedlungspolitik entstehen, wenn man sie in den Kontext des Osloer Friedensprozesses stellt. Um diese Diskussion in den breiten historisch-politischen Zusammenhang des israelisch-arabischen Konflikts zu setzen, befasst sich dieses Kapitel unter anderem auch mit zwei Präzedenzfällen – dem Rückzug Israels von der Halbinsel-Sinai (1982) und aus dem Gazastreifen (2005) –, in deren Verlauf Israel jüdische Siedlungen aufgegeben und abgerissen hatte. Vor dem Hintergrund dieser beiden Präzedenzfälle werden zwei Fragen diskutiert: (1) Welche Konsequenzen – wenn überhaupt – können die Palästinenser aus diesen Präzedenzfällen ziehen und (2) inwiefern – wenn überhaupt – können durch diese Präzedenzfälle die Ängste und Sorgen der Palästinenser bezüglich der demografisch- und geopolitischen Gefahr, die aus dem Ausbau der Siedlungen hervorgeht, beschwichtigt werden.

Zur Begriffsklärung: Im deutschsprachigen Raum versteht man unter dem Terminus „Siedlungen", wenn dieser auf den israelisch-palästinensischen Konflikt bezogen ist, jüdische Dörfer und Städte, die außerhalb der Grenzen vom 4. Juni 1967 gebaut bzw. ausgebaut wurden und noch werden. So zum Beispiel berichtete der Spiegel am 22. Januar 2017, dass „Israel den Siedlungsbau in Ostjerusalem" fortsetze[148]. Die hebräische Sprache hingegen kennt in diesem Kontext mehrere Begriffe, die, je nach politischer Orientierung, benutzt werden. Der Großteil der Bevölkerung und der israelischen Presse verwendet zum Beispiel den Terminus „die jüdischen Wohngegenden in Ostjerusalem" anstatt „Siedlungen". Den Begriff „Siedlung" (Hitnachalut), der in Israel eher negativ besetzt ist, benutzen sie vor allem in Bezug auf kleine und mittelgroße Dörfer, die tief im Westjordanland liegen. Politiker aus dem rechten Spektrum machen aus diesem Grund von dem Terminus „Yeshuw" anstatt „Hitnachalut" Gebrauch, wenn sie über die Siedlungen reden. Der erstere ist sehr positiv konnotiert und wird im zionistischen Kontext mit der Errichtung der ersten Dörfer, Kibbuzim und kleinen Städte durch die Pioniere assoziiert. Um nicht in diese politisch-linguistische Falle zu geraten, wird in diesem Kapitel der Begriff „Siedlung" verwendet, wie dieser im deutschsprachigen Raum verstanden wird, nämlich wie oben ausgeführt als jüdische Wohngegenden, Dörfer oder Städte, die außerhalb der am 4. Juni 1967 beschlossenen Grenzen gebaut wurden und noch werden. Begriffe wie „jüdische Wohngegenden" (in Bezug auf Ostjerusalem) kommen zwar in dieser Diskussion vor, aber nur, wenn der argumentative Zusammenhang es erforderlich macht.

(a) Zwischen Wahnsinn und Unehrlichkeit

Die größte Gefahr, die den Palästinensern aus den israelischen Siedlungen erwächst, formulierte am 4. Juni 2012 die palästinensische Politikerin Hanan Ashrawi wie folgt:

> „Die extremistische Politik der israelischen Regierung, die von der Knesset verabschiedet wurde, vermittelt eine sehr unheilverkündende Botschaft. Anstatt in Frieden zu investieren, investiert Israel weiter in Besetzung durch Siedlungsbau [...] Die-

---

148   http://www.spiegel.de/politik/ausland/israel-genehmigt-bau-von-566-sied
        lerwohnungen-in-ost-jerusalem-a-1131133.html

se Maßnahmen liefern einen klaren Indikator dafür, dass Israel die Zwei-Staaten-Lösung nicht unterstützt".[149]

Die palästinensische Logik, wie sie in diesem Zitat zum Ausdruck kommt, ist nachvollziehbar und einfach zu verstehen: Wenn Israel es mit der Zwei-Staaten-Lösung ernst meint, also mit der Koexistenz zweier souveräner Staaten auf der Basis der Grenzen vom 4. Juni 1967 (mit begrenztem Gebietsaustausch), dann fragt man sich, warum es immer mehr Siedlungen auf dem Gebiet des künftigen palästinensischen Staats baut, wohl wissend, dass diese Bauten samt ihrer teuren Infrastruktur früher oder später entweder abgebaut oder den Palästinensern überlassen werden müssen. Dieser Denk- und Argumentationsweise entsprechend muss Israel unbedingt eins von beiden sein: entweder wahnsinnig oder schlechthin unehrlich. Diese inhärente Sinnlosigkeit bzw. Unehrlichkeit treibt viele – zum Beispiel die israelischen Forscher Dr. Efraim Lavi und Henri Fischmann – dazu, den Bau und Ausbau der israelischen Siedlungen, vor allem derjenigen, die tief im palästinensischen Gebiet errichtet wurden[150], als den größten Störfaktor für den Friedensprozess zu betrachten[151]. Diese Meinung vertreten auch breite Teile der israelischen Gesellschaft. In einer repräsentativen Umfrage des 2. israelischen TV-Senders (Arutz Shtaeim) vom 1. November 2015 waren 55 % der Befragten der Meinung, dass die Siedlungen ein Hindernis auf dem Weg zu einem künftigen Abkommen mit den Palästinensern bilden. 45 % gaben an, dass sie den Abbau von Siedlungen als Gegenleistung für ein langfristiges Abkommen (nicht Friedensvertrag!) mit den Palästinensern unterstützten[152].

Folgt man der palästinensischen Logik weiter, erkennt man sofort, dass auch die Frage nach dem völkerrechtlichen Status des Westjordanlands nichts an der Tatsache ändern kann, dass der Bau und Ausbau der Siedlungen in ne-

149   https://www.nad.ps/en/media-room/statements/dr-hanan-ashrawi-
        %E2%80%9Cisraeli-actions-threaten-make-occupation-irreversible
        %E2%80%9D
150   Die Siedlungen, die nah an der Grenze vom 4. Juni 1967 liegen, können von Is-
        rael im Rahmen des geplanten Gebietsaustausches mit den Palästinensern an-
        nektiert werden. Als Gegenzug werden die Palästinenser ein anderes Gebiet im
        Verhältnis 1:1 bekommen. In diesem Punkt befinden sich die beiden Parteien in
        Übereinstimmung.
151   https://il.boell.org/sites/default/files/20_shnh_lvslv_svpy.pdf
152   Geführt wurde die Umfrage von den Statistikern Dr. Mina Zemach und Mano
        Geva.   http://www.mako.co.il/news-military/israel-q4_2015/Article-
        455ee364010c051004.htm

gativer Korrelation zur Glaubwürdigkeit der israelischen Absichten bezüglich der Zwei-Staaten-Lösung steht. Das heißt, dass kein Problem gelöst werden würde, selbst wenn die internationale Gemeinschaft die israelische Position akzeptieren würde (die Frage, warum sie das nicht tut, lasse ich bewusst beiseite), d. h. dass das Westjordanland, wie eine Reihe von Juristen sowie der ehemalige Botschafter Israels bei den Vereinten Nationen Dore Gold[153] behaupten, keine „occupied territories", sondern „disputed territories" seien, es sei denn, Israel hat die Absicht, das Oslo-Abkommen rückgängig zu machen und das Westjordanland für sich zu beanspruchen – was bis dato nicht der Fall ist. Diese Debatte erübrigt sich aber auch aus einem anderen Grund: Frieden soll Israel mit den Palästinensern selbst schließen und nicht mit der politischen Hegemonie der internationalen Gemeinschaft. Dennoch wäre es nicht verkehrt zu versuchen, mit verschiedenen juristischen Argumenten die Unterstützung der internationalen Gemeinschaft zu gewinnen, um auf die Palästinenser Druck auszuüben. Dieser kann aber niemals das erforderliche gegenseitige Vertrauen zwischen Israel und den Palästinensern ersetzen.

Vor diesem Hintergrund – mit der Siedlungspolitik als Nachweis für die Palästinenser, dass Israel zur Umsetzung des Konzepts der Zwei-Staaten-Lösung bereit ist –, muss man die Entwicklung nach dem 13. September 1993 prüfen. Es ist zu untersuchen, inwiefern – wenn überhaupt – das Oslo-Abkommen bzw. der Osloer Friedensprozesses die Entwicklung des Siedlungsbaus beeinflusst hat.

Laut der Foundation for Middle East Peace lebten 1993 ca. 111.600 jüdische Siedler im Westjordanland und 152.800 in Ostjerusalem, 1996 waren es schon 142.700 bzw. 160.400. Diese Tendenz stieg weiter, und zwar kontinuierlich. 1999, in dem Jahr, in dem der Osloer Friedensprozess hätte zu Ende kommen sollen, lebten im Westjordanland und Ostjerusalem zusammen ca. 347.500 Siedler – 80.000 mehr als 1993. Bis 2014 stieg diese Zahl auf mehr als 700.000. Im Gazastreifen war die Tendenz ähnlich: von 4.800 (1993) stieg sie auf 7.826 im Jahr 2004 (Ab Sommer 2005, nach der Umsetzung des ein-

---

153   Der Artikel „From ‚Occupied Terrirories' to ‚Disputed Territories'" erschien am 16. Januar 2002 im „Jerusalem Letter". Der Artikel ist online zugänglich unter http://www.jcpa.org/jl/vp470.htm

seitigen Abkoppelungsplans durch Sharons Regierung, gibt es keine israelischen Siedler mehr im Gazastreifen. Mehr dazu später). Mit anderen Worten: Nicht nur, dass der Osloer Friedensprozess den Bau und Ausbau der Siedlungen nicht stoppte, nicht einmal als Bremsfaktor darf man ihn betrachten. Die Entwicklung der Siedlungen schritt weiter voran, als hätte sie nichts mit der Thematik des Friedensprozesses zu tun.

Der bloße Anstieg der Einwohnerzahlen in den jüdischen Siedlungen im Westjordanland und in Ostjerusalem ist aus palästinensischer Sicht aber nur ein Teil des Problems. Denn wäre diese demografische Entwicklung nur auf die grenznahen Siedlungen beschränkt geblieben und das Territorium dieser Siedlungen nicht erweitert bzw. neue Siedlungen gebaut worden (z.B die Errichtung von Wolkenkratzern), dann hätte das Problem durch Gebietsaustausch (im Verhältnis 1:1) eventuell gelöst werden können. Vor allem aber würde so die territoriale Geschlossenheit des künftigen palästinensischen Staats nicht geschädigt und gefährdet.

Wer aber die Landkarte des Westjordanlands und des vereinigten Jerusalem (Ost- und Westjerusalem) in die Hand nimmt, der erkennt auch sofort – wie noch deutlich werden wird –, was die Palästinenser so alarmiert und irritiert. Bevor aber ins Detail gegangen wird, muss man den politischen Kulissen, vor denen sich diese demografische und geopolitische Entwicklung abspielt, noch einige Worte widmen.

Im Oslo-Abkommen – wie schon erwähnt – gehörte Jerusalem, zusammen mit den anderen Kernfragen, wie zum Beispiel der Lösung des Flüchtlingsproblems und der Zukunft der Siedlungen, zu den Themen, die erst in der Endphase des Friedensprozesses, d. h. während der Verhandlungen über das Endstatusabkommen, geklärt werden sollten (Artikel V). Diese Verhandlungen hätten spätestens drei Jahre nach dem Auszug Israels aus Gaza und Jericho (Kairo-Abkommen; 4. Mai 1994) beginnen müssen. Interessant in diesem Zusammenhang ist, welche Vorstellungen die beiden Parteien nach der Unterzeichnung des Abkommens von dem mittlerweile fast mythischen Begriff „Jerusalem" hatten. Denn die Kluft zwischen ihren Träumen und Erwartungen kann auch die Problematik und die Auseinandersetzungen um die Zukunft der jüdischen Wohngebiete, der israelischen Siedlungen im Ostjerusalem, erklären.

Die Position der Palästinenser zur Jerusalem-Frage ist genauso eindeutig und entschlossen wie die israelische Position bezüglich des Flüchtlingsproblems und hat sich im Laufe der Zeit in ihrem Kern nicht verändert. In einem Beitrag zu diesem Thema fand das Negotiations Affairs Department der Palästinensischen Autonomiebehörde am 15. August 2012 klare Worte:

> „Jerusalem war und bleibt das politische, administrative und geistige Herz von Palästina. Das besetzte Ostjerusalem ist das natürliche sozioökonomische und politische Zentrum für den palästinensischen Staat [...] Folglich kann es keinen lebensfähigen palästinensischen Staat ohne Ostjerusalem als seine Hauptstadt geben"[154].

Mehr oder weniger dasselbe tat Jassir Arafat in einem Interview im israelischen Fernsehen am 12. August 1996 kund. Wenn man sich die bereits erwähnte Johannesburg-Rede von 1994 in Erinnerung ruft, dann ist unverkennbar, welche zentrale Rolle Jerusalem im politischen Selbstbewusstsein der Palästinenser spielt.

Inwiefern Israelis und Palästinenser sich in diesem Punkt unterscheiden, zeigt das Protokoll der Knesset-Sitzung vom 21. September 1993, die acht Tage nach der Unterzeichnung des Abkommens in Washington stattfand. Jerusalem taucht in diesem Protokoll nicht weniger als 147 Mal auf. Der damalige Premierminister und Verteidigungsminister Yitzchak Rabin ließ bezüglich der Zukunft der Stadt durch seine Wortwahl keinen Interpretationsspielraum: „Das vereinigte Jerusalem steht nicht zur Verhandlung. Es war und wird bis in alle Ewigkeit die Hauptstadt Israels unter israelischer Souveränität sein"[155]. Später betonte Rabin in dieser Sitzung die Nichtverhandelbarkeit des vereinigten Ost-und Westjerusalem noch einmal. Rabin war aber nicht der Einzige, der in dieser heftigen und emotionalen Diskussion, vor allem angesichts der Angriffe und Kritik aus den Reihen der Oppositionsparteien, in erster Linie des Likud und Benjamin Netanjahu, eine klare und eindeutige

---

154   https://www.nad.ps/en/publication-resources/factsheets/special-focus-occu
           pied-east-jerusalem
155   http://www.knesset.gov.il/Tql/knesset/Knesset13/html/

Position bezüglich der Jerusalem-Frage zeigte. Ähnlich argumentierte Eli Dayan, Knesset-Mitglied und Rabins Parteigefährte, indem er betonte, dass „bei dem Thema Jerusalem keine Zugeständnisse gemacht werden", und fügte später noch hinzu: „Wir werden weiterhin unsere Position halten, dass Jerusalem vereinigt und unter [israelischer] Souveränität bleiben wird"[156]. Sehr interessant in diesem Zusammenhang ist die Reaktion des arabischen Knesset-Mitglieds Abdulwahab Darawshe auf die Aussage von Sevulun Hamer aus der rechtsorientierten religiös-nationalen Partei Mafdal. Letzterer brachte seine Sorge zum Ausdruck, dass am Ende des Friedensprozesses ein palästinensischer Staat mit Jerusalem als Hauptstadt entstehen werde. Darauf erwiderte Darawshe: „Nicht ganz Jerusalem" und meinte damit Ostjerusalem. Niemand hätte die palästinensischen Vorstellungen zu diesem Thema besser und kürzer formulieren können.

Wenn die Palästinenser, die davon ausgehen, dass Ostjerusalem (dazu gehören auch Teile der Altstadt und vor allem der Haram Asch-Scharif, d. h. der Tempelberg) ihre Hauptstadt sein soll, haben sie guten Grund zur Unruhe, wenn sie den Stadtplan Jerusalems in die Hand nehmen. Man muss nicht unbedingt ein Fachmann sein, um den Ring jüdischer Wohngebiete östlich der Grünen Linie (der Grenze vom 4. Juni 1967) zu erkennen: von Ramot im Norden über Ramat Shlomo und French Hill[157] im Nordosten bis hin zu Talpiot-Ost im Südosten und Har Homa und Gilo im Süden. Die Palästinenser betrachten diesen demografischen Ring – nicht ganz unberechtigt – als einen Versuch, vor Ort Tatsachen zu schaffen, die man früher oder später – im Rahmen eines Friedensvertrags – nicht mehr rückgängig machen kann. Als Präzedenzfall dienen ihnen israelische Siedlungen wie Alfei Menashe oder Modiin Elit, die nicht weit von der Grünen Linie, nah an der westlichen Grenze des Westjordanlands liegen. Niemand denkt heute ernsthaft daran, diese Siedlungen abzubauen. Israel soll im Rahmen eines Landaustausches den Palästinensern für diese verlorenen Territorien Land im Verhältnis 1:1, unter anderem auch in der Nähe des Gazastreifens, zur Verfügung stellen. Dieses Kon-

---

156   Siehe Fußnote 37
157   Diese Siedlung hatte vor allem die Funktion, den Skopusberg (Har HaTzofim) – bis zum Krieg 1967 eine israelische Enklave im jordanischen Gebiet – mit West jerusalem zu verbinden.

zept als Blankoscheck zu betrachten, ist aber genauso falsch wie der Versuch, es auf künftige demografische Entwicklungen anzuwenden. Der Landaustausch ist eine vergangenheitsbezogene Lösung und darf sich nur auf gegebene Tatsachen beziehen, die – aus welchem Grund auch immer – schon geschaffen waren, bevor der Friedensprozess begann. Er darf auf gar keinen Fall als Legitimation für die Schaffung neuer Tatsachen gesehen werden, vor allem nicht, weil die Kapazitäten dieser Lösung relativ begrenzt sind. Es geht hier nicht nur um die Frage, wie viel Territorium Israel zur Verfügung steht, um den Austausch zu ermöglichen, sondern auch um den symbolischen Wert des Territoriums. Die symbolische Rolle Ostjerusalems im politischen Bewusstsein der Palästinenser – ebenso wie die Rolle Jerusalems im israelischen Diskurs – ist nicht mit topografischen und mathematischen Werten wie Quadratkilometern zu formulieren.

Hinzu kommt noch etwas: Am 23. Dezember 2000 trafen im Weißen Haus in Washington unter der Schirmherrschaft des damaligen US-amerikanischen Präsidenten Bill Clinton palästinensische und israelische Vertreter zusammen. Vielversprechend waren die Voraussetzungen, unter denen dieses Treffen stattfand, nicht: Kurz vorher, im Juli 2000, war der Gipfel in Camp David gescheitert und im Westjordanland sowie im Gazastreifen und in Ostjerusalem tobte seit September die Zweite Intifada. Clinton, der den Friedensprozess unbedingt wieder in Gang bringen wollte, trug den beiden Delegationen einen neuen und in einigen zentralen Aspekten bahnbrechenden Vorschlag „für einen israelisch-palästinensischen Frieden" an. Dieser ist unter dem Titel „The Clinton Parameters" in die Geschichte des Konflikts bzw. des Friedensprozesses eingegangen und gilt seitdem als eine Art Wegweiser und Meilenstein für künftige israelisch-palästinensische Verhandlungen. Akzeptiert wurden die Rahmenbedingungen übrigens von beiden Seiten, wenn auch unter Vorbehalt.

Innovativ und bahnbrechend sind diese vor allem in zwei Bereichen: (1) der Zukunft Jerusalems und (2) der Lösung des Flüchtlingsproblems. In dem hier diskutierten Kontext interessiert vor allem der erste Aspekt. Seinen Vorschlag zur Beilegung die Meinungsverschiedenheiten bezüglich der Jerusalem-Frage formulierte der amerikanische Präsident wie folgt:

„The general principle is that Arab areas are Palestinian and Jewish ones are Israeli. This would apply to the Old City as well. I urge the two sides to work on maps to create maximum contiguity for both sides. Regarding the Haram/Temple Mount [...] I add [...] two additional formulations guaranteeing Palestinian effective control over the Haram while respecting the conviction of the Jewish people. [...] (1) Palestinian sovereignty over the Haram, and Israeli sovereignty over a) the Western Wall and the space sacred to Judaism of which it is a part; b)the Western Wall and the Holy of Holies of which it is a part. There will be a fine commitment by both not to excavate beneath the Haram or behind the Wall. (2) Palestinian sovereignty over the Haram and Israeli sovereignty over the Western Wall and shared functional sovereignty over the issue of excavation under the Haram and behind the Wall such that mutual consent would be requested before any excavation can take place"[158].

Clinton war bewusst, dass man die demografische Entwicklung seit Juni 1967 nicht einfach rückgängig machen konnte. Deswegen definierte er – wenn auch indirekt – den 23. Dezember 2000 als eine Art „Stunde Null". Die Teilung der Souveränität Jerusalems unterlag dementsprechend diesem Prinzip: Was zu diesem Zeitpunkt jüdisch war – damit sind auch die jüdischen Siedlungen (Wohngebiete) in Ostjerusalem gemeint – wird nach der Unterzeichnung eines Friedensvertrags Israel gehören, und was arabisch war, wird zum Bestandteil des künftigen palästinensischen Staates werden. Das galt auch für die Altstadt und für den Tempelberg: Der obere Bereich, d. h. die Moscheen und das Gelände dazwischen, sollte zu einem Teil Palästinas werden, während die Klagemauer unter israelischer Souveränität bliebe. Vor diesem Hintergrund ist unverkennbar, dass Israel mit dem Bau neuer oder dem Ausbau vorhandener jüdischer Wohngebiete in Ostjerusalem Clintons Vorschlag zunichtemachen würde. Hier ging es also nicht um die Knappheit territorialer, sondern politischer Kapazitäten.

---

158   https://www.usip.org/sites/default/files/Peace%20Puzzle/10_Clinton%20Pa rameters.pdf

Aus palästinensischer Sicht aber ist der Versuch Israels, durch Bauprojekte die Grenzen des künftigen palästinensischen Staates einseitig zu bestimmen, zwar problematisch genug, aber immer noch nicht das Folgenschwerste. Die größere Gefahr liegt, wie Saeb Erekat kürzlich formulierte, woanders: „Was die israelische Regierung tut, ist kein Politikwechsel, sondern eine Bestätigung ihres Willens, die Zwei-Staaten-Lösung zu begraben und die systematische Verleugnung der unveräußerlichen Rechte des palästinensischen Volkes fortzusetzen"[159]. Er spricht nicht mehr nur von den Grenzen, sondern von der Existenz des künftigen palästinensischen Staates. Ein kurzer Blick auf die Landkarte des Westjordanlands – vor allem auf das Zentrum und den Norden – reicht völlig aus, um zu verstehen, was Erekat meinte. Die Streuung israelischer Siedlungen von Westen nach Osten gefährdet die territoriale Geschlossenheit eines künftigen palästinensischen Staates.

(b) Ein Erklärungsmuster und zwei Präzedenzfälle

Man könnte aber auch versuchen, die Geschichte des Siedlungsbaus auf die politische Ahnungslosigkeit und demografische Kurzsichtigkeit aller israelischer Regierungen seit Juni 1967 zu reduzieren, was nicht ganz falsch wäre. Ein solches Erklärungsmuster betrachtet die heutige Situation nicht als eine von Anfang an durchdachte lineare Entwicklung mit dem klaren Ziel, die eventuelle Entstehung eines palästinensischen Staates zu vereiteln, was wiederum nichts anderes bedeuten würde als die Annektierung des Westjordanlandes (und Gaza). Die Siedlungen werden dabei als ein Betriebsunfall der Geschichte des Zionismus gesehen, dessen Schäden behoben und repariert werden müssen. Ein solches Erklärungsmuster – wenn akzeptiert – könnte und sollte die Ängste der Palästinenser in diesem Aspekt der territorialen Frage wenigstens mildern. Die Frage ist, was für dieses Muster spricht und warum die Palästinenser es trotzdem ablehnen.

Tatsächlich hat Israel schon zweimal gezeigt, dass es Siedlungen abbauen kann. Das erste Mal wurden im April 1982 als Folge des Friedensvertrags mit Ägypten (26. März 1979) die israelischen Städte Ofira und Jamit auf der Si-

---

159   http://english.pnn.ps/2016/11/18/erekatall-israeli-settlements-in-occupied-palestine-are-illegal-under-international-law/

nai-Halbinsel geräumt und später zerstört. Vor allem die Geschichte von Jamit scheint das oben erwähnte Erklärungsmuster wenigstens teilweise zu unterstützen. Denn Jamit war keine improvisierte Initiative einiger Aktivisten, sondern – im Gegenteil – eine ganz detailliert durchdachte und geplante Stadt, die perspektivisch mehr als 200.000 Einwohnern Platz bieten sollte. Dort fand sich alles, was zu einer großen Küstenstadt gehört: von einem Strand mit Hotels über ein Finanzzentrum und Hochschulen bis hin zu einem Tiefwasserhafen. Der Architekt Michael Jakobson gab an, dass Israel bis 1975 mehr als 100.000.000 israelische Pfund (Lirot) in dieses Projekt[160] investierte. Nicht minder interessant in diesem Zusammenhang ist die Tatsache, dass Jamit 1973 von einer linksorientierten Regierung gegründet und neun Jahre später von Menachem Begins rechtsorientierter Regierung geräumt und zerstört wurde. De facto existierte die Stadt sogar kürzer, denn die Gespräche zwischen Israel und Ägypten hatten insgeheim schon am 16. September 1977 begonnen[161]. Zu diesem Zeipunkte musste den Israelis der Preis des Friedens mit Ägypten schon klar gewesen sein. Am 19. November besuchte Sadat das israelische Parlament, die Knesset, und weniger als zweieinhalb Jahre später, am 26. März 1979, wurde in Washington der Friedensvertrag unterschieben, in dem „die volle Ausübung der ägyptischen Souveränität bis zur international anerkannten Grenze zwischen Ägypten und dem Mandat Palästina"[162] garantiert wurde. De facto also existierte Jamit ca. 4 Jahre.

Wenigstens auf den ersten Blick hat man es hier mit einem klassischen Beispiel für das oben diskutierte Erklärungsmuster zur Entwicklung der israelischen Siedlungspolitik zu tun. Dieses Muster – wie die Geschichte von Jamit deutlich zeigt, lässt Folgendes erkennen: (1) Aus dem Bau israelischer Siedlungen, auch wenn dieser mit enormen Kosten verbunden ist, ist nicht unbedingt eine durchdachte langfristige Politik abzuleiten. (2) Rechtsorientierte Regierungen können nicht minder friedenstauglich sein als linksorientierte.

---

160   http://xnet.ynet.co.il/architecture/articles/0,14710,L-3094384,00.html
161   Bregman, Ahron (2014) *Gesiegt aber doch verloren.* (S. 106), Orell füssili Verlag, Zürich.
162   http://www.mfa.gov.eg/Lists/Treaties%20DB/Attachments/645/Peace%20Treaty_en.pdf

Das einzige alternative Erklärungsmuster in Bezug auf Jamit ist die Theorie des „Druckausübens". Nach dieser Theorie wurden die Siedlungen gebaut, um Ägypten zu verdeutlichen, was die Zukunft mit sich bringen würde, falls es mit Israel keinen Frieden schlösse. Diese Theorie entbehrt aber jeder Grundlage. Denn wäre es nur darum gegangen, die Ägypter unter Druck zu setzen, hätte man sich auch mit kleinen improvisierten Siedlungen begnügen bzw. die Planung zuerst publik machen und die Umsetzung hingegen verzögern können.

23 Jahre später, im Sommer 2005, bewies Israel wieder, dass es seine Siedlungen räumen kann. Dieses Mal waren die jüdischen Siedlungen im Gazastreifen betroffen. Im Gegensatz zur Stadt Jamit, in der zur Zeit der Räumung ca. 1.200 Einwohner gelebt hatten, lebten im Gazastreifen kurz vor der Räumung ca. 8.000 Siedler. Der Initiator in diesem Fall war kein anderer als Ariel Sharon, dessen Name im Laufe der Zeit zum Synonym für den Bau und Ausbau israelischer Siedlungen geworden war. Zwar führte Sharons sogenannter „einseitiger Abkoppelungsplan" zu seinem Austritt aus dem Likud und zur Gründung seiner neuen Partei „Kadima" – das aber geschah erst im Nachhinein, am 21. November 2005. Mit anderen Worten und im Hinblick auf das oben diskutierte Erklärungsmuster: Wieder war es eine rechtsorientierte Regierung, dieses Mal angeführt von dem Architekten des israelischen Siedlungsbaus, die israelische Siedlungen räumte. Die Kosten der Räumung wurden übrigens laut dem Journalisten Zwi Zerachia (Haaretz) ein halbes Jahr vor der Umsetzung des Plans auf 7.000.000.000 NIS beziffert[163]. 2010 schätzte die israelische Wirtschaftszeitung „Kalkalist" die Kosten sogar auf mehr als 10.000.000.000 NIS[164]. Auch in diesem Fall gilt: Aus dem kostspieligen Bau israelischer Siedlungen ist nicht unbedingt eine durchdachte langfristige Politik abzuleiten. Vor diesem Hintergrund fragt sich natürlich, warum die Palästinenser die Beendigung des Siedlungsbaus als Vorbedingung für Friedensgespräche fordern. Es geht hier zwar um zwei verschiedene Fragen, die aber doch voneinander abhängen. Trotzdem müssen sie separat behandelt werden, denn es scheint, dass letztere sich aus der ersteren ableiten lässt.

---

163   http://www.haaretz.co.il/1.1500082
164   http://www.calcalist.co.il/local/articles/0,7340,L-3398921,00.html

Um die Ängste der Palästinenser zu verstehen, sollte man als Erstes die Unterschiede zwischen den oben geschilderten Präzedenzfällen und einer möglichen Räumung israelischer Siedlungen im Westjordanland erklären. Was die Sinai-Halbinsel anbelangt, sind die Unterschiede eindeutig. Im Gegensatz zu seiner Einstellung bezüglich des Rechtsstatus des Westjordanlands hat Israel niemals behauptet, dass die Sinai-Halbinsel ein „disputed territory" gewesen sei. Dass sie ein Teil Ägyptens war bzw. rechtmäßig unter ägyptischer Souveränität stand, als Israel sie im Juni 1967 eroberte, wurde seitens Israel niemals bezweifelt bzw. bestritten[165]. Was das Westjordanland anbelangt, vertritt Israel – wie in den vorigen Kapiteln deutlich gemacht, eine völlig andere Meinung. Es wird nicht als „occupied territory", sondern als „disputed territory" betrachtet. Es geht hier nicht um semantische Nuancen, denn wenn das Westjordanland nicht als erobertes Territorium betrachtet wird, dann ändert sich auch der rechtliche Status der Siedlungen, die auf diesem Territorium gebaut wurden und werden. Die juristische Frage soll hier aber nicht zur Sprache kommen. Auch die Frage, ob alles, was rechtlich möglich ist, politisch klug ist, wird hier bewusst beiseite gelassen. Wichtig in diesem Zusammenhang ist nur, dass Israel das Westjordanland – was die Legitimität seiner Souveränität anbelangt – anders betrachtet als damals die Sinai-Halbinsel, bevor diese im Rahmen des Friedensvertrags an Ägypten zurückgegeben wurde. An dieser Stelle ist es angebracht, noch einmal in Erinnerung zu rufen, dass es Israel niemals gelungen ist, einen juristischen Konsens zu schaffen oder die politisch-rechtliche Unterstützung der internationalen Gemeinschaft für seine Einstellung diesbezüglich zu gewinnen, obwohl renommierte Experten für Internationales Recht wie Prof. Elihu Lautpracht von der Universität Cambridge (zum Beispiel in seinem Buch „Jerusalem and the Holy Places") oder Prof. Eugene Rostow (1913-2002) von der Universität Yale die israelische Position unterstützten.

Der zweite Aspekt ist kein politisch-rechtlicher, sondern er ist geopolitischer Natur. Auf dem Sinai hat Israel nicht mehr als 20 Siedlungen auf einem

---

165   Hason, Erez (2003-2004) *Selbstverteidigung im internationalen Recht – Der Fall des Sechstagekrieges.* In: *Recht und Militär.* Nr. 17, (S. 133)

61.000 km² großen Territorium gebaut. Die größten Siedlungen, Jamit und Ofira, besaßen zusammen nicht mehr als ca. 4.000 Einwohner. Es ist nicht einmal nötig, die Landkarte aufzufalten, um zu verstehen, dass eine solch geringe Einwohnerzahl keine irreversiblen Tatsachen schaffen konnte. Anders ist die Situation im Westjordanland. Es ist nicht größer als ca. 5.860 km² (einschließlich Ostjerusalem), jedoch leben auf diesem Territorium nicht 4000 Menschen wie im Sinai, sondern mittlerweile etwa 700.000. Während auf der Sinai-Halbinsel die israelischen Siedlungen vor allem entlang der Küste errichtet wurden – entweder an der des Mittel- oder des Roten Meeres – wurden sie im Westjordanland auf dem Territorium gebaut, das die Palästinenser als ihr eigenes betrachten. Zum Vergleich: Weder die Anzahl der Siedler im Verhältnis zur Größe des Territoriums noch ihre Verteilung konnten die territoriale Geschlossenheit der Sinai-Halbinsel gefährden. Das jedoch ist der Fall im Westjordanland, wie oben geschildert wurde.

Finanzielle und organisatorische Aspekte spielen hier ebenfalls eine nicht zu unterschätzende Rolle. So zum Beispiel war die Räumung der Siedlungen im Gazastreifen nicht nur – wie schon detailliert geschildert wurde – enorm teuer, sondern auch mit großen logistischen und organisatorischen Schwierigkeiten verbunden. Am 30. Juli 2008 – drei Jahre nach dem israelischen Abzug – wurde sogar eine staatliche Untersuchungskommission einberufen, um den Umgang des Staates Israel mit den damals im Gazastreifen ansässigen Siedlern zu prüfen. Der Vorsitzende der Kommission, der Richter Jehoshua Matza, wies in seinem Bericht auf ein kolossales Versagen der israelischen Regierung hin[166]. Besonders schwierig war die Situation der Bauern. Diese brauchten nicht nur Unterkunft, sondern auch Land, das mit einer geeigneten Infrastruktur ausgestattet sein musste, damit sie ihre Familien weiter ernähren konnten. Wenn man über die Wahrscheinlichkeit einer künftigen Räumung israelischer Siedlungen im Westjordanland spricht, müssen diese Aspekte einkalkuliert werden. Man kann durch Gebietsaustausch die Demografie so gestalten, dass die organisatorischen und logistischen Schwierigkeiten gemildert und verringert werden. Ein Beispiel dafür ist die Genfer Initiative: Im Rahmen des von ihr vorgeschlagenen Gebietsaustausches würden 75 %-

---

166   Yediot Acharonot, 15.6.2010. Ein Teil der Schuld lag auch bei den Siedlern, die mit den Behörden nicht kooperieren wollten.

80 % der jüdischen Siedler im Westjordanland in ihren Wohnungen und Häusern bleiben können. Diese Gebiete soll Israel annektieren dürfen, die Palästinenser würden dafür andere Gebiete im Verhältnis 1:1 erhalten. Das Westjordangebiet müssten nach diesem Vorschlag 25 % bzw. 20 % der Siedler verlassen. Shaul Arieli – einer der Initiatoren der Genfer Initiative und renommierter Experte für die Geschichte des israelisch-palästinensischen Konflikts – schätzt, dass es 136.922 Siedler betreffen würde[167]. Das sind immerhin siebzehnmal mehr Siedler, für die Israel gefordert sein würde, Lösungen zu finden, als 2005 im Gazastreifen, als für 8.000 Menschen eine neue Existenz errichtet werden musste . Dass diese Zahl im Lauf der Zeit wachsen wird, ist mehr als wahrscheinlich. Natürlich machen auch diese Daten nicht das gesamte Problem deutlich. Denn anders als das monolithische Bild, das die europäischen Medien von den Siedlern verbreiten, sind ihre Motive sehr unterschiedlich. Der deutsche TV-Sender „ARD" stellte sie unter dem Titel „Die Siedler der Westbank" eindimensional und plakativ dar. Dass diese Siedler jedoch differenziert betrachtet werden müssen, kommt am deutlichsten in der Terminologie zum Ausdruck. Im Hebräischen unterscheidet man zwischen „Mityashew" und „Mitnachel". Beide werden im Deutschen mit dem Begriff „Siedler" übersetzt, gleichgültig, ob sie im Kernland Israels oder außerhalb der so genannten Grünen Linie siedeln. Auch im aktuellen politischen Diskurs in Israel sowie im allgemeingebräuchlichen Wortschatz und in der Presse ist für diese Siedler vor allem das Wort „Mitnachel" gebräuchlich. Man findet jedoch viele Mitnachalim (Pl.), die sich selbst nicht als solche betrachten[168]. Der Grund dafür ist, dass sie nicht aus ideologischen Motiven ihr Zuhause außerhalb der Grenze vom 4. Juni 1967 suchten, sondern aus rein finanziellen Beweggründen – es ist dort schlechthin erheblich billiger als in Tel Aviv oder Kfar Saba. Der Begriff „Mitnachel", so behaupten sie, beschreibe sie deswegen nicht richtig, denn er beziehe sich auf solche, die dort aus ideologischer Überzeugung siedeln. In unserem Kontext ist dieser Unterschied von nicht geringer Bedeutung, denn im Gegensatz zu den Siedlern, die aus religiösen bzw. messianischen Motiven handeln, werden diejenigen, die aus finanziellen Gründen im Westjordanland leben, gegen die Räumung ihrer Siedlun-

---

167   http://www.shaularieli.com/77951/%D7%96--%D7%A0%D7%91%D7%94
168   Zum Beispiel der Bericht des israelischen TV-Senders „Arutz 10" unter dem Titel „Die neuen Siedler – Wirtschaftliche Ideologie und keine politische" vom 5.2.2014.

gen höchstwahrscheinlich keinen großen Widerstand leisten – und das ist die Mehrheit der Siedler[169]. Die Siedlungen der ersteren zu räumen – es geht hier um mehr Menschen als 2005 im Gazastreifen – wird tatsächlich eine Mammutaufgabe sein. Einen Vorgeschmack bekam die israelische Regierung am 1. Februar 2017 bei der Räumung der illegalen Siedlung Amona (nordöstlich der palästinensischen Stadt Ramallah), in der 41 Familien mit ca. 200 Kindern lebten. Nicht weniger als 3.000 Polizisten und Soldaten musste Israel einsetzen[170]. Bei Amona handelte es sich um ein klassisches Beispiel für eine religiös-messianisch inspirierte Siedlung.

Der dritte Aspekt, der aus palästinensischer Sicht die Überzeugungskraft der beiden erwähnten Präzedenzfälle schwächt, ist die historische, religiöse und emotionale Verbindung, die bestimmte Schichten der israelischen Gesellschaft zu dem aus ihrer Sicht 1967 „befreiten" – und nicht „besetzten" – Territorium besitzen. Die Authentizität ihrer Gefühle und die wichtige Rolle dieses Territoriums in ihrem kollektiven Selbstbewusstsein in Zweifel zu ziehen, wäre genau so falsch wie die Annahme, dass historische und religiöse Verbundenheit ein ausschlaggebendes Argument in einem politischen Diskurs sein darf. Das heutige Territorium des Westjordanlandes nimmt in der Bibel eine zentrale Stellung ein. Der Urvater des Judentums – Awraham – lebte in Charan, das heute nordöstlich von Aleppo liegt und von dem aus Gott ihn nach Knaan (Kanaan) führte. Der erste Ort, der in der Bibel in dem hier diskutierten Zusammenhang erwähnt wird, ist Shchem (Sichem)[171] – im nördlichen Teil des heutigen Westjordanlands gelegen. Dann wanderte er weiter nach Elon More, wo die erste Landverheißung stattfand[172]. Den Namen dieses biblischen Ortes gab sich die 1980 von der nationalreligiösen Organisation Gush Emunim gegründete israelische Siedlung, die östlich von Shchem liegt. Die nächste Station auf Awrahams Wanderung wird in der Bibel Beit El genannt. An diesem Ort wurde unter demselben Namen im November 1977 eine israelische Siedlung gebaut, in der heute mehr als 6.000 Menschen le-

169   Laut einer Umfrage der israelischen Friedensbewegung „Peace Now" (Shalom Achshaw) von 2002 sind ca. 77 % der Siedler im Westjordanland keine ideologischen, sondern sogenannte „Lebensstandard-Siedler".

170   Israel Hayom, 1.2.2017

171   Genesis 12; 6

172   Genesis 12; 7

ben. Ein weiteres Beispiel findet man in der jüngsten Geschichte der Stadt Hebron: Am 30. November 1947 – einen Tag, nachdem sich die UN-Generalversammlung für die Teilung Palästinas entschieden hatte – verließ die letzte jüdische Familie diese Stadt[173]. Damit ging dort nach 3.000 Jahren das jüdische Leben zu Ende. Am 11. April 1968, weniger als ein Jahr nach dem Ende des Sechstagekrieges, feierte in einem Hotel in Hebron eine Gruppe nationalreligiöser jüdischer Aktivisten das Pessachfest. Auf der Internetseite des Gemeinderats von Kirjat Arba und Hebron erzählt Rabbiner Lewinger, der damals einer der Anführer dieser Bewegung war, „wie [...] damals alles begann"[174], d. h wie nach dieser Pessachfeier zwei Siedlungen gegründet wurden – in Hebron selbst und etwas östlich davon in Kirjat Arba. Dass Hebron der erste Schritt auf dem Weg religiös motivierter Siedler in Richtung Judäa und Samaria war – so die hebräisch-jüdische Bezeichnung des Westjordanlands – ist alles anders als Zufall. Nach der Bibel und der jüdischen Tradition wurden in Hebron, in der Höhle zu Machpela, die Erzväter- und mütter des Judentums begraben: Awraham, Yitzchak, Jaakow, Sara Riwka und Lea. Die Höhle selbst hat Awraham von Efron, einem Hethiter, für 400 Shekel gekauft[175], um dort seine Frau Sara zu begraben.

Aber während Hebron, Elon More und Beit El vor allem in dem sogenannten nationalreligiösen Sektor der israelischen Gesellschaft eine wichtige und identitätsstiftende Rolle spielen, herrscht unter allen Israelis Einigkeit darüber, dass Jerusalem die wichtigste Stadt im Judentum ist.

Großes Gewicht in der Geschichte des Judentums erlangte die damalige Jebusiterstadt[176] Jerusalem erst zur Zeit König Davids (ca. 1000 v. Chr[177]) und später, als sein Sohn Shlomo auf dem Berg Moria, wo die berühmte Geschichte der Opferung Yitzchaks stattfand[178], den Tempel baute[179]. Zweimal wurde

---

173   http://www.haaretz.co.il/misc/1.1450533
174   http://www.kiryat4.org.il/?CategoryID=402 Siehe auch: Eldar, Akiva; Zertal, Idith (2007) Die Herren des Landes. (S.41-50), DVA Verlag, München.
175   Genesis 23
176   1. Chr 11;4
177   Siehe z.B: Küng, Hans (2007) Das Judentum. (S. 103), Piper Verlag, München.
178   Gen 22; 1-19
179   1. Chr 22; 5-11. David selbst durfte den Tempel nicht bauen, weil er zu viel Blut vergossen hatte. Die Aufgabe wurde auf seinen Sohn Shlomo übertragen.

der Tempel zerstört: 586 v. Chr. und 70 n. Chr. Übrig geblieben ist nur die westliche Mauer (die sogenannte Klagemauer) des Plateaus, worauf der Tempel einst stand. Kein Ort ist den Juden heiliger als dieser. Die Klagemauer und der Tempelberg sind ein Teil der Altstadt, die sich von 1948 bis 1967 unter jordanischer Herrschaft befand und für Juden unzugänglich war. Das heißt, dass das religiöse, historische und symbolische Heiligtum Jerusalems heute jenseits der Grenze vom 4. Juni 1967 liegt. Diese Tatsache war auch dadurch nicht zu relativieren, dass Jerusalem, d. h. Westjerusalem, am 13. Dezember 1949 zur Hauptstadt Israels erklärt wurde. Das Protokoll dieser Knesset-Sitzung zeigt, dass es keiner hätte besser formulieren können als der erste Premierminister Israels, David Ben Gurion: „[...] Aber der Staat Israel hatte und wird nur eine Hauptstadt haben – das ewige Jerusalem. So war es vor dreitausend Jahren, so wird es sein, wie wir glauben, bis zum Ende der Zeit"[180]. Das Herz „Jerusalems", wie Ben Gurion dessen symbolische Konturen in jener Sitzung zeichnete, schlägt also hinter den Mauern der Altstadt – und nicht in Romema oder Rechawia. Diese Aussage war die logische Schlussfolgerung aus seiner Rede in der Knesset acht Tage vorher, am 5. Dezember 1949. In dieser Rede hatte Ben Gurion auf die Diskussionen über die Problematik Jerusalem und seine heiligen Stätten hingewiesen, die in der UN-Generalversammlung geführt wurden. Die Gefahr bestand damals darin, dass die UN versuchen könnte, im Geist des Teilungsplans vom 29. November 1947 Jerusalem zu internationalisieren. Vor diesem Hintergrund und in Bezug auf den Waffenstillstand mit Jordanien vom 3. April 1949, der die Stadt de facto teilte, äußerte sich Ben Gurion im Parlament folgendermaßen:

„Wie Sie wissen, diskutiert gerade die UN-Generalversammlung über das Problem von Jerusalem und seine heiligen Stätten. [...] Wir sehen uns verpflichtet, zu erklären, dass das jüdische Jerusalem ein organischer und untrennbarer Teil des Staates Israel ist, genauso wie es ein untrennbarer Teil der israelischen Geschichte, des jüdischen Glaubens[181] und der Seele unseres

---

180   Das Protokoll der 96. Sitzung der Knesset vom 13. Dezember 1949. Die Knesset tagte damals noch in Tel Aviv. http://main.knesset.gov.il/About/Lexicon/Documents/jerusalem_bengurion1.pdf

181   Ben Gurion benutzte den Begriff „Emunat Israel" – „Israels Glauben". Das Wort Israel soll hier nicht in seinem heutigen politischen Kontext verstanden werden, sondern in seinem religiösen. Auf dem Weg zurück nach Knaan wurde der Name von Jaakow geändert; seitdem hieß er Israel. „Bne Israel" bedeutet auf

Volks ist. [...] Wir können uns aber nicht vorstellen, dass die UN versuchen würden, Jerusalem vom Staat Israel zu trennen oder die Souveränität Israels in seiner ewigen Hauptstadt zu schädigen"[182].

Von dem Staat Israel trennen konnte die UN damals nur Westjerusalem, d. h. die Teile der Stadt, die nach der Unterzeichnung des Waffenstillstands mit Jordanien unter israelischer Kontrolle standen. Wenn Ben Gurion aber in Bezug auf Jerusalem von der „Seele unseres Volks", vom „jüdischen Glauben" und von der „ewigen Hauptstadt" sprach, konnte er nur Ostjerusalem und die Altstadt meinen. Mit anderen Worten: Die Quelle der Aura der israelischen Hauptstadt bis 1967, Westjerusalem, befand sich außerhalb der damaligen Grenze. Und der symbolische Wert Westjerusalems lag wiederum in der Grundidee, dass Jerusalem eine Einheit bildet.

Die Einstellung Ben Gurions bezüglich Jerusalems ist in diesem Kontext vor allem deshalb von Relevanz, weil er alles andere als religiös im orthodoxen Sinn des Worts war. In seinen letzten Jahren gestand Ben Gurion zwar seinem Biografen, Prof. Michael Bar Zohar, dass er an Gott glaube[183], und äußerte sich 1970 bezüglich der jüdischen Legitimität Erez Israels auch ähnlich in einem Interview des ersten israelischen TV-Senders: „Ich bin fest davon überzeugt, dass es Gott gibt"[184]. An die Offenbarung hingegen, fügte er in dem selben Interview hinzu, glaube er jedoch nicht[185]. Ebensowenig führte er ein religiöses Leben. Man musste damals wie auch heute – wie das Beispiel Ben Gurion zeigt – nicht besonders religiös oder gar orthodox sein, um die religiöse Vergangenheit und politische Gegenwart als eine Einheit zu verstehen und dementsprechend auch zu gestalten.

Hebräisch „Die Söhne Israels" - damit sind die Israeliten gemeint, nämlich die Nachfahren Jaakows.

182   Das Protokoll: http://main.knesset.gov.il/About/Occasion/Documents/jerusalem_bengurion.pdf

183   Aus einem Artikel zum 40. Todestag Ben Gurions (Maariv, 5.12.2013)

184   https://www.youtube.com/watch?v=VIAVBDHfdhc (36:22 Min)

185   Die jüdische Religion ist eine Offenbarungsreligion. Gott offenbarte sich Awraham, Yitzchak und Jaakow. Später, auf dem Berg Sinai, nahm die Offenbarung eine kollektive Dimension an (Exodos 19;9). So gesehen ist Ben Gurions Gottesverständnis nicht in Einklang zu bringen mit dem Gottesbild des orthodoxen Judentums.

In dem Film „Sechs Tage Krieg" des TV-Senders ARTE wird deutlich, dass die Bedeutung Jerusalems für die Juden – im Unterschied zu Beit El und Hebron – über die Grenzen des religiösen Kontexts hinausgeht: Chanan Porat, später einer der Gründer von Gush Emunim und Knesset-Mitglied der nationalreligiösen Partei Mafdal, gehörte 1967 zur Einheit derjenigen Fallschirmjäger, die die Klagemauer eroberte. Im Interview schildert er jenen Moment, als er und seine Kameraden, wovon einige Atheisten aus Kibbuzim waren, vor der Klagemauer standen:

> „Neben mir stand ein Kibbuznik, ein linker Kibbuznik, der mich fragte: ‚Chanan, welches Gebet betest du hier?' Ich antwortete ihm: ‚Bete irgendwas!' Und er: ‚Ich kenne aber kein Gebet!'. ‚Sag *Schma Israel!*'[186] Und er legte los: ‚Schma Israel!' Ich habe niemals ein ähnlich bewegendes Gebet gehört"[187].

Vor dem Hintergrund des Friedensvertrags mit Ägypten 1979, der unter anderem auch die Errichtung einer palästinensischen Autonomie vorsah, kann man vielleicht den Versuch verstehen, der emotionalen Verbindung der Juden mit Jerusalem eine juristische Form zu verleihen. Am 30. Juli 1980 wurde der Status Jerusalems als die „vollständige und vereinigte" Hauptstadt Israels in einem Grundgesetz verankert, was wiederum von der internationalen Gemeinschaft kategorisch abgelehnt und in der Resolution 478 des UN-Sicherheitsrats vom 20. August 1980 als „Verletzung des Internationalen Rechts" verurteilt wurde[188]. Derartige Entscheidungen finden aber niemals nur auf dem juristischen und diplomatischen Schlachtfeld statt, sondern sie stellen vor allem den Kampf um die Gestaltung der kollektiven Erinnerung der Masse dar. Was in diesem Bereich sowohl von den Israelis als auch von den Palästinensern im Lauf der letzten Jahrzehnte geleistet wurde, kann man, um nur ein Beispiel zu nennen, aus den Ergebnissen einer von dem israelischen Institut für Demokratie in Kooperation mit dem Palestinian Center for Policy and Survey Research durchgeführten Umfrage (Juni 2016) erkennen: Die Teilung Jerusalems, bei der die Klagemauer und das jüdische Viertel

---

186   „Höre, Israel!"
187   https://www.youtube.com/watch?v=413VGUBqmNM ; Min 24:02 – 24:45. Zu diesem Thema sehen Sie auch: Rubinstein, Amnon (2001) *Geschichte des Zionismus*. (S. 128-130), dtv Verlag, München.
188   https://unispal.un.org/DPA/DPR/unispal.nsf/0/DDE590C6FF23200785256 0DF0065FDDB

unter israelische Souveränität gestellt werden, während der Tempelberg, das christliche sowie muslimische Viertel jedoch zum künftigen palästinensischen Staat gehören, wurde von 56,1 % der Israelis und von 66,6 % der Palästinenser abgelehnt[189]. Die tief in der kollektiven Erinnerung verankerte Verbundenheit mit Jerusalem, die auf keinen Fall nur auf ihre theistischen Merkmale reduziert werden darf, unterscheidet sich gänzlich von dem israelischen Diskurs über die Sinai-Halbinsel – und das, obwohl ein zentrales Ereignis der Geschichte der Israeliten auf der ägyptischen Halbinsel stattfand: Auf dem Berg Sinai erhielt Moshe (Moses) die Zehn Gebote[190]. Zwar gibt es lediglich einige Hypothesen bezüglich der genauen Lage des Berges, eine endgültige Antwort hingegen gibt es nicht – in der kollektiven Erinnerung der Juden aber sind der Berg und was auf seinem Gipfel geschah eng mit der Sinai-Halbinsel verbunden. Die folgende Geschichte, so verblüffend sie auch sein mag, zeigt das deutlich. In einem Interview zu der Dokumentarfilmserie „Tkuma" schilderte der israelische Journalist Yaron London, wie ihm während des Sechstagekrieges angeboten wurde, den Militärrabbiner Shlomo Goren auf seiner Reise zum vermeintlichen Berg Sinai, nachdem dieser während des Krieges erobert worden war, zu begleiten. Der Rabbiner beabsichtigte, auf dem Gipfel des Bergs eine Thorarolle zu schreiben. Auf dem Weg, so London, begegneten ihnen viele messianische und ekstatische Momente. Hin und wieder sei der Rabbiner plötzlich stehen geblieben, habe sein Shofar aus der Tasche geholt und es geblasen. Mehrmals habe er „wie ein Verrückter" gerufen: „An diesem Tag erobern wir diesen heiligen Berg". Kaum hätten sie den Gipfel erreicht, habe sich Goren in seinen Talit (Gebetsmantel) gehüllt, einen Feder herausgeholt und begonnen, die Thorarolle zu schreiben. Um die Kulissen des biblischen Spektakels zu imitieren, hätten die Soldaten in die Luft geschossen[191].

Diese Anekdote ist jedoch eher die Ausnahme als die Regel. Die biblische Verbindung der Juden mit dem Berg Sinai spielte im damaligen politischen und öffentlichen Diskurs über die Zukunft der Sinai-Halbinsel (zum Beispiel im

---

189   Die Ergebnisse der Umfrage (Hebräisch) sind online zugänglich unter https://www.idi.org.il/articles/3330

190   Exodos 32. Bemerkenswert in diesem Zusammenhang ist der Bund (Kapitel 24). Das war das erste Mal, dass Gott einen Bund mit dem ganzen Volk und nicht nur mit einzelnen Personen schloss.

191   https://www.youtube.com/watch?v=5jeze-yv0Pc

Rahmen eines eventuellen Friedensvertrags mit Ägypten) keine Rolle. Und so ist es auch nicht verwunderlich, dass der damalige israelische Premierminister Menachem Begin in seiner Rede am 20. November 1977 aufgrund des historischen Besuches des ägyptischen Präsidenten Anwar as-Sadat in der Knesset mit keinem Wort auf eine historische Verbindung zwischen dem jüdischen Volk und der Sinai-Halbinsel einging. Dafür sprach er am Ende seiner Rede über Jerusalem und lobte vor allem die Religionsfreiheit und den freien Zugang zu den heiligen Stätten, den Israel gewährleistet[192].

Ähnliche Unterschiede findet man auch zwischen dem Abkoppelungsplan, d. h. der Räumung jüdischer Siedlungen im Gazastreifen (2005), und der heutigen israelischen Einstellung zum Westjordanland. In diesem Kontext hier geht es vor allem um die Motivation, wie das folgende Beispiel zeigt.

Am 8. Oktober 2004, weniger als ein Jahr vor der Umsetzung des Abkoppelungsplans, veröffentlichte die israelische Tageszeitung *Haaretz* ein Interview mit Dov Weisglass, einem engen Berater Sharons und ehemaligen Leiter des Büros des Premierministers während Sharons Amtszeit. Trotz einiger widersprüchlicher Aussagen – dazu später – geht aus diesem Interview deutlich hervor, dass unter der Räumung jüdischer Siedlungen im Gazastreifen und dem damit verbundenen Rückzug der israelischen Armee aus diesem Territorium nicht mehr als ein taktisches Manöver zu verstehen war. Das echte Ziel lag offensichtlich woanders:

> „Die Bedeutung (des Abzugsplans) ist das Einfrieren des politischen Prozesses. Und wenn man diesen Prozess einfriert, verhindert man das Entstehen eines Palästinenserstaates, verhindert man eine Diskussion über die Flüchtlinge, die Grenzen und Jerusalem. Im Ergebnis ist dieses ganze Paket, das man Palästinenserstaat nennt, mit allem, was dazu gehört, auf unbegrenzte Zeit von unserer Tagesordnung verschwunden. All das mit dem Segen des (amerikanischen) Präsidenten und beider Häuser des Kongresses."[193]

---

192   http://www.knesset.gov.il/process/docs/beginspeech.htm
193   Haaretz, 8.10.2004. Deutsche Übersetzung dieses Zitats: http://www.agfriedensforschung.de/regionen/Israel/abzugsplan.html

Was Weisglass zu einer solch verblüffenden Äußerung getrieben hat – und diese war nicht die einzige in jenem Interview –, kann man nur vermuten. Eins ist aber sicher: Wäre Sharons Abzugsplan tatsächlich nur ein Manöver gewesen, um im Endeffekt den Status der Siedlungen im Westjordanland zu stärken, wäre es von Weisglass völlig widersinnig gewesen, diesen Plan zu veröffentlichen und so die israelische Regierung und Sharon selbst bloßzustellen. Geht man aber davon aus, dass Weisglass Sharon nicht einfach verraten hat und dass es in diesem Interview nicht um politische und persönliche Eitelkeit gegangen ist, dann bleibt nur eine plausible Erklärung für Weisglass' Äußerung: Sharons Berater richtete seine Worte an die Siedlerbewegung, die nicht die Absicht hatte, die Räumung jüdischer Siedlungen im Gazastreifen kampflos hinzunehmen. Die größte Gefahr lag aber nicht in der bloßen Existenz der Widerstandskräfte, sondern in ihren messianischen und religiösen Charakterzügen. Um nur zwei Beispiele zu nennen: Weniger als zwei Monate vor der Räumung – von den Siedlern „Vertreibung" genannt – gab Rabbiner Eliyahu der politischen Debatte über die Zukunft dieser Siedlungen einen messianischen Schub[194], als er das Zitat aus dem Buch Ezechiel „Niemals soll geschehen"[195] zum Kampfaufruf der Siedlerbewegung machte. So entbrannte in jenem Sommer in Israel ein heftiger öffentlicher Diskurs über die Machtverhältnisse zwischen Staat und Religion. Dieser kulturelle und politische Kampf manifestierte sich am prägnantesten in den Äußerungen des Rabiners Zalman Baruch Melamed vom 27. Februar 2005 im religiös- und rechtsorientierten Radiosender Arutz 7 (ca. ein halbes Jahr vor der Umsetzung des Abkoppelungsplans):

> „Die Thora und der Staat sind keine voneinander getrennten Werte, sondern ein Wert: die Thora. Aus der Thora bezieht der Staat seinen Wert und seine Geltung [...]. Die Verpflichtung, Befehle der Armee zu befolgen, ergibt sich aus den Geboten der Thora und die Gesetze des Staates erhalten ihre Gültigkeit von der Thora, wenn sie die Thora missachten, sind beide null und nichtig"[196].

---

194   Im Rahmen eines Massengebets in der israelischen Siedlung Newe Dkalim am 23.6.2005.
195   Ezechiel 20;32.
196   In: Hagemann, Steffen (2006) *Für Volk, Land und Thora.* (S. 138), Verlag Hans Schiler, Berlin.

So standen religiöse Soldaten vor einer schwierigen Entscheidung: Wem sollen sie gehorchen, dem Kommandeur oder dem Rabbiner? Auch wenn es im Nachhinein nicht zu einer ideologischen Spaltung der israelischen Armee kam, so gab es doch trotzdem Fälle, in denen Soldaten die Durchführung bestimmter Befehle verweigerten[197]. Die israelische Regierung hatte also gute Gründe, besorgt zu sein und dementsprechend auch den Versuch zu unternehmen, den Abzug aus dem Gazastreifen als ein Instrument zur Stärkung der Siedlungen im Westjordanland zu verkaufen. Ob Weisglass aber mit seinen Äußerungen diese ideologische Bombe tatsächlich entschärfen wollte, bleibt unklar. Sharon allerdings versuchte später, diese Aussagen zu relativieren, indem er seine Verpflichtung gegenüber des von G. W. Bush konzipierten Abkoppelungsplans betonte. Weisglass' Äußerungen wurden – so „Quellen aus der Umgebung des Premierministers" – als „eitel" und „nicht erfolgreich" abgewiesen[198], nicht aber als falsch oder Lüge bezeichnet.

Dass die Palästinenser den Abkoppelungsplan nicht als Vorbild für die künftige Räumung israelischer Siedlungen und für den Abzug der israelischen Streitkräfte aus dem Westjordanland betrachten, ist aber nicht nur auf die Äußerungen von Weisglass zurückzuführen. Nicht minder wichtig ist die Tatsache, dass Israel den Gazastreifen nicht im Rahmen eines Friedensprozesses verlassen hat. Hinter diesem Schritt – dramatisch wie er tatsächlich war – konnte man beim besten Willen kein ganzheitliches Konzept erkennen und historisch betrachtet stand er im Widerspruch zur israelischen Sicherheitspolitik, wie diese sich nach dem Sechstagekrieg entwickelt hatte[199]. Der Abzug war eher die Ausnahme als die Regel. Die einzige politische Macht, die diesen Schritt kohärent und widerspruchsfrei in ihr gedankliches und operatives System integrieren konnte, war die islamistische Hamas, nach dem Motto: Was durch die Verhandlungen der Fatah mit Israel nicht erreicht werden kann, das leistet unser militärischer Kampf. Unter anderem aus diesem Grund konnten die israelischen Linken Sharons Plan nicht begrüßen – auch wenn sie perspektivisch nach einer Trennung von den Palästinensern im Rahmen der sogenannten Zwei-Staaten-Lösung strebten. So zum Beispiel kritisierten die

---

197   Bekannt ist zum Beispiel die Geschichte des Korporals Avi Biber (26.6.2005).
198   Siehe zum Beispiel: http://www.ynet.co.il/articles/0,7340,L-2986285,00.html
199   Bar Siman Tov, Jaakow (2009) *Der Abkoppelungsplan als Identitätskonflikt*. In: Bar Siman Tov, Jaakow [Hrsg.] (2009) *Der Abkoppelungsplan – die Idee und ihr Zusammenbruch*. (S. 11), The Jerusalem Institute for Israel Studies, Jerusalem.

Unterstützer und Initiatoren der Genfer Initiative[200] (1. Dezember 2003) – darunter auch Dr. Yossi Beilin und der ehemalige Generalstabschef der israelischen Armee Amnon Lifkin-Shachak – den einseitigen Charakter des Abzugsplans. Sie wollten den Rückzug in den Gesamtzusammenhang der Genfer Initiative integrieren und so, auf einer gegenseitigen Basis und im Rahmen eines Abkommens, von den Palästinensern Verpflichtungen fordern, damit die Sicherheit Israels nach dem Rückzug gewährleistet ist. Ein Abkommen – so die Kritiker von links – sei auch der einzige Weg, um zu garantieren, dass sowohl die Räumung jüdischer Siedlungen als auch der Abzug der israelischen Armee auf Verhandlungen mit der Fatah und nicht mit der Hamas zurückzuführen ist. Welche Rolle der einseitige Rückzug Israels bei dem Wahlsieg der Hamas ein Jahr später spielte, kann man heute nur spekulieren. Tatsache ist, dass die Hamas sich mit großem Erfolg als diejenige Macht profilierte, welche die Israelis besiegt hat. Am 14. September 2005, kurz nach dem Rückzug, organisierte sie eine Massenkundgebung, um die Vertreibung der Israelis zu feiern. Die Äußerungen von Mahmud Az-Zahar auf jener Kundgebung ließen keinen Zweifel bezüglich der Antwort auf die Frage, ob Sharons Plan ausgerechnet die Hamas beflügelt habe und welche Auswirkungen dieser Schritt auf die innenpolitischen Machtverhältnisse im Gazastreifen haben werde. „Wir schwören", sagte er, „Haifa und Jaffa zu befreien" und wies auf eine direkte Verbindung zwischen der israelischen Kapitulation und dem Blut von Ahmad Yasin und von Abdel Aziz Al Rantisi[201] hin.

Man kann natürlich trotzdem weiter spekulieren – eins ist aber sicher: 2007 verlor die Fatah, mit der Israel Gespräche und Verhandlungen geführt hatte, die Herrschaftsgewalt über den Gazastreifen an die Hamas, die die Macht brutal an sich gerissen hatte. Dass „der einseitige Rückzug" (Israels) zu dieser Entwicklung beigetragen hat, ist kaum noch zu bezweifeln. Offen bleibt nur die Frage, in welchem Maße[202].

---

200   Im Rahmen der sogenannten Genfer Initiative konzipierten inoffizielle Vertreter Israels und der Palästinenser – geführt unter anderem von Dr. Yossi Beilin und Yasser Abed Rabbo – den Entwurf eines Endstatus-Friedensabkommens. Das inoffizielle und deswegen auch die beiden Regierungen nicht verpflichtende Abkommen wurde am 1. Dezember 2003 in der Stadt Genf unterschrieben.
201   http://www.ynet.co.il/articles/0,7340,L-3141819,00.html
202   In einem Interview mit dem Journalisten Kalman Liebskind lehnte Dov Weisglass die These ab, nach der die Machtergreifung der Hamas eine Folge des Abkopplungsplans gewesen sei. Israel – so Weisglass – habe seine Armee schon

Neben der Motivation hinter dem Abzugsplan und seinen politischen Konsequenzen macht auch der symbolische Wert Gazas einen Unterschied. Während die Sinai-Halbinsel im kollektiven Bewusstsein der Juden mit dem Empfang der Thora assoziiert wird (was trotzdem nicht ausreichte, um den Diskurs über den Friedensvertrag mit Ägypten in eine überwiegend religiös geprägte bzw. messianische Debatte zu verwandeln), entbehrt Gaza aus jüdischer Sicht nahezu jedes symbolischen Wertes.

Dutzende Male wurde die Stadt in der Bibel erwähnt, vor allem im Zusammenhang mit Kriegen. Laut der dritten Landverheißung[203] bildet Gaza einen Teil des Gelobten Landes – ebenso übrigens wie die Sinai-Halbinsel, das heutige Jordanien und Teile des Iraks. Das 5. Buch Moses sowie das Buch Ezechiel bieten eine andere Grenzziehung an, diese Änderungen beziehen sich jedoch auf den Osten bzw. Südwesten des Landes – Gaza hingegen wird in allen diesen Quellen als untrennbarer Teil des Gelobten Landes verstanden[204]. Während der Landnahme unter Führung Jehoshua Ben Nuns wurde die Stadt nicht erobert[205], dies geschah erst später unter Juda[206]. Verbunden ist der Name der Stadt vor allem mit der Geschichte von Shimshon (Simson)[207] und den zahlreichen Kriegen zwischen den Israeliten und den Philistern.

Lässt man die Sicherheitsargumente und die Kritik von links beiseite, dann wird erkennbar, dass sich der religiös bzw. messianisch geprägte Widerstand gegen Sharons Plan auf das oben erwähnte Argument der Landverheißung konzentrierte. Bei diesem Argument erübrigt sich die Frage, ob in Gaza signifikante bzw. identitätsstiftende Ereignisse in der Geschichte des jüdischen Volkes stattfanden. Die bloße Tatsache, dass das Gelobte Land den Juden von Gott gegeben wurde, lässt gemäß dieser Einstellung jede Verhandlung bzw. jeden Verzicht auf Teile des heiligen Territoriums an eine Sünde grenzen. Diese Argumentation hatte im Rahmen des Kampfes um die öffentliche Meinung mindestens zwei Schwachstellen. (1) Nach der Halacha ist sie alles andere als

---

	1994 im Rahmen des Gaza-Jericho-Abkommens abgezogen. Geblieben seien nur militärische Einheiten, welche die israelischen Siedlungen im Gazastreifen sichern sollten.
203	Genesis 15;18
204	Deuteronomium 34; 1-4. Ezechiel 47; 13-20.
205	Josua 11;22
206	Richter 1;18
207	Richter 16

wasserdicht. So zum Beispiel beschreibt Rabbiner Daniel Sagron die Meinungsverschiedenheiten zwischen den Rabbinern Owadia Josef und Shaul Israeli bezüglich der Frage, ob man auf Gebiete des Gelobten Lands verzichten dürfe, um Leben zu retten (Pikuach Nefesh)[208]. Während Josef ein solches Szenario unter bestimmten Umständen bejahe[209], vertrete Israeli die Gegenmeinung. In einem anderen Artikel über dieses Thema aus dem Jahr 2006 zitierte der Rabbiner Chaim Nawon aus einem Urteil des Rabbiners Chaim David Halevi, der eindeutig für einen Verzicht auf Gebiete des Gelobten Landes plädierte, solange man dadurch Leben retten kann[210]. Inwiefern Israels Abzug aus Gaza tatsächlich Leben retten werde oder ob nicht das Gegenteil zu befürchten sei – diese Frage hätte damals, angenommen, dass dies überhaupt möglich gewesen wäre, höchstens von Sicherheitsexperten beantwortet werden können. Sie ist aber keine halachische Frage, auch wenn die Antwort darauf die Basis für den halachischen Diskurs liefert. (2) Diese Argumentation ist zu abstrakt und spricht deswegen nur einen kleinen Teil der israelischen Bevölkerung an. Denn hier geht es nicht um konkrete heilige Orte, die man als die Wiege des Judentums betrachtet, sondern um ein Verbot, generell auf Teile des Gelobten Landes zu verzichten, das auf einer wackligen halachischen Basis gebaut ist und dem kein überzeugendes Symbolsystem zur Verfügung steht, mit dessen Hilfe die Bevölkerung mobilisiert werden könnte. Dass sich Anfang August 2005 ca. 55 % der israelischen Bevölkerung für den Abkopplungsplan äußerten, während sich nur 38 % dagegen positionierten[211], hat auch mit diesem schwachen symbolischen Wert des Gazastreifens zu tun.

---

208   http://asif.co.il/download/kitvey-et/mhn%20kd/1%20(3).pdf
209   In seinem Urteil nahm Josef keinen konkreten Bezug auf den Abkopplungsplans. Den Verzicht auf Gebiete des Gelobten Landes bejaht er zwar, aber nur unter der Bedingung, dass dadurch Menschenleben gerettet werde. Diese Bedingung wiederum setzt laut Josef einen „wahren Frieden" als Gegenleistung voraus. In dem Fall des Rückzugs aus Gaza wird seiner Meinung nach diese Bedingung nicht erfüllt.
210   Der Artikel (Hebräisch) wurde am 30.11.2006 auf der Internetseite der Yeshiwat Har Zion veröffentlicht. http://www.daat.ac.il/daat/israel/maamarim/me sirat-2.htm
211   Globs, 5.8.2005. Ähnliche Ergebnisse zeigten auch Umfragen der Zeitung Maariv ca. ein Jahr vor der Umsetzung des Abkopplungsplans (15.9.2004) und des Jaffee Center for Strategic Studies (14.3.2004). Der Wahlsieg der von Sharon gegründeten Partei „Kadima" (mit Ehud Olmert als Vorsitzenden) bei den nächsten Wahlen zum israelischen Parlament nach dem Rückzug aus Gaza (28.3.2006) bestätigt diese Tendenz.

Viertens betrachten die Palästinenser den Abkopplungsplan nicht als Präzedenzfall für eine eventuelle Räumung jüdischer Siedlungen und für den Abzug der israelischen Streitkräfte aus dem Westjordanland wegen der militärischen und politischen Folgen des israelischen Rückzugs aus dem Gazastreifen und der Beendigung der Militärverwaltung dort im September 2005. Bevor dieser Aspekt genau geprüft wird, sollte man, um Missverständnisse zu vermeiden, zwischen zwei Arten von Rückzügen und zwischen zwei verschiedenen Fragen bzw. Maßstäben unterscheiden, nach denen der Erfolg bzw. Misserfolg des Abkopplungsplans zu bemessen ist.

In dem hier diskutierten Kontext wird zwischen Zivil- und militärischem Rückzug unterschieden. Der erstere bedeutet im israelisch-palästinensischen Kontext nichts anderes als die Räumung der jüdischen Siedlungen und die Umsiedlung der dort ansässigen Bevölkerung, d. h. der Siedler, in das Kerngebiet des Staates Israel. Der militärische Rückzug hingegen bezieht sich allein auf den Abzug der israelischen Streitkräfte aus dem 1967 eroberten Territorium. Während aber ein militärischer Rückzug ohne den gleichzeitigen Rückzug der Siedler undenkbar ist (denn dann wären die Siedler den Palästinensern völlig ausgeliefert), ist das andere Szenario, der Rückzug der Zivilbevölkerung, ohne dass die Armee ihre Positionen im besetzten Gebiet verlässt, absolut denkbar. In Fall des Abkopplungsplans hat sich Israel für beides entschieden, so dass es seit Sommer 2005 im Gazastreifen weder israelische Siedlungen noch permanent stationierte Streitkräfte gibt. Selbstverständlich operiert Israel aufgrund des militärischen Konflikts mit der Hamas und mit anderen Terrororganisationen wie zum Beispiel dem Islamischen Dschihad im Gazastreifen immer noch. So kam es im Zeitraum zwischen von 2005 bis 2014 zu den Operationen „Erster Regen" (23./24. September 2005), „Sommerregen" (Juni bis November 2006), „Gegossenes Blei" (Dezember 2008 bis Januar 2009), „Wolkensäule" (November 2012) und „Protective Edge" (Juli/August 2014). Wichtig aber ist zu betonen, dass solche Maßnahmen vor allem als Antwort auf Raketenangriffe aus dem Gazastreifen auf Israel getroffen wurden. Israel hatte dabei nicht die Absicht, den Gazastreifen wieder zu erobern oder dauerhaft zu besetzen. Die folgende Diskussion über die Frage nach dem „Erfolg" bzw. das „Scheitern" des Abkopplungsplans ist vor diesem Hintergrund zu verstehen und die Motivation, diese Frage zu beantworten, lässt sich wie folgt konkretisieren: Je erfolgreicher der Abkopplungsplan aus israelischer Perspektive ist, desto größer ist auch die Wahrscheinlichkeit, dass eine israelische Regierung diesen Weg in Zukunft noch einmal gehen wird. Auch umgekehrt gilt: Je schlechter die Erfahrungen, die die Israelis mit dem Abzug gemacht haben, desto geringer ist die Wahrscheinlichkeit, dass sie ein solches Risiko nochmals eingehen werden. So betrachtet hängt auch die Frage, inwiefern die Palästinenser den Abkopplungsplan als Präzedenzfall für eine eventuelle Räumung jüdischer Siedlungen im Westjordanland betrachten können, eng mit seiner Akzeptanz in der israelischen Gesellschaft zusammen. Weil aber die Kategorien „Erfolg" und „Scheitern" keine absoluten Begriffe sind, sondern nur im Verhältnis zu einem konkreten Ziel an Bedeutung und Sinn gewinnen können, zumal in Israel bis heute über das eigentliche Ziel des Abzugs debattiert wird, ist es sinnvoller, von den Kategorien „Vorteile" und „Nachteile" Gebrauch zu machen.

Eine auf diese Kategorien orientierte Analyse bietet der israelische Forscher Avishay Ben Sasson-Gordis in seinem Artikel „Die strategische Bilanz des israelischen Abzugs aus dem Gazastreifen" (2016), in dem er die positiven und negativen Auswirkungen des Abkopplungsplans auf Israel prüfte. Zwei Aspekte seiner Arbeit machen sie für unsere Fragestellung besonders relevant:

(1) Der politische Hintergrund, vor dem sie verfasst wurde: Schon in den ersten Zeilen seines Artikels weist der Autor darauf hin, dass israelische Rechtspolitiker und Ideologen das Beispiel des Abzugs aus dem Gazastreifen in ihrer Rhetorik benutzen, um vor einer eventuellen Räumung von Siedlungen bzw. vor einem ähnlichen Rückzug der israelischen Streitkräfte aus dem Rest der besetzten Gebiete, d. h. aus weiteren Teilen des Westjordanlands, zu warnen[212].

(2) Am Ende seiner Analyse – wie später noch deutlich wird – kommt Sasson-Gordis zu dem Schluss, dass die Vorteile, die der Abzug für Israel mit sich gebracht hat und immer noch bringt, die Nachteile überwiegen. In unserem Kontext ist eine solche, wenigstens auf den ersten Blick überraschende und vor dem Hintergrund der politischen Debatte in Israel alles andere als selbst-

---

212   http://www.molad.org/images/upload/files/Separation.pdf (S. 1). Noch zu erwähnen ist, dass Ben Sasson-Gordis sich nicht mit der Frage beschäftigt, inwiefern bzw. ob der Abzug gut und richtig geplant und durchgeführt wurde.

verständliche Schlussfolgerung von enormer Relevanz. Denn schließlich hängt die Wahrscheinlichkeit, dass Israel auch künftig ähnliche Schritte unternimmt, unter anderem eng auch mit dieser Vorteil-Nachteil-Bilanz zusammen.

Die Ergebnisse der Analyse selbst lassen sich wie folgt zusammenfassen:

(1) Im Gegensatz zum mittlerweile in bestimmten Schichten der israelischen Politik etablierten und von den ideologisch motivierten Siedlern gepflegten Ethos, das die Siedlungen als die erste Verteidigungslinie Israels betrachtet, zeichnet Ben Sasson-Gordis ein völlig anders Bild. Er ist nicht nur der Meinung, dass die Siedlungen diese Funktion nicht nur erfüllen, sondern er geht sogar einen Schritt weiter und behauptet, dass sie den israelischen Streitkräften im Laufe der Zeit zur Last gefallen seien. Denn neben dem Kampf gegen die palästinensischen Terrororganisationen im Gazastreifen musste sich die israelische Armee auch um die Sicherheit der Siedlungen einschließlich ihrer Zugangswege kümmern. Mithilfe des folgenden Beispiels schildert der Autor das Ausmaß dieser alltäglichen Sisyphusarbeit: Drei Kinder aus der Siedlung Morag wurden jeden Morgen zum Kindergarten gefahren. Das Taxi, das sie transportierte, musste von einem Panzer, einem gepanzerten Mannschaftstransportwagen und einem Caterpillar D9 (Bulldozer) begleitet werden. Trotz solcher kostspieligen Sicherheitsmaßnahmen bezahlten Dutzende Siedler – darunter auch Kinder – und Soldaten ihre Anwesenheit im Gazastreifen mit dem Leben. Diese Attentate fanden sowohl in den Siedlungen selbst (zum Beispiel am 7. März 2002 in Atzmona) als auch auf den Zugangswegen (in die kollektive Erinnerung der israelischen Gesellschaft ist vor allem das Attentat vom 20. November 2000 auf einen Kinderbus vor der Siedlung Kfar Darom eingegangen) und an den Grenzübergängen zwischen Israel und dem Gazastreifen statt[213]. In diesem Kontext setzt sich Ben Sasson-Gordis auch mit der These auseinander, nach der die israelischen Siedlungen im Gazastreifen das Feuer – vor allem geht es hier um die Raketenangriffe – auf sich zogen, so dass das Kernland Israels dadurch mehr Sicherheit genoss. Diese These lehnt er sowohl moralisch als auch sachlich ab. Seit 2001, so der Autor, habe die Anzahl der palästinensischen Raketenangriffe auf das Kernland Israels zugenommen. Im Jahr 2001 seien vier Raketen abgeschossen worden, ein Jahr da-

---

213   Ebd. S.6

nach habe ihre Anzahl schon bei 35 gelegen und sich 2003 auf 155 erhöht. Auch in den folgenden Jahren habe man eine steigende Tendenz beobachten können: 2004 und 2005 seien in Israel 281 bzw. 401 Raketen niedergegangen[214]. Ben Sasson-Gordis verglich in seiner Analyse außerdem die Zeit zwischen dem Beginn der Zweiten Intifada (September 2000) und dem Ende der israelischen Präsenz im Gazastreifen (September 2005) mit den folgenden zehn Jahren (2006 bis 2016) und fand heraus, dass im ersten Zeitraum (2000 bis 2005) mehr Israelis palästinensischen Terrorattacken, deren Ursprung im Gazastreifen lag, zum Opfer gefallen waren (162) als in dem gesamten Zeitraum von 2006 bis 2016 (140)[215].

Das moralische Problem liegt nah: Sollte die These stimmen, dass die Siedlungen die Funktion hatten, das palästinensische Feuer auf sich zu lenken, bedeutet dies – wenigstens auf strategischer Ebene – nichts anderes als die Opferung der Siedler im Gazastreifen auf dem Altar der Sicherheit Tel Avivs[216]. Ben Sasson-Gordis begnügt sich aber nicht damit und greift auch die Logik der inneren Struktur dieser These an: Aus der Behauptung, dass der Daseinszweck der Siedlungen im Gazastreifen in der Verteidigung der in unmittelbarer Nachbarschaft zum Gazastreifen liegenden israelischen Siedlungen und Städte läge, sei abzuleiten, dass die Rolle der letzteren die Verteidigung Tel Avivs wäre. Daraus folge – so Ben Sasson-Grodis – dass die Einwohner von Sderot sich mit den Raketenangriffen abfinden müssten, denn das sei die Funktion ihrer Stadt[217]. Niemand würde in Israel wagen, eine solche Argumentation laut auszusprechen, denn sie ist von vorn bis hinten schlechthin absurd.

(2) In Zweifel stellt der Autor auch die Verbindung zwischen der Räumung der israelischen Siedlungen und der Machtergreifung der Hamas im Gazastreifen ca. zwei Jahre nach dem israelischen Abzug. Diese brutale Machtergreifung im Jahr 2007 war laut Sasson-Grodis das Ergebnis eines Prozesses, der etwa zwei Jahrzehnte zuvor begonnen hatte[218]. Mit dieser Meinung steht er nicht allein. Auch die bereits zitierten ForscherInnen, Dr. Helga Baumgarten

---

214   Ebd. S.23
215   Ebd. S. 8-9
216   Ebd. S.7
217   Ebd.
218   Ebd. S.3

(Universität Bir Zeit) und Prof. Asher Sasser (Universität Tel Aviv) verstehen die Machtübernahme der Hamas im Gazastreifen als Teil der Islamisierung in der gesamten Region. Um seine These zu untermauern, bezieht sich Ben Sasson-Gordis auf die Ergebnisse der palästinensischen Wahlen 2004 (vor dem Abzug) und 2006[219], die die steigende Popularität der Hamas in der palästinensischen Gesellschaft widerspiegeln. Die Machtergreifung selbst aber führt der Autor auf die Weigerung der Fatah zurück, der Hamas nach dem Sieg in den Wahlen 2006 die Macht zu überlassen. Der Autor bestreitet nicht, dass die Anwesenheit der israelischen Streitkräfte im Gazastreifen die Machtergreifung der Hamas eventuell und unter bestimmten Umständen wenigstens vorübergehend hätte verhindern können. Dies wäre seiner Einschätzung nach jedoch nur möglich gewesen, wenn Israel sich in diese innere und sehr sensible Angelegenheit der Palästinenser eingemischt hätte. Das Problem eines solchen Szenarios seien die Auswirkungen der Einmischung Israels zugunsten der Fatah auf deren Legitimität und vor allem auf die Herrschaftslegitimität des aus ihren Reihen stammenden Präsidenten Mahmud Abbas (Abu Mazzen). Denn wären Abbas und die Fatah tatsächlich vom Erzfeind Israel gerettet worden, dann hätten sie die Palästinenser als Kollaborateure und Verräter abgestempelt. An einer solchen Entwicklung habe Israel kein Interesse gehabt. Denn schließlich sei die Fatah, trotz aller Nachteile, sein einziger Gesprächspartner gewesen.

Ben Sasson-Gordis behauptet außerdem – und das ist hier von großer Bedeutung –, dass die Anwesenheit der israelischen Zivilbevölkerung, d. h. in den Siedlungen im Gazastreifen, bei einer eventuellen Vereitlung der Machtergreifung der Hamas durch die israelischen Streitkräfte völlig bedeutungslos gewesen wäre. Ben Sasson-Gordis' Behauptungen bezüglich der Bedeutung der Siedlungen bei der Verhinderung der Machtergreifung durch die Hamas, bleiben in Ermangelung praktischer Beispiele reine Spekulationen. Während man sich jedoch problemlos vorstellen kann, dass die Anwesenheit der israelischen Armee im Gazastreifen der Machtübernahme durch die Hamas hätte im Wege stehen können, ist es relativ schwierig, sich zu veranschaulichen, welche Rolle die schutzbedürftigen Siedlungen in einem solchen Szenario gespielt hätten.

---

219   Ebd. S.16

(3) Ferner geht der Artikel auf das Image Israels innerhalb der internationalen Gemeinschaft ein. Ben Sasson-Gordis ist der Meinung, dass der Abkopplungsplan den israelischen Ruf weltweit verbesserte, wenn nicht gar rettete, sodass Jordanien und Ägypten ihre Botschafter wieder nach Israel entsandten[220]. In diesem Zusammenhang weist der Autor auf einen Brief hin, den der damalige amerikanische Präsident George W. Bush am 14. April 2004 an den israelischen Ministerpräsidenten Ariel Sharon schrieb und in dem er die amerikanischen Standpunkte und Verpflichtungen in folgenden Bereichen bestätigte:

„First, the United States remains committed to my vision and to its implementation as described in the roadmap. The United States will do its utmost to prevent any attempt by anyone to impose any other plan. Under the roadmap, Palestinians must undertake an immediate cessation of armed activity and all acts of violence against Israelis anywhere, and all official Palestinian institutions must end incitement against Israel. [...] Second, there will be no security for Israelis or Palestinians until they and all states, in the region and beyond, join together to fight terrorism and dismantle terrorist organizations. [...] The United States is strongly committed to Israel's security and well-being as a Jewish state. It seems clear that an agreed, just, fair, and realistic framework for a solution to the Palestinian refugee issue as part of any final status agreement will need to be found through the establishment of a Palestinian state, and the settling of Palestinian refugees there, rather than in Israel. [...] As part of a final peace settlement, Israel must have secure and recognized borders, which should emerge from negotiations between the parties in accordance with UNSC Resolutions 242 and 338. In light of new realities on the ground, including already existing major Israeli populations centers, it is unrealistic to expect that the outcome of final status negotiations will be a full and complete return to the armistice lines of 1949 [...]"[221]

---

220   Ebd. S.3
221   https://georgewbush-whitehouse.archives.gov/news/releases/2004/04/20040414-3.html

Mit deutlichen Worten stellte sich Bush in all jenen Bereichen der israelisch-palästinensischen Verhandlungen auf die Seite Israels, die Sharons Regierung Sorgen bereiteten: die palästinensische Verpflichtung, gegen den Terror zu kämpfen; die „roadmap" als der einzige geltende Plan zur Fortsetzung
des Friedensprozesses; die Lösung des Flüchtlingsproblems nur im Rahmen
des künftigen palästinensischen Staates; die Interpretation der UN-Resolutionen 242 und 338 vor dem Hintergrund der vor Ort geschaffenen demographi-
schen Tatsachen.

Auch wenn es Jahre später zu Meinungsverschiedenheiten bezüglich des
politischen Gewichts, das man diesem Brief beimessen sollte, kam, galt er wenigstens zu Bushs Amtszeit als wichtiger und zentraler Wegweiser für die israelisch-palästinensischen Verhandlungen.

Dieser Aspekt des Artikels unterscheidet sich von den ersten beiden, denn
er bezieht sich auf den Abkopplungsplan als Ganzes, d. h. sowohl auf den Abzug der Zivilisten als auch auf den des Militärs. Trotzdem aber hat man guten
Grund zu glauben, dass ein solcher Schritt von der internationalen Gemeinschaft honoriert worden wäre, auch wenn Israel sich nur für den Abzug seiner
Zivilbevölkerung entschieden hätte.

(4) Neben diesen drei Aspekten erwähnt Ben Sasson-Gordis auch andere, die
er als zufällige, aber doch positive Begleiterscheinungen des israelischen Abzugs aus dem Gazastreifen betrachtet. So zum Beispiel weist er auf die positiven Seiten der Machtergreifung der Hamas im Gazastreifen hin. Die Islamisten
waren in eben jenem Bereich erfolgreich, in dem die Palästinensische Autonomiebehörde unter Abbas systematisch gescheitert war: bei der Einführung
bzw. Wiederherstellung von Recht und Ordnung[222]. Aus israelischer Sicht war
diese Entwicklung aus mindestens zwei wichtigen Gründen nicht zu überschätzen: (a) wenn man die Alternativen in Betracht zieht – und darauf weist
Ben Sasson-Gordis hin –, muss man die Hamas als das kleinere Übel auffassen. Bedrohlicher wären die folgenden Szenarien: totales politisches Chaos
und Anarchie, ohne dass irgendeine palästinensische Instanz hätte zur Verantwortung gezogen werden können, oder die erneute Besetzung des Gazastreifens durch Israel. Mit anderen Worten: Mit ihrer Machtergreifung übernahm die Hamas die Verantwortung für die Situation im Gazastreifen. Dazu

---

222   http://www.molad.org/images/upload/files/Separation.pdf (S. 18)

gehörte vor allem die Sicherheitssituation, d. h. die Raketenangriffe auf Israel. Israel wiederum – behauptet der Autor – fällt es unter diesen Umständen erheblich leichter, gegen die Hamas zu agieren als vor deren Machtergreifung, da es den Gazastreifen seit 2007 quasi als „Feindstaat" betrachtet, was unter der Herrschaft von Abbas unmöglich gewesen war[223]. Ein Beispiel dafür, dass die Hamas tatsächlich Herr der Situation ist, wenn sie nur will, leitet Sasson-Gordis unter anderem aus der Entwicklung der palästinensischen Raketenangriffe auf Israel im Laufe des Jahres 2008 ab. Laut den Daten des israelischen Inlandsgeheimdiensts (Shin Bet), auf die sich Sasson-Gordis bezieht, wurden in dem Zeitraum von Januar bis einschließlich Juni 2008 nicht weniger als 1437 Raketen aus dem Gazastreifen auf Israel abgeschossen. In den folgenden vier Monaten hingegen, zwischen Juli und Oktober, sank die Anzahl rapide auf 22[224]. Diese Entwicklung war der Tatsache geschuldet, dass am 19. Juni ein Waffenstillstand zwischen Israel und der Hamas in Kraft getreten war. Das zeigt, dass die Hamas sich durchsetzen kann, wenn sie – aus welchem Grund auch immer – an der Einstellung der Raketenangriffe auf Israel Interesse hat. Dies war der Palästinensischen Autonomiebehörde nie gelungen.

Eine weitere positive Begleiterscheinung der Machtübernahme durch die Hamas sieht Ben Sasson-Gordis darin, dass Mahmud Abbas und der Fatah durch die Brutalität der Machtergreifung die Gefahr des Aufstiegs des politischen Islam deutlich wurde, was sie dazu motivierte, wenigstens im Westjordanland entschlossener gegen die Hamas vorzugehen[225]. Unter anderem auch aus diesem Grund gilt die Sicherheitssituation im Westjordanland als verhältnismäßig gut und stabil.

(5) Zuletzt richtet Sasson-Gordis den Fokus auf die Auswirkungen des israelischen Abzugs auf die Entwicklung der Terrorinfrastruktur im Gazastreifen mit Schwerpunkt auf den Bau des Tunnelsystems. Diese Tunnel können bezüglich ihrer Funktion in Schmuggeltunnel und Angriffstunnel unterschieden werden. Die ersteren wurden gegraben, um Güter (dazu gehören auch Waffen und Munition) und Menschen über die Grenze zwischen Gazastreifen und Ägypten zu im- und transportieren. Die israelische Wirtschaftszeitung Kalka-

---

223   Ebd. S.20
224   Ebd. S.19
225   Ebd.

list schätzte 2013 die Anzahl der Schmuggeltunnel auf ca. 1.200[226]. Schenkt man einem Bericht des TV-Senders Al Jazeera vom August 2014 Glauben, so arbeiteten zu jenem Zeitpunkt etwa 7000 Palästinenser in solchen Tunneln[227]. Zur Koordination des Tunnelbaus errichtete die Hamas ein Ministerium für Tunnelangelegenheiten. Auf die geschmuggelten Güter wurden Steuern erhoben und jedem Bürger war es möglich, „Tunnel auf einer stündlichen, täglichen, wöchentlichen oder monatlichen Basis zu mieten"[228]. Beim Bau und Ausbau der Angriffstunnel war die Hamas, wie Dr. Shaul Shay in seinem Positionspapier zur Herzliya-Konferenz 2014 darstellte, vor allem von zwei Faktoren beeinflusst und inspiriert worden: von der Erfahrung mit dieser Methode, die die Hisbollah in ihrem Kampf gegen die israelische Armee während des zweiten Libanonkriegs gemacht hatte (2006) sowie von der Erfahrung, die die Hamas selbst in ihrem Kampf gegen Israel während der Zweiten Intifada gesammelt hatte, vor allem aber von der Erkenntnis, dass man neue Wege suchen müsse, um die israelische Überlegenheit auszugleichen[229]. Ben Sasson-Gordis stellt in diesem Kontext die Frage, in welchem Verhältnis die Entwicklung der Tunnelinfrastruktur im Gazastreifen zum Abzug der israelischen Zivilbevölkerung und Streitkräfte aus diesem Territorium steht. Wichtig hierbei ist zu erwähnen – und das tut der Autor ebenfalls –, dass mit dem Bau und der Nutzung von Angriffstunneln schon einige Jahre vor dem israelischen Abzug begonnen worden war. Bezugnehmend auf die Daten des israelischen Inlandsgeheimdiensts und auf einen Bericht des Journalisten Amir Rappaport vom 20. August 2004, ein Jahr vor dem Abzug, nennt Ben Sasson-Gordis mehrere Beispiele für solche Angriffe auf die im Gazastreifen stationierten israelischen Soldaten[230]. Der erste fand am 26. September 2001 statt, etwa vier Jahre vor dem Abzug.

Im Unterschied zu den oben diskutierten Aspekten und der von ihm dargestellten Kausalbeziehung zwischen dem Vorhandensein israelischer Siedlungen im Gazastreifen und der Sicherheit des Kernlandes Israels zweifelt Ben Sasson-Gordis nicht daran, dass die Entwicklung des Tunnelsystems und die

226   Kalkalist, 20.7.2014
227   http://www.aljazeera.com/programmes/witness/2014/04/gaza-tunnels-201441772150756893.html
228   http://www.jpost.com/Opinion/Gazas-geo-strategic-remaking-503255
229   http://www.herzliyaconference.org/_Uploads/dbsAttachedFiles/SecurityDoctrine11.pdf
230   http://www.molad.org/images/upload/files/Separation.pdf (S. 27-28)

damit verbundenen Gefahren in einem direkten Verhältnis zu dem Abzug der israelischen Zivilisten und Streitkräfte aus dem Gazastreifen steht. Die Erklärung liegt nah: Die ständige Anwesenheit israelischer Streitkräfte vor Ort schränkte den Tunnelbau ein. Kurz darauf aber relativiert Sasson-Gordis diese Aussage. Seine Argumentation lässt sich wie folgt erklären: Solange die Siedler und die israelische Armee im Gazastreifen anwesend waren, beschränkte sich der Kampf der palästinensischen Organisationen auf eine alltägliche punktuelle Reibung mit ihnen. Deshalb war die Motivation, ein solches Tunnelsystem zu entwickeln und zu bauen, in dieser Zeit nicht sehr stark. Nach dem Abzug hingegen standen die Terrororganisationen im Gazastreifen vor der Gefahr des Einmarsches der israelischen Armee und ihrer Luftangriffe. Die Entwicklung des Tunnelsystems gewann so in den strategischen Erwägungen der Hamas enormes Gewicht. Der Subtext dieser Argumentation wird wie folgt von Ben Sasson-Gordis zusammengefasst:

„Um diesen Punkt zusammenzufassen, machte der Rückzug der israelischen Armee die Tunneldrohung bedeutsamer, vor allem, weil es für die Terrororganisationen vorher sinnlos war, Ressourcen in die Entwicklung einer so teuren und komplexen Infrastruktur zu investieren, um die israelische Armee zu schädigen oder sich gegen sie zu verteidigen. Vor dem Rückzug war es möglich, mehr beeindruckendere Errungenschaften zu deutlich niedrigeren Kosten zu erzielen"[231].

So wird in der Gesamtargumentation das Gewicht der nach dem Abzug der israelischen Streitkräfte entstandenen Handlungsfreiheit der Terrororganisationen durch ihre Motivation, das Tunnelsystem auszubauen, relativiert. Damit suggeriert Sasson-Gordis, dass die rasante Entwicklung des Tunnelsystems nach dem Abzug nicht allein auf die Abwesenheit der israelischen Streitkräfte im Gazastreifen zurückzuführen ist, sondern auch auf die Motivation der Terrororganisationen. Diese hätten auch vor dem Abzug das Tunnelsystem ausbauen können, wenn sie es nur gewollt hätten. Zwar hätte dies nicht ungehindert und uneingeschränkt geschehen können, jedoch aber intensiver als es tatsächlich bis September 2005 geschehen ist.

---

231   Ebd. S.28

Aufgrund dieser Argumente gelangt Ben Sasson-Gordis am Ende seines Artikels zu dem Schluss, dass die Bilanz des Abkopplungsplans insgesamt positiv ist, weil Israel in Anbetracht des mutigen Schritts, seine Zivilbevölkerung und Streitkräfte aus dem Gazastreifen abzuziehen, mehr Gewinne als Verluste zu verbuchen hatte.

Diese These wird hier hingenommen, ohne sie kritisch zu betrachten, obwohl die Tatsache bekannt ist, dass es in Israel nicht wenige politische Akteure und Sicherheitsexperten gibt, die die oben genannten Zusammenhänge anders bewerten. Der Grund für diese kritiklose Akzeptanz an dieser Stelle ist rein methodisch und muss in dem Kontext der hier geführten Diskussion und Fragestellung verstanden werden. Diese war oben so formuliert worden: Aus welchem weiteren Grund – neben den Gründen, die schon analysiert wurden – betrachten die Palästinenser den Abkopplungsplan nicht als Präzedenzfall für eine eventuelle Räumung jüdischer Siedlungen und für den Abzug der israelischen Streitkräfte aus dem Westjordanland? Wäre die Bilanz des Abkopplungsplans negativ ausgefallen, hätte sich diese Frage erübrigt. Wenn man jedoch davon ausgeht, dass die Bilanz positiv ausfällt, ist es sinnvoll zu fragen, warum dieser Schritt nicht als Wegweiser für die künftige Politik Israels in Bezug auf das Westjordanland betrachtet werden kann. Bevor diese Frage beantwortet wird, muss in Erinnerung gerufen werden, dass hier die Aufmerksamkeit nur auf die politischen und militärischen bzw. sicherheitsbezogenen Aspekte und Folgen des Abzugs gerichtet sein soll. Dass die Juden sich mit dem Westjordanland kulturell und historisch enger verbunden fühlen als mit dem Gazastreifen, ist in diesem Kapitel in einem anderen Zusammenhang bereits thematisiert worden. Für die hier diskutierte Frage sind diese kulturellen Aspekte nicht von Relevanz und werden deswegen bewusst beiseite gelassen.

An erster Stelle spricht – trotz der angeblich positiven Bilanz – gegen die Betrachtung des Abkopplungsplans als Präzedenzfall für ähnliche Initiativen Israels im Westjordanland die terminologische und tatsächliche Kluft zwischen einer positiven und der erwünschten Bilanz. Denn auch wenn man Ben Sasson-Gordis These, dass der Abkopplungsplan Israel mehr Vorteile als Nachteile brachte, akzeptiert, so bedeutet das noch lange nicht, dass sich Israel mit dieser Bilanz zufriedengeben muss oder will und sich dadurch beflügelt fühlt, im Westjordanland ähnliche Maßnahmen zu ergreifen wie im Gazastreifen. Eine Situation, in der eine islamistische Organisation wie die Hamas, die ohne politische oder strategische Hemmungen zur Vernichtung Israels aufruft, die Macht ergreift, kann unter keinen Umständen von Israel als erwünschtes Szenario begrüßt werden. Dass viele Segmente der israelischen politischen Rechten sich heute durch diese Entwicklung in ihren Horrorprognosen am Vorabend des Abzugs bestätigt fühlen; dass ihr politisches Lager dadurch gravierend an politischer Macht gewonnen hat, so dass sie – wie der israelische Journalist Ben Kaspit in der Tageszeitung *Maariv* geschrieben hatte – Sharons Entscheidung im Nachhinein begrüßten[232]; dass die Palästinenser seit der Machtergreifung der Hamas von zwei verschiedenen Regierungen vertreten werden, was das Osloer Konzept zur Makulatur macht und so wiederum den Rechtsparteien den Beweis dafür liefert, dass jede Verhandlung mit dem Präsidenten Abbas sinn- und zwecklos ist; dass dadurch die Argumentation und die Überzeugungskraft des sogenannten israelischen Friedenslagers zunichte gemacht wurde – all diese Auswirkungen auf die israelische Politik und Gesellschaft dienen denjenigen, die vehement gegen das Konzept „Land für Frieden" argumentieren. Zu behaupten aber, dass der Abkopplungsplan initiiert und durchgeführt wurde, um genau diese politische Entwicklung in Gang zu setzten, wäre schlechthin absurd. Die Tatsache, dass Sharon den Abzug einseitig plante und umsetzte, d. h. nicht im Rahmen der Verhandlungen mit der Palästinensischen Autonomiebehörde und dass dadurch die Hamas und nicht Abbas als der Befreier des Gazastreifen bejubelt und gefeiert wurde, zeugt nicht davon, dass er plante, den Friedensprozesses durch die Krönung der Hamas systematisch zu zerstören, sondern eher von seiner politischen und strategischen Kurzsichtigkeit. Schließlich wollte Sharon – wie bereits oben erwähnt – mit dem Abzug aus dem Gazastreifen die Siedlungen im Westjordanland retten und Israel aus seiner Außenseiterposition auf inter-

---

232   *Maariv*, 21.6.2015. In diesem Artikel geht Kaspit sogar einen Schritt weiter und behauptet, dass es zwischen Netanjahu und der Hamas einen geheimen Bund gäbe: Netanjahu soll die Herrschaft der Hamas über den Gazastreifen garantieren und dadurch auch die daraus folgende politische Spaltung der Palästinenser verewigen. Diese Spaltung wiederum brauche Netanjahu, um zu beweisen, dass es auf palästinensischer Seite keinen echten Partner gebe, mit dem er einen Friedensvertrag verhandeln könne. Beweise für seine These liefert Kaspit in diesem Artikel nicht.

nationaler Ebene befreien, jedoch gehörte zu all diesen Kalkulationen nicht die bewusste Verwandlung des Gazastreifens in ein „Hamastan".

So dramatisch war diese Entwicklung für die Zukunft des Friedensprozesses und so traumatisiert ist die israelische Bevölkerung von der Unfähigkeit der moderaten Kräfte in der palästinensischen Gesellschaft und Politik, den Islamisten Paroli zu bieten, dass überhaupt nicht mehr zu erwarten ist, dass in der israelischen Bevölkerung für einen ähnlichen Abzug – d. h. einen einseitigen (ohne Verhandlungen mit den Palästinensern) und vollständigen (Zivilbevölkerung und Streitkräfte) – eine Unterstützungsmehrheit gefunden werden kann. Denn aufgrund der politischen und militärischen Folgen des Abkopplungsplans positioniert sich mittlerweile nicht nur die israelische Rechte gegen Sharons Konzept, sondern auch die israelische Linke. Diese, wie bereits erwähnt, unterstützt zwar den Abbau der Siedlungen im Westjordanland – abgesehen von denjenigen, die im Rahmen eines Gebietsaustausches zu israelischem Staatsgebiet werden sollen –, ebenso wie sie auch die Räumung der Siedlungen im Gazastreifen unterstützte. Weil aber die israelische Linke im Gegensatz zu Sharon derartige Schritte nicht als taktisches Manöver betrachtet, sondern als einen Schritt auf dem Weg zur Unterzeichnung eines Friedensvertrags mit den Palästinensern, kann sie nur bedingt, wenn überhaupt, einseitige Maßnahmen, die ohne Absprache mit den Palästinensern und hinter dem Rücken des Präsidenten Abbas getroffen werden, unterstützen. Nicht wenige Mitglieder des sogenannten Friedenslagers führen deswegen die Machtergreifung der Hamas 2007 auf die Taktik Sharons zurück. Anstatt den Abzug als Leistung der moderaten Kräfte der palästinensischen Gesellschaft zu inszenieren, habe Sharon den einzig möglichen Gesprächspartner Abbas isoliert und völlig einseitig gehandelt, ohne sich ausreichend mit denjenigen zu koordinieren, die nach dem Abzug die Macht übernehmen sollten. Diese Kritk richtet sich nicht nur auf den Führungsstil Sharons, dessen Plan „Der einseitige Abkopplungsplan" getauft wurde. Gleichzeitig, weil es keine annehmbare Alternative gab, rettete die israelische Linke – trotz ihrer Kritik – im Januar 2005 Sharons Regierung, damit diese den Abzug durchführen konnte[233].

---

233   http://www.ynet.co.il/articles/0,7340,L-3030745,00.html

In diesem Kontext darf nicht vergessen werden, dass der israelischen Bevölkerung die völlig andere strategische Bedeutung das Westjordanlands für die Sicherheit Israels bewusst ist. Um zu veranschaulichen, welche Gefahren von den Terrororganisationen ausgehen, sollte die Hamas das Westjordanland unter ihre Kontrolle bringen, muss man nur die Entfernung zwischen dem internationalen Flughafen „Ben Gurion" und dem Westjordanland betrachten; diese beträgt nur 10,81 km Luftlinie. Dazu kommen auch andere Sicherheitserwägungen. Damit Israel sich gegen Angriffe von Osten verteidigen kann, muss es die Kontrolle über die Berge zwischen dem Jordantal und dem Kernland Israels besitzen. Auch im Rahmen eines Friedensvertrags mit den Palästinensern müssen Lösungen für dieses Problem gefunden werden. Die Idee, dass Israel dieses wichtige Territorium der Hamas überlassen würde, obwohl es sich auch im Rahmen einer friedlichen Lösung des Konflikts kaum mit dem Verzicht auf diese Sicherheitsmaßnahme abfinden kann, ist undenkbar, auch unabhängig von den Entwicklungen im Gazastreifen als Folge des Abkopplungsplans.

Neben militärischen bzw. sicherheitsbezogenen Überlegungen spielen noch zwei politische Erwägungen eine Rolle, die eindeutig dagegen sprechen, dass Israel den Weg des Abkopplungsplans ein weiteres Mal gehen wird. Die Motivation, den Abkopplungsplan durchzuführen, lag vor allem in dem Gedanken, dass die Forderung der Palästinenser mit dem Abzug der israelischen Zivilbevölkerung und Streitkräfte erfüllt sei, indem sie ein Territorium erhalten, auf dem sie sich selbst verwalten dürfen. Dieser Schritt war so nur im Gazastreifen möglich, weil es zwischen Israel und den Palästinensern keine Meinungsverschiedenheiten in Bezug auf dessen Grenzen gab. Im Westjordanland hingegen war die Situation (und ist sie immer noch) völlig anders. Die Grenzziehung ist ein heikles und multidimensionales Thema. Da spielen neben Sicherheitsaspekten auch demografische, geografische und historische Erwägungen eine Rolle. Aber nicht nur das: Wie bereits aufgezeigt, können die künftigen Grenzen des Westjordanlands nicht endgültig bestimmt und gezogen werden, ohne dass vorher über die Zukunft Jerusalems entschieden wird. Denn schließlich ist Ostjerusalem ein Teil des Westjordanlands. Solange also im Rahmen der Verhandlungen nichts anderes vereinbart wird, würde die Grenze vom 4. Juni 1967 auch bei einseitigen Initiativen wie dem Abkopplungsplan gelten. Weil Israel aber sowohl aus Sicherheits- als auch aus kulturellen und demografischen Gründen diese Grenze nicht akzeptieren kann, wird es keinen vollständigen Abzug mehr anbieten, wie es im Gazastreifen der Fall war.

Der zweite politische Aspekt hängt mit dem ersten zusammen. Mit dem Abzug aus dem Gazastreifen hat Israel nicht auf alle seine Druckmittel im israelisch-palästinensischen Konflikt verzichtet. Der Weg der Palästinenser zur Errichtung ihres eigenen Staates führt schließlich auch nach dem Abzug aus dem Gazastreifen über Verhandlungen mit Israel. Die Zukunft des größten Teils des künftigen palästinensischen Staates, d. h. des Westjordanlands einschließlich Ostjerusalems als seine Hauptstadt, müssen noch am Verhandlungstisch entschieden werden. Wenn Israel aber sowohl seine Zivilisten als auch Streitkräfte aus dem Westjordanland abziehen würde, veränderte sich seine Position am Verhandlungstisch völlig. Allein die Formel „Land für Frieden" – die Leitidee der UN-Resolutionen 242 und 338 – erklärt warum: Je weniger Land Israel besitzt, desto weniger kann es den Palästinensern am Verhandlungstisch anbieten.

Gegen die Betrachtung des Abkopplungsplans als Präzedenzfall, im Rahmen dessen die Widersprüchlichkeit des Siedlungsbaus erklärt und die Ängste der Palästinenser beschwichtigt werden könnten, spricht aber ein zentraler Aspekt der israelischen Motivation hinter diesem. Mit jenem Schritt im Sommer 2005 hoffte Israel, das Joch der Besatzungsmacht loszuwerden, seine politische und moralische Position auf internationaler Ebene zu stärken und sich im Kontext des Konflikts neu profilieren zu können. Sowohl in der internationalen politischen Arena als auch unter Juristen und Experten für Internationales Recht aber tobt bis heute eine heftige Debatte um die Frage, ob Israel, trotz der Räumung der Siedlungen und der Beendigung der Militärverwaltung nach dem Abzug seiner Streitkräfte nicht doch weiterhin als Besatzungsmacht im Gazastreifen zu betrachten sei. Diese Debatte ist hier nicht ganz unwichtig, nicht nur, weil jede Antwort auf diese Frage auch rechtliche Konsequenzen und Verpflichtungen mit sich bringt. Vielmehr geht es hier um die Selbstwahrnehmung beider Parteien und um die Art und Weise, wie Israelis und Palästinenser im öffentlichen Diskurs über ihren Konflikt von Dritten wahrgenommen werden. Hier gilt auch: Je größer die israelischen Profite aus dem Abzug aus dem Gazastreifen sind, desto größer wird auch die Wahrscheinlichkeit, dass sich Israel für ähnliche Schritte entscheidet. Vor allem deswegen wäre es an dieser Stelle angebracht, die Debatte über den Status Israels in Bezug auf den Gazastreifen – wenn auch nur grob – zu umreißen.

Im Rahmen des Kampfes um die öffentliche Meinung und um die Legitimität ihrer voneinander abweichenden Einstellungen zu den notwendigen Bedingungen für die Beendigung des palästinensisch-israelischen Konflikts haben sowohl Israelis als auch Palästinenser ein Interesse daran, den Abkopplungsplan so zu interpretieren, dass dieser in das jeweilige Weltbild passt. Die Tatsache, dass Israel trotz des Abzugs seiner Zivilbevölkerung und Streitkräfte weiterhin als Besatzungsmacht im Gazastreifen betrachtet wird, würde das palästinensische Ethos – das Ethos eines ewigen Opfers, das dazu verdammt ist, unter dem Joch einer weit überlegenen Besatzungsmacht zu leiden – bekräftigen und beflügeln. Käme man hingegen zu dem Schluss, dass der Gazastreifen seit Sommer 2005 nicht mehr unter israelischer Besatzung steht, würde das palästinensische Ethos mindestens in zwei Aspekten erheblich geschwächt werden: (1) Die scharfen Konturen des Schwarz-Weiß-Bildes – die Gegenüberstellung einer omnipotenten Besatzungsmacht und eines machtlosen Volkes – drohten durch die Beendigung der Besatzung im Gazastreifen zu verschwimmen. (2) Wenigstens zwei Fundamente des palästinensischen argumentativen Gebäudes würden in einem solchen Szenario ins Schwanken geraten: (a) die Behauptung, die palästinensische Gewalt und der palästinensische Terror seien allein auf die Besatzung zurückzuführen; (b) die Behauptung der Palästinenser, zur Selbstverwaltung fähig zu sein. Dort, wo das palästinensische Ethos geschwächt werden würde, würde ein anderes Ethos gestärkt: das der israelischen Rechtsparteien. Die politischen, moralischen und rechtlichen Hintergründe sind in diesem Zusammengang kaum mehr voneinander zu trennen. Sie müssen bei der Analyse und Betrachtung des juristischen Kampfes um die Definition und um die Feststellung des israelischen Status im Gazastreifen berücksichtigt werden.

Bevor der Kern dieser Debatte analysiert werden kann, ist es wichtig, ihren Rahmen zu definieren. Eine ausführliche Auseinandersetzung mit den verschiedenen Facetten der Fragestellung geht weit über den Rahmen dieses Buches hinaus. In den kommenden Zeilen stehen zwei Argumente bzw. Positionen im Mittelpunkt, in der Hoffnung, dadurch die Leserinnen und Leser in das Thema einführen zu können. Es ist nicht das Ziel des Buches, das letzte Wort in dieser Debatte zu sprechen, sondern eher, darauf hinzuweisen, was diese für einen eventuellen künftigen israelischen Abzugs bedeuten mag.

Der ehemalige UNO-Berichterstatter für Menschenrechte in den besetzten Palästinensergebieten John Dugard vertritt die Meinung, dass Israel trotz des Abzugs seiner Streitkräfte und Zivilbevölkerung aus dem Gazastreifen immer noch als Besatzungsmacht vor Ort betrachtet werden muss. In seinem Bericht vom 18. August 2005 – einige Wochen vor dem Ende der Umsetzung des Abkopplungsplans – nennt er dafür zwei Argumente. Das erste ist geopolitisch, das zweite hingegen bezieht sich direkt auf Israels Einfluss auf das Leben der Palästinenser im Gazastreifen und bildet den Kern der juristisch-rechtlichen Debatte:

(1) Im Punkt 8 behauptet Dugard, dass der Gazastreifen und das Westjordanland im Geiste des Oslo-Abkommens als eine Einheit betrachtet werden müssen. Daraus folgt, dass „es unwahrscheinlich [sei], dass die Vereinten Nationen in der Lage sein [werden], eine Erklärung abzugeben, die das Ende der israelischen Besetzung [im Gazastreifen] [verkünde]"[234], solange das Westjordanland noch unter israelischer Besatzung stehe.

(2) Im Zentrum des zweiten Arguments steht der Begriff „tatsächliche Kontrolle":

> "Israel has announced that Gaza Airport may not be reopened. While it is prepared to contemplate the construction of a harbour in Gaza, it seems that Israel will claim the right to police the territorial sea of Gaza. There is also a suggestion that Israel will build a concrete barrier in the sea along the border between Gaza and Israel. The future of the movement of persons

---

234   A/60/271; S. 6

and goods between Gaza and the West Bank and between Gaza and Egypt is still unknown. Goods will not be allowed to move freely from Gaza to the West Bank and vice versa. [...] Customs arrangements are still the subject of negotiation. In all these circumstances, the inevitable conclusion to be drawn is that Israel is not prepared to relinquish control over the borders of Gaza".

Daraus leitet er ab, dass

„It seems clear therefore that Gaza will remain occupied territory subject to the appropriate provisions of the Geneva Convention relative to the Protection of Civilians in Time of War, of 12 August 1949 (Fourth Geneva Convention). The jurisprudence of post-war Germany shows that the test for occupation is that of continued control. In the Hostages Trial (United States of America v. Wilhelm List et al., 1949) a military tribunal stated that it was not necessary for the occupying Power to occupy the whole territory so long as it "could at any time (it) desired assume physical control of any part of the country. The withdrawal of Jewish settlers from Gaza should be seen as the decolonization of Palestinian territory. This does not affect Israeli control of the territory, which will remain. Consequently, Israel will remain an occupying Power in respect of Gaza, subject to the rules of international humanitarian law applicable to occupied territory"[235].

Laut Dugard bedeutet die Tatsache, dass es im Gazastreifen keine israelischen Siedlungen mehr gibt und dass Israel seine Streitkräfte aus diesem Territorium abgezogen hat, noch lange nicht, dass damit die Besatzung vor Ort beendet ist bzw. dass Israel nicht mehr als Besatzungsmacht im Gazastreifen betrachtet werden darf. Dugards Argumentation basiert auf seiner Interpretation des 42. Artikels des IV. Abkommens der Den Haager Friedenskonferenz von 1907. Dieser besagt, dass „ein Gebiet als besetzt [gilt], wenn es sich tatsächlich in der Gewalt des feindlichen Heeres befindet. Die Besatzung erstreckt sich nur auf die Gebiete, wo diese Gewalt hergestellt ist und ausgeübt werden kann". Dugard betrachtet diese beiden Bedingungen in dem Fall des

---

235   Ebd. S. 6-7

Gazastreifens als erfüllt, vor allem weil Israel weiterhin die Grenze zum Gazastreifen, seinen Luftraum und dessen Küstenregion kontrolliert. Der Abzug
der israelischen Armee sei in diesem Kontext nebensächlich, denn Israel könne jederzeit und je nach Belieben wieder die vollständige Kontrolle über den
Gazastreifen übernehmen. Hier bezieht er sich auf den Prozess gegen Wilhelm List (Case No. 47/8. Juli 1947 bis 19. Februar 1948) in Nürnberg. Im
Rahmen dieses Prozesses setzte sich das Gericht unter anderem auch mit der
deutschen Besatzung und Kontrolle von Griechenland und Jugoslawien auseinander. Dazu fand das Gericht klare Worte:

> „It is clear that the German Armed Forces were able to maintain
> control of Greece and Yugoslavia until they evacuated them in
> the fall of 1944. While it is true that the partisans were able to
> control sections of these countries at various times, it is estab-
> lished that the Germans could at any time they desired assume
> physical control of any part of the country. The control of the re-
> sistance forces was temporary only and not such as would de-
> prive the German Armed Forces of its status of an occupant".[236]

Nach diesem Urteil ist die Anwesenheit der Besatzungsmacht in einem
bestimmten Territorium keine erforderliche und notwendige Bedingung, um
dieses Territorium als ein besetztes Gebiet zu definieren. Es reiche völlig aus,
dass die Besatzungsmacht zu jedem denkbaren Zeitpunkt die physische Kontrolle über dieses Territorium übernehmen könnte. Mit anderen Worten:
Nicht einmal die tatsächliche Anwesenheit von Kontrollorganen ist in diesem
Kontext erforderlich, um ein bestimmtes Territorium als besetzt zu klassifi-
zieren. Allein die Möglichkeit, jederzeit diese Kontrolle auszuüben, erfüllt bereits diese Bedingung.

Diese Argumentation, wie bald deutlich wird, weist einige Mängel auf. Um
diese zu analysieren, müssen zuerst zwei Fragen beantwortet werden: (1)
Was bedeutet „tatsächliche Kontrolle"? und (2) Übt Israel im Gazastreifen
diese tatsächliche Kontrolle aus bzw. wenn nicht, könnte es dies zu jedem be-
liebigen Zeitpunkt tun?

---

[236]   https://www.loc.gov/rr/frd/Military_Law/pdf/Law-Reports_Vol-8.pdf

Verschiedene Juristen, zum Beispiel Dr. Ariel Zemach, sowie selbst der Oberste Israelische Gerichtshof haben sich mit diesen Fragen auseinandergesetzt. Obwohl sie sich auf dieselben rechtlichen Quellen wie Dugard bezogen, kamen sie zum umgekehrten Schluss. Um ihre Argumente nachvollziehen zu können, muss zuerst erklärt werden, warum die Frage nach dem neuen Status Israels ab September 2005 in Bezug auf den Gazastreifen aus rechtlicher Perspektive – neben den anderen Perspektiven und Aspekten dieser Frage, die schon oben erwähnt wurden – so wichtig ist. Die Antwort liegt nah: Gemäß Internationalem Recht hat eine Besatzungsmacht bestimmte Verpflichtungen der Bevölkerung des besetzten Landes gegenüber. In der Den Haager Konvention werden diese Verpflichtungen beispielsweise im Artikel 43 folgendermaßen definiert:

„Nachdem die gesetzmässige Gewalt tatsächlich in die Hände des Besetzenden übergegangen ist, hat dieser alle von ihm abhängenden Vorkehrungen zu treffen, um nach Möglichkeit die öffentliche Ordnung und das öffentliche Leben wiederherzustellen und aufrechtzuerhalten, und zwar, soweit kein zwingendes Hindernis besteht, unter Beachtung der Landesgesetze"[237].

In seinem ausführlichen Aufsatz zu diesem Thema und in Bezug auf den Artikel 43 weist Dr. Ariel Zemach darauf hin, dass zwischen dem Status „Besatzungsmacht" und den aus diesem Status hervorgehenden Verpflichtungen der Besatzungsmacht gegenüber der Bevölkerung des besetzten Landes eine dialektische Beziehung besteht. Die logische Struktur dahinter kann man wie folgt schildern: Es wäre widersinnig, eine Partei in einem Konflikt als Besatzungsmacht zu definieren, ohne dass sie gleichzeitig in der Lage wäre bzw. die Fähigkeit besäße, ihren aus diesem Status hervorgehenden Verpflichtungen nachzukommen[238]. Diese Verpflichtungen wiederum wurden in dem oben zitieren Artikel bestimmt: Die Wiederherstellung der öffentlichen Ordnung und des öffentlichen Lebens im besetzten Territorium. Und weil Verpflichtungen – wie in jedem Bereich des Lebens so auch hier – immer im Verhältnis zu den Fähigkeiten des Verpflichteten, ihnen nachzukommen, zu bestimmen sind,

---

237   Artikel 43; Anlage zum Abkommen betreffend die Gesetze und Gebräuche des Landkrieges.
238   http://weblaw.haifa.ac.il/he/Journals/lawGov/Volume121/04-Zemach.pdf (S. 94)

werden die Konturen des Status „Besatzungsmacht" deutlich: (1) Um als Besatzungsmacht klassifiziert zu werden, muss der Besatzer das besetzte Territorium aktuell oder wenigstens potenziell tatsächlich kontrollieren; (2) eine Kontrolle – ob aktuell oder potenziell – ist erst dann vorhanden, wenn sie es der Besatzungsmacht ermöglicht, ihren aus diesem Status hervorgehenden Verpflichtungen nachzukommen; (3) Diese Verpflichtungen bestehen, wie oben bereits dargelegt, in der Wiederherstellung der öffentlichen Ordnung und des öffentlichen Lebens im besetzten Territorium.

Nun stellt sich die Frage, ob Israel aktuell die tatsächliche Kontrolle über den Gazastreifen ausübt bzw. potenziell ausüben könnte, d. h. ob Israel tatsächlich die Macht hat, die öffentliche Ordnung und das öffentliche Leben im Gazastreifen zu garantieren. Ist dies nicht der Fall, wäre es – gemäß denjenigen, die Dugards Sichtweise ablehnen – widersinnig zu behaupten, dass Israel als Besatzungsmacht im Gazastreifen bezeichnet werden kann.

Eben in diesem Sinne argumentierte Dorit Beinisch, die Präsidentin des Obersten Israelischen Gerichtshofs, in ihrem Urteil vom 11. Juni 2008. Ihr zufolge hat Israel nach dem Abzug im September 2005 (und erst recht nach der Machtergreifung der Hamas 2007) nicht die Möglichkeit, die öffentliche Sicherheit und Ordnung im Gazastreifen zu garantieren. Sie weist auch darauf hin, dass jeder Versuch Israels, sich die tatsächliche Kontrolle zu verschaffen, wenn überhaupt, dann nur durch komplizierte militärische Operationen gelingen könne[239]. Welche Opfer aber solche Operationen von beiden Seiten fordern würden, wird – wie Dr. Ariel Zemach im oben zitierten Artikel bemerkt – an der Operation „Gegossenes Blei" deutlich[240]. Zu den potenziellen Opfern eines solchen Szenarios würden nicht nur Soldaten zählen, sondern vor allem Zivilisten – vom enormen Schaden für die Wirtschaft und für die Infrastruktur ganz zu schweigen. Mit anderen Worten: Es kann nicht behauptet werden, dass Israel im Sinne des Urteils im Fall Wilhelm List zu jedem Zeitpunkt die tatsächliche Kontrolle über den Gazastreifen besitzt – eine Kontrolle, die die öffentliche Ordnung und das öffentliche Leben zu garantieren hat.

---

239   Das Urteil ist online zugänglich: http://www.hamoked.org.il/items/110551.pdf (Punkt 11)

240   http://weblaw.haifa.ac.il/he/Journals/lawGov/Volume121/04-Zemach.pdf (S. 107)

Ähnlich argumentiert auch der israelische Militärstaatsanwalt in seinem Gutachten über die Rechtmäßigkeit der israelischen Seeblockade des Gazastreifens. Der Anlass für das Verfassen dieses Gutachtens war die politische, militärische und rechtliche Auseinandersetzung um den sogenannten „Gaza-Flotten-Zwischenfall" vom 31. Mai 2010. Interessant in diesem Kontext ist, dass sowohl diejenigen, die behaupten, Israel sei im Gazastreifen trotz des Abzugs im Sommer 2005 weiterhin Besatzungsmacht geblieben, als auch die Vertreter der gegnerischen Meinung sich auf dieselben rechtlichen Quellen beziehen (der Fall Wilhelm List – um nur ein Beispiel zu nennen), um ihre Thesen zu untermauern. Sie unterscheiden sich aber in der Interpretation dieser Quellen.

Eine tiefer gehende und fundierte Analyse des Gutachtens geht über den Rahmen dieses Buchs hinaus. Deshalb werden nur einige Argumente des Militärstaatsanwalts genannt, vor allem solche, die sich auf Aspekte beziehen, die im Rahmen des öffentlichen Diskurs einen starken Widerhall gefunden haben.

Wie bereits oben dargelegt, wird die These, dass Israel immer noch als Besatzungsmacht im Gazastreifen fungiert, durch einige Argumente untermauert. Ein solches Argument ist zum Beispiel, dass Israel die Grenzübergänge zum Gazastreifen kontrolliert und dadurch die tatsächliche Kontrolle über diesen hat. Die Aussage, dass Israel seine Grenzübergänge zum Gazastreifen kontrolliert und dementsprechend unter bestimmten Umständen auch schließt, bestreitet der Militärstaatsanwalt auch gar nicht. Er geht aber einen Schritt weiter und fragt nach der Quelle der Legitimität dieser Kontrolle. Dazu wird in seinem Gutachten Folgendes gesagt: (1) Jeder souveräne Staat darf die Einreise- und Ausreisepolitik von Menschen und Gütern über seine Grenze selbst bestimmen. Die Grenze zwischen Israel und Gaza – so der Militärstaatsanwalt – sei deswegen nicht anders zu betrachten als die Grenze zwischen Israel und Syrien oder, wenn man will, als die Grenze zwischen Süd- und Nordkorea. Mit anderen Worten: Die Legitimität der israelischen Grenzpolitik entspringt seiner Herrschaftsgewalt über sein eigenes Territorium[241]. Aber nicht nur das: Zwischen Israel und der Hamas tobt seit Jahren ein militärischer Konflikt. In einem solchen Zusammenhang ist es eher die Regel als die Ausnahme, dass die Handelsbeziehungen zwischen den beteiligten Parteien

---

241   http://www.mag.idf.il/SIP_STORAGE/files/1/911.pdf (S. 15)

unterbrochen werden[242]. (2) Aus der israelischen Kontrolle über seine Grenze bzw. Grenzübergänge zum Gazastreifen ist auf keinen Fall oder wenigstens nicht unbedingt das Vorhandensein einer tatsächlichen Kontrolle abzuleiten. Würde man dies behaupten, könnte man dies auch in Bezug auf Syrien bzw. Libanon zun, da Israel, weil es aufgrund seiner Souveränität seine Grenzen zu Syrien und Libanon kontrolliert bzw. schließt. Dies würde auch bedeuten, dass Israel gegenüber diesen beiden Staaten die Verpflichtungen einer Besatzungsmacht hat. Eine solche Behauptung kann man auch auf jede Konfliktsituation zwischen zwei Nachbarländern übertragen. (3) Der Gazastreifen hat eine gemeinsame Grenze nicht nur mit Israel, sondern auch mit Ägypten. Auch wenn das Abkommen vom 15. November 2005 etwas anderes vorsah („Agreement on Movement and Access"), unterliegt der Rafah-Übergang heute der ägyptischen Kontrolle und damit auch den ägyptischen Ein- und Ausreisebedingungen. So zum Beispiel öffnete Ägypten am 28. Mai 2011 den Übergang[243] wieder, um die vermeintliche Versöhnung zwischen Hamas und Fatah zu unterstützen und zu fördern. Ein anderes argumentatives Fundament der These, nach der Israel, obwohl es seine Streitkräfte und Zivilbevölkerung aus dem Gazastreifen abgezogen hat, weiter als Besatzungsmacht in diesem Territorium zu betrachten sei, bezieht sich auf die israelische Kontrolle über den Luftraum und das Küstengebiet des Gazastreifens. Hinweise und klare Aussagen in diese Richtung äußerte auch Dugard in seinem oben zitierten Bericht. Diesen Aspekt thematisieren neben vielen anderen, die später in diesem Kapitel diskutiert werden, auch der israelische Prof. Kenneth Mann und die israelische Rechtsanwältin und Mitglied der Human-Rights-Watch-Organisation Sari Bashi[244]. Weisman bestreitet auch in diesem Punkt die Sachlage nicht – er interpretiert sie aber in dem breiten Kontext der Debatte völlig anders. Zuerst greift er zurück auf die Analyse und Definition des Begriffs „tatsächliche Kontrolle". Diese besagt, dass eine Besatzungsmacht in der Lage sein muss, ihren Verpflichtungen nachzukommen, die öffentliche Ordnung und Sicherheit zu garantieren. In diesem Sinne aber – so der Militärstaatsanwalt – besitzt Israel durch die Kontrolle über den Luftraum und das Küstenge-

---

242   Ebd. S. 27

243   http://www.focus.de/politik/ausland/nahost-konflikt-aegypten-oeffnet-gren
ze-zum-gazastreifen_aid_631838.html

244   Bashi, Sari; Mann, Kenneth. *Kontrolle und Verantwortung: der juristische Status vom Gazastreifen nach dem „Abkopplungsplan".* (S. 17) In: Zar-Gutmann, Limor [Hrsg.] (2008) *HaMishpat 23.* HaMichlala LeMinhal, Israel.

biet des Gazastreifens keine tatsächliche Kontrolle über dieses Territorium[245]. Anders formuliert: Die Kontrolle über den Luftraum und das Küstengebiet verleiht Israel weder aktuell noch potenziell die Fähigkeit, das öffentliche Leben, die öffentliche Ordnung und Sicherheit im Gazastreifen zu garantieren. Um diesen Aspekt zu betonen, wird im Gutachten auf die folgende Tatsache hingewiesen: Der beste Beweis dafür, dass Israel ab September 2005 keine tatsächliche Kontrolle mehr über Gazastreifen hat, sei die Machtergreifung und die Kontrollübernahme durch die Hamas, eine Terrororganisation, die sich die Vernichtung Israels auf die Fahnen geschrieben hat[246].

In diesem Zusammenhang ist es außerdem erforderlich zu erwähnen, dass sowohl der Oberste Israelische Gerichtshof als auch der Militärstaatsanwalt nicht bestreiten, dass Israel gegenüber der palästinensischen Bevölkerung des Gazastreifens tatsächlich bestimmte Verpflichtungen hat. Zudem behaupten beide jedoch, dass diese Verpflichtungen durch andere Faktoren bedingt sind als durch die der Besatzung. In seinem Gutachten zitiert der Militärstaatsanwalt die Position des Obersten Israelischen Gerichtshofs zu diesem Thema. Als Faktoren nennt Weisman die Kriegssituation zwischen Israel und der Hamas, die israelische Kontrolle der Grenzübergänge zum Gazastreifen durch Israel, die langjährige israelische Besatzung und die daraus entstandene Abhängigkeit des Gazastreifens von Israel (zum Beispiel bei der Stromlieferung)[247]. Solche Verpflichtungen definieren Israel jedoch nicht als Besatzungsmacht und versetzen es auch nicht in die schon oben geschilderte absurde Lage.

Diese Argumente sind von verschiedenen Seiten kritisiert worden. So zum Beispiel von den oben erwähnten israelischen Juristen Prof. Kenneth Mann und Sari Bashi. In einem kurz nach der Machtergreifung der Hamas und ca. drei Jahre nach dem Abzug der israelischen Streitkräfte und Zivilbevölkerung aus dem Gazastreifen veröffentlichten Artikel vertreten sie die Meinung, dass aus der Prüfung des Umfangs der israelischen Kontrolle über den Gazastreifen eindeutig hervorgeht, dass dieses Territorium unter israelischer Besatzung steht. Ihre Argumentation basiert auf zwei Fundamenten: Das erste fragt nach der Grenze, die überschritten werden muss, damit sich eine tatsächliche

---

245   http://www.mag.idf.il/SIP_STORAGE/files/1/911.pdf (S. 15-16)
246   Ebd. S.16
247   Ebd.

Kontrolle in eine Besatzung verwandelt. Das zweite fragt nach der dialektischen Beziehung zwischen den Verpflichtungen der Besatzungsmacht gegenüber der besetzten Bevölkerung und dem Umfang der Kontrolle der ersteren in dem und über das besetzte Territorium[248]. Diese Analyse unterscheidet sich sowohl von dem Gutachten des Militärstaatsanwalts als auch von der Einstellung des Obersten Israelischen Gerichtshofs in mindestens einem wichtigen Punkt: Mann und Bashi stellen die oben diskutierte argumentative Pyramide auf den Kopf, indem sie die Feststellung des Besatzungsstatus nicht aus der Fähigkeit des fremden Machthabers, seinen Verpflichtungen als Besatzungsmacht (Garantie der öffentlichen Sicherheit und des öffentlichen Lebens) nachzukommen, ableiten. Gleichzeitig aber akzeptieren sie ohne Vorbehalt das Prinzip, nach dem diese Verpflichtungen mit den Fähigkeiten der Besatzungsmacht, ihnen nachzukommen, in Einklang zu bringen sind. Mit anderen Worten: Mann und Bashi sind der Meinung, dass Israel, auch wenn es das öffentliche Leben im Gazastreifen in allen seinen Facetten nicht garantieren kann, trotzdem auf das alltägliche Leben der palästinensischen Bevölkerung dort einen enormen Einfluss hat. Und weil Israel eine solche umfangreiche und massive Kontrolle im Gazastreifen ausübe – das betreffe unter anderem die Kontrolle über die Anmelderegister, Stromlieferungen, Steuergelder, den Luftraum und das Küstengebiet – müsse man es auch weiter als Besatzungsmacht betrachten. Die Verpflichtungen Israels gegenüber der palästinensischen Bevölkerung betreffen laut dieser Analyse jedoch nur diejenigen Bereiche, in denen Israel auf seine Kontrolle nicht verzichtet hat. So zum Beispiel verlangen Mann und Bashi von Israel nicht, Streifendienst in den Straßen von Gaza zu leisten oder zu garantieren, dass die palästinensischen Institutionen funktionieren[249]. Denn diese Aufgaben hatte Israel mit der Unterzeichnung des Interimsabkommens 1995 auf die Palästinensische Autonomiebehörde übertragen. Dafür aber sehen sie Israel zu Folgendem verpflichtet: (1) den Gazastreifen mit ausreichend humanitären und wirtschaftlichen Gütern zu versorgen. Dazu gehören auch Rohstoffe für die Industrie sowie Strom und Medikamente; (2) den Einwohnern des Gazastreifens den Export von landwirtschaftlichen und industriellen Gütern zu ermöglichen; (3) den Menschen

---

248   Bashi, Sari; Mann, Kenneth. *Kontrolle und Verantwortung: der juristische Status vom Gazastreifen nach dem „Abkopplungsplan".* (S. 19) In: Zar-Gutmann, Limor [Hrsg.] (2008) *HaMishpat 23.* HaMichlala LeMinhal, Israel.

249   Ebd. S. 23

die Ein- und Ausreise nach und aus Gaza auf dem Land- und Luftweg sowie zu Wasser zu erlauben; (4) die Überweisung von palästinensischen Steuergeldern[250] (wie im Pariser Protokoll vom 29. April 1994, d. h. im Anhang IV zum sogenannten Gaza-Jericho-Abkommen verankert).

Wie oben bereits erwähnt, ist die Debatte über den Status Israels im Gazastreifen genauso faszinierend wie kompliziert und facettenreich und kann deswegen im Rahmen dieses Buches nicht tiefer und gründlicher erörtert werden. Im hier diskutierten Kontext aber ist die bloße Existenz dieser Debatte wichtiger als ihre inhaltlichen Aspekte. Deshalb wird die Existenz dieser geschilderten Meinungsverschiedenheiten lediglich registriert und versucht, vor diesem Hintergrund die Frage zu behandeln, aus welchem weiteren Grund – neben den Gründen, die schon analysiert wurden – die Palästinenser den Abkopplungsplan nicht als Präzedenzfall für eine eventuelle Räumung jüdischer Siedlungen und für den Abzug der israelischen Streitkräfte aus dem Westjordanland betrachten können.

Eine internationale Anerkennung der Beendigung des Besatzungsstatus im Gazastreifen war eine der Früchte, die Israel mit dem Abkopplungsplan pflücken wollte. Dieses Ziel wurde teilweise erreicht. Israel ist es gelungen, wie Ben Sasson-Gordis in seinem oben zitierten Artikel ausführt, seinen während der Zweiten Intifada geschädigten Ruf wiederherzustellen. Dieser Effekt war aber nur von kurzer Dauer. Auf lange Sicht tobte die Debatte um den Status Israels im Gazastreifen weiter und in bestimmten politischen Kreisen ist der Ton sogar schärfer geworden. Der Gazastreifen wird in solchen Kreisen als Lager oder KZ bezeichnet, wodurch die Israelis in die Rolle der Aufseher versetzt werden. Die Assoziationskette ist jedem verständlich und benötigt keine weitere Interpretation. Bleibt man bei der Formel, dass die Vorteile, die Israel aus dem Abkopplungsplan zieht, die Wahrscheinlichkeit, künftig diesen oder ähnlichen Weg wieder gehen zu wollen, erhöhen, dann hat man einen guten Grund, in der oben analysierten Debatte einen Bremsfaktor zu sehen. Auch wenn man sein Gewicht nicht überschätzen soll, darf man den Beitrag dieses Faktors zur Einstellung Israels gegenüber der historischen Wende im Sommer 2005 nicht bagatellisieren. So betrachtet, kann der gescheiterte

---

250   Ebd. S. 24

Versuch Israels, durch den Abkopplungsplan unter anderem das Joch der Besatzungsmacht endgültig loszuwerden, auch erklären, warum Israel mit hoher Wahrscheinlichkeit künftig nicht ein ähnliches Szenario im Westjordanland initiieren wird.

Um dieses Kapitel kurz zusammenzufassen: Aus Gründen, die hier ausführlich erörtert und analysiert wurden, unterminiert der Bau (und Ausbau) der jüdischen Siedlungen in den besetzten Gebieten das Vertrauen der Palästinenser in die Aufrichtigkeit und Entschlossenheit Israels, den Weg der Zwei-Staaten-Lösung gehen zu wollen. Die Zweifel der Palästinenser basieren auf zwei Quellen: (a) auf der Gefährdung der geografischen Geschlossenheit eines künftigen palästinensischen Staats im Westjordanland durch die jüdischen Siedlungen und (b) auf dem Mangel an nachvollziehbaren Erklärungen, warum Israel, wenn es sich der Idee der Zwei-Staaten-Lösung tatsächlich noch verpflichtet fühlt, Siedlungen baut und ausbaut, die es früher oder später im Rahmen eines Friedensvertrags wieder abbauen müsste. Vor diesem Hintergrund wurde hier geprüft, inwiefern der Abzug der israelischen Zivilbevölkerung und Streitkräfte von der Sinai-Halbinsel und aus dem Gazastreifen die Palästinenser dazu bewegen könnte, dem Siedlungsbau ein geringeres Gewicht beizumessen. Aus dieser Prüfung ging hervor, dass sich der geopolitische, demografische und symbolische Charakter der beiden Abzüge zu sehr von den Merkmalen des Zustands im Westjordanland unterscheidet, als dass die Palästinenser sie als beschwichtigende und hoffnungsstiftende Argumente annehmen könnten. Die politischen, rechtlichen und sicherheitsbezogenen Entwicklungen im Gazastreifen nach dem Abkopplungsplan – vor allem nach der Machtergreifung der Hamas – haben auf israelischer Seite die Gegner des Plans massiv gestärkt. Die Spuren und Narben, die diese Entwicklungen sowohl in der israelischen Politik als auch in der kollektiven Psyche Israels hinterließen, bekräftigen diese Schlussfolgerung.

Was nun?

Die akute Krise, in die der Osloer Friedensprozess im Laufe der Zeit geraten ist, wurde, wie bereits verdeutlicht, 2007 durch die Machtergreifung der Hamas im Gazastreifen zementiert. Seitdem werden die Palästinenser von zwei verfeindeten Regierungen vertreten. Alle Schlichtungsversuche, wie das Versöhnungsabkommen vom April 2011 und die Vereinbarung vom 14. Mai 2013 über die Errichtung einer Einheitsregierung binnen drei Monaten[251], haben sich wenigstens bis dato als unfruchtbar und gescheitert erwiesen. Inwiefern die jüngsten Vereinbarungen vom Oktober 2017 eine dauerhafte Lösung des innerpalästinensischen Konflikts bilden, kann noch nicht beurteilt werden. Eins ist aber sicher: Um eine Staatlichkeit aufzubauen, reicht eine Versöhnung zwischen Fatah und Hamas noch lange nicht aus. Das Wichtigste ist die Entstehung eines stabilen Gewaltmonopols. Das bedeutet unter anderem, dass die Miliz der Hamas entwaffnet und aufgelöst werden muss. Dass die Hamas sich dazu bereit erklärt, ist jedoch eher unwahrscheinlich.

Diese Realität hat das Konzept des Oslo-Abkommens grundlegend verändert, denn jetzt befinden sich auf der politischen Bühne des israelisch-palästinensischen Konflikts nicht allein die israelische Regierung und die PLO, sondern die Hamas ist als dritter Partner hinzugekommen. Damit wurde die Idee der Zwei-Staaten-Lösung zunichte gemacht.

Vor diesem Hintergrund ist es kein Wunder, dass die Akteure sich auf beiden Seiten herausgefordert und gefordert fühlen, nach Alternativen zu suchen, die auf die neuen Umstände neue Antworten bieten. In diesem Kapitel werden drei solcher Alternativen genauer betrachtet.

Die ersten beiden stammen von der israelischen Journalistin Caroline Glick bzw. dem Erziehungsminister Naftali Bennett. Auch wenn sie sich in vielen Aspekten unterscheiden, so haben sie doch den Ruf nach einem Paradigmenwechsel gemeinsam, was nichts anderes bedeutet als den Abschied von der Idee der Zwei-Staaten-Lösung. Mit der dritten Alternative hingegen

---

251   https://news.walla.co.il/item/2642291

wird der Versuch unternommen, die im Laufe der Zeit entstandenen Diskrepanzen im Rahmen des Osloer Konzepts zu lösen.

(a) Die Anwendung des israelischen Gesetzes auf das Westjordanland – Caroline Glick

In ihrem Buch „The Israeli Solution" (2014) (der Titel lautet in Hebräisch: „Annektierung jetzt") sowie in einer Reihe von Vorträgen bietet die israelische Journalistin Caroline Glick ein neues Konzept zur Lösung des israelisch-palästinensischen Konflikts an, welches im Gegensatz zum Osloer Friedensprozess nicht auf der Idee der Zwei-Staaten-Lösung basiert. Glick plädiert für die Anwendung des israelischen Gesetzes auf das Westjordanland und damit für die Annektierung dieses Territoriums. An dieser Stelle sollte erläutert werden, was ein solcher Schritt für die palästinensische Bevölkerung bedeuten würde. Die Palästinenser würden sofort nach der Anwendung des israelischen Gesetzes auf das Westjordanland eine Daueraufenthaltsgenehmigung (permanent residency) erhalten und die Möglichkeit, die israelische Staatsbürgerschaft zu beantragen. Diese sollte ihnen eigentlich problemlos gewährt werden. Ausgeschlossen wären Palästinenser, die Mitglieder in einer Terrororganisation sind oder waren sowie jene, die zur Gewalt gegen Israel anstifteten[252]. Schon allein wegen dieser Komponente lohnt es sich, die logische Infrastruktur und die Machbarkeit dieses Konzepts zu prüfen.

Zuerst aber soll die Notwendigkeit eines Paradigmenwechsels gerechtfertigt werden. Diese ergebe sich laut Glick primär aus der Untauglichkeit der Lösungen, die im Rahmen der jetzigen Paradigmen zur Verfügung standen bzw. angewendet wurden. Damit sind die sogenannte jordanische Option sowie die palästinensische Option gemeint. Was die erstere anbelangt, kann man zwischen zwei verschiedenen Phasen unterscheiden. Bis spätestens 1974 hätte Israel Jordanien das 1967 eroberte Westjordanland im Rahmen eines Friedensvertrags zurückgeben können. In diesen sieben Jahren hatten sich die Machtverhältnisse gravierend geändert, bevor im Oktober 1974 die

---

252   Glick, Caroline (2014) *The Israeli Solution*. (S. 165-166) Crown Forum, New York.

Arabische Liga – wie bereits erwähnt – die PLO als die einzige legitime Vertreterin des palästinensischen Volks anerkannte, was einen jordanischen Alleingang kaum mehr möglich machte. Diese Machtverschiebung von Jordanien hin zur PLO war ein allmählicher und nicht immer linear fortschreitender Prozess, der im Juli 1988 in den offiziellen Verzicht des Königs Hussein auf den Anspruch auf das Westjordanland mündete. Eine der Ideen, die in der zweiten Phase (1974-1988) kursierten, sah eine palästinensisch-jordanische Konföderation vor. Diese Idee wurde nicht realisiert und mittlerweile hat sie – vor allem nach der Unterzeichnung des Oslo-Abkommens zwischen Israel und der PLO im September 1993 – völlig an Relevanz und Attraktivität verloren.

Künftig bietet aber die jordanische Option – wenigstens theoretisch – angesichts der in die Sackgasse geratenen Verhandlungen zwischen Israel und den Palästinensern die Alternative einer jordanisch-israelischen Konföderation. In Anbetracht des sozialen Gefüges und des innenpolitischen Spannungsfelds im Königreich schließt Glick eine solche Lösung jedoch kategorisch aus:

„Realistisch betrachtet wird Jordanien, während das letzte Wort über die Natur der palästinensischen Mehrheitsmonarchie in Jordanien noch nicht gesprochen wurde, weder bereit noch in der Lage sein, in absehbarer Zeit eine Konföderation mit Israel zu bilden. Darüber hinaus ist nicht vorauszusagen, wie lange die Minderheitsregierung der haschemitischen Monarchie überleben oder wer sie ersetzen wird, wenn sie gestürzt ist. Aus all diesen Gründen können die Haschemiten nicht als lebensfähiger Partner betrachtet werden, um zusammen mit Israel in Judäa und Samaria zu regieren"[253].

In einem solchen Szenario laufe der König Gefahr, seinen Thron zu verlieren bzw. der palästinensischen Bevölkerungsmehrheit Jordaniens ein noch größeres Gewicht zukommen zu lassen, was wiederum seiner eigenen Legitimität und der Stabilität seiner Herrschaft nur schädlich sei[254]. Zusätzlich dür-

---

253   Ebd. S.162-163
254   Diese Situation, nämlich, dass die Palästinenser in Jordanien die Mehrheit der Bevölkerung ausmachen und gleichzeitig um ihr Selbstbestimmungsrecht als separate Nation im Westjordanland und Gaza kämpfen, ist natürlich eigenartig und zählt für viele Rechtspolitiker in Israel als Argument gegen die Zwei-Staaten-Lösung. Denn die Palästinenser – so behaupten sie – hätten schon einen Staat oder wenigstens einen Staat, in dem sie die Mehrheit der Bevölkerung

fe der wichtigste Faktor in dieser möglichen Konstellation nicht außer Acht gelassen werden: die Palästinenser selbst. Dass sie sich bereit erklärten, auf ihre nationalen Ambitionen und auf die mit ihrem Blut erkämpften politischen Errungenschaften zugunsten eines Lebens unter der Flagge einer israelisch-jordanischen Konföderation zu verzichten, könne ausgeschlossen werden.

Genau so unumsetzbar wie gescheitert sei laut Glick die palästinensische Option. Diese sei ohne Erfolg im Rahmen des Osloer Friedensprozesses getestet worden. Glicks Maßstäbe, nach denen sie diese Option bemisst, sind dabei nicht ganz unwichtig:

> „As events have demonstrated, the PLO was never interested in fulfilling its part of the bargain it signed with Israel. Whereas Israel ceded lands to the PLO, the group has refused peace and so has refused to establish a permanent governing authority. As we shall see in Chapter 10 , the Palestinian Authority—the government that the PLO set up—rules as an authoritarian kleptocracy, whose leaders are less interested in building a coherent state and cementing peaceful relations with Israel than in stealing from the public trough, suppressing the Palestinians, and inciting hatred and violence against Jews. Fear, rather than trust, is the dominant feeling that Palestinians hold toward their PLO government. The two-state solution, it has become clear, is a recipe for war, repression, and poverty—not for peace, freedom, and prosperity."[255]

Das Scheitern dieser Option manifestiere sich, so Glick, auf zwei verschiedenen und sich trotzdem ergänzenden Ebenen. Die erste beziehe sich auf das Verhältnis und die Einstellung der PLO zu Israel. Laut Glick scheiterte die PLO bzw. habe niemals die Absicht gehabt, ihre aus dem Osloer Friedensprozesses hervorgehenden Verpflichtungen Israel gegenüber zu erfüllen – dazu gehöre vor allem der Kampf gegen den Terror. An verschiedenen Stellen beliefert die Autorin ihre LeserInnen mit verschiedenen Beispielen, die be-

ausmachten.
255   Glick, Caroline (2014) *The Israeli Solution*. (S. 161) Crown Forum, New York.

weisen, dass der Terror und die Anstiftung zur Gewalt gegen Juden und zum Judenhass von Arafat nicht nur geduldet, sondern sogar aktiv unterstützt und gefördert wurden[256].

Die zweite Ebene, die die sogenannte palästinensische Option zum Scheitern gebracht habe, sei die innere Ebene. Glick meint damit die Verstöße der PLO bzw. der Palästinensischen Autonomiebehörde gegen ihre Verpflichtungen gegenüber den Palästinensern selbst. „The palestinian legal jungle" nennt Glick das willkürliche, korrupte und chaotische palästinensische System, das sich seit 1994 unter der Herrschaft der PLO im Westjordanland und dem Gazastreifen etabliert hatte. In den folgenden Zeilen soll Glicks Behauptung untermauert werden.

Dass die gigantischen Summen, die die EU an die Palästinensische Autonomiebehörde überwiesen hatte, nicht beim Volk ankamen, sondern allzu oft in dunklen Kanälen spurlos verschwanden, ist bereits seit Jahren bekannt. Die Dimension ist kaum zu fassen: Bis September 2014 überwies die EU an die palästinensische Führung ca. 5,6 Milliarden Euro[257]. Das waren nicht die einzigen Einnahmequellen, die der Palästinensischen Autonomiebehörde zur Verfügung standen. Dazu kamen noch 31,3 Milliarden (US-) Dollar[258]. Allein am letzten Tag der US-Präsidentschaft Barack Obamas überwies dessen Administration an die Palästinenser 221 Millionen (US-) Dollar, um die humanitäre Hilfe im Westjordanland und im Gazastreifen zu fördern[259]. Man kann diese Daten mit anderen gigantischen Hilfsprojekten vergleichen, um das Ausmaß zu verdeutlichen. So zum Beispiel verglich „The Jerusalem Institute of Justice" in seinem ausführlichen Bericht („A Review of Palestinian Authority and Hamas Human Rights Violations in the West Bank and Gaza") vom März 2015 die oben angegebenen Summen mit denen des Marshallplans,

---

256   Um nur ein paar Beispiele zu nennen: Arafats nachgiebige Politik gegen die Hamas sowie gegen den Terror anderer Fraktionen, den Waffenschmuggel aus dem Iran, die direkte Beteiligung der Fatah an Terroraktionen gegen Israel, die Verbreitung von Judenhass im offiziellen Erziehungswesen und den Medien der Palästinensischen Autonomiebehörde, die Glorifizierung von Terroristen.

257   Laut einem Bericht der Webplattform „Deutsche-Wirtschafts-Nachrichten" (DWN) https://deutsche-wirtschafts-nachrichten.de/2014/09/14/teure-illusion-eu-versenkt-milliarden-in-gaza-und-im-westjordanland/

258   Ebd.

259   Laut der amerikanischen Wochenzeitung „Newsweek" vom 24.1.2017. http://www.newsweek.com/us-gave-palestinians-221-million-obamas-last-day-office-547363

dem amerikanischen Wiederaufbauprogramm für Europa nach dem Zweiten Weltkrieg. Danach war der Betrag der finanziellen Hilfe an die Palästinenser pro Person ca. fünfzehnmal größer gewesen als bei diesem[260]. Selbstverständlich sind auch die europäisch-amerikanischen Einnahmequellen nicht die einzigen, an denen sich die palästinensische Führung bedient. Zu diesen gigantischen Finanzspritzen kommen auch die verschiedenen NGOs, die vor Ort helfen und Arbeit leisten, die sonst von der Regierung bezahlt werden würde. Der Vorwurf wegen Korruption übrigens war auch einer der Gründe, die die Palästinenser dazu bewegten, bei den Wahlen 2006 ihre Stimme der Hamas zu geben.

Das sind jedoch nicht die einzigen moralischen und rechtlichen Verfehlungen der Palästinensischen Autonomiebehörde gegenüber ihrem eigenen Volk. Zu ihnen zählt Glick auch die Einschränkung der Pressefreiheit, Hinrichtungen von Menschen, die als Kollaborateure unter Verdacht stünden ohne ein Gerichtsverfahren, die systematische Zerstörung der palästinensischen Wirtschaft, die Kriminalisierung des Landverkaufs an Juden und die Unterdrückung der christlichen Bevölkerung, die in verschiedenen palästinensischen Städten eine dramatische demografische Änderung des sozialen Gefüges zur Folge hatte (zum Beispiel in Bethlehem)[261].

Vor diesem Hintergrund des Scheiterns der jordanischen und der palästinensischen Option hat Israel laut Glick nur drei Handlungsoptionen:

(1) die Wiederherstellung der israelischen militärischen Verwaltung als einzige regierende Instanz im Westjordanland, was nichts anderes bedeuten würde als die Abschaffung des Regierungsstatus der Palästinensischen Autonomiebehörde. Nominell könnte man in diesem Schritt einen Versuch sehen, das Rad der Geschichte zurückzudrehen. Gegen dieses Modell spricht laut Glick seine Perspektivlosigkeit auf längere Sicht. Ihre Argumentation ist nicht ganz unwichtig in diesem Kontext und bezieht sich auf die Rechte beider ethnischer Gruppen. Denn schließlich hätten „sowohl die Juden als auch die Ara-

---

260   https://jij.org/wp-content/uploads/2017/04/Hidden-Injustices-FINAL-March-2015-print.pdf

261   Alle diese Themen werden im 10. Kapitel des Buches behandelt.

ber das Recht [...], von einer demokratischen Zivilregierung, regiert zu werden"[262];

(2) die Beibehaltung der aktuellen Konstellation, in der die israelische Militärverwaltung und die Palästinensische Autonomiebehörde zusammen regieren, auch trotz aller Defizite. Diese Option lehnt die Autorin aus einem einfachen Grund ab: Wenn eine gemeinsame Regierung tatsächlich eine zukunftsorientierte Lösung wäre, dann könnte man auch weiter nach dem Paradigma der Zwei-Staaten-Lösung arbeiten. Aber eben dieses Paradigma habe sich als untauglich entpuppt[263]. So bleibe nur die letzte Alternative übrig:

(3) die vollständige Integration des Westjordanlandes, d. h. die Anwendung des israelischen Gesetzes bzw. Rechtes auf das Westjordanland[264]. Ein solches politisches Manöver, unabhängig davon, wie man es betiteln will, kann nur eins bedeuten: die Annexion des Westjordanlandes durch Israel.

Die Vorteile der letzten Option für die Palästinenser liegen nah: Sie würden – wie oben erläutert – eine dauerhafte Aufenthaltsgenehmigung erhalten und jeder und jedem würde es möglich sein, die israelische Staatsangehörigkeit zu beantragen, sofern es gewünscht ist. Israel wiederum solle zu diesem Verfahren angemessene Kriterien ausarbeiten. Mit anderen Worten: Palästinensern, die nicht an Terroranschlägen beteiligt sind oder waren, sollen und dürfen bei dem Erwerb der israelischen Staatsangehörigkeit keine Steine in den Weg gelegt werden. Das ist aber nicht alles. Denn auch ohne Staatsbürger zu werden, würde es den Palästinensern, schon allein aus wirtschaftlichen Gründen, erheblich besser gehen. So zum Beispiel wäre es ihnen erlaubt, überall in Israel zu arbeiten. Der israelische Arbeitsmarkt würde ihnen zugänglich sein. Dementsprechend hätten sie auch Anspruch auf soziale Leistungen (Kindergeld, Arbeitslosengeld usw.) und außerdem auch Zugang zum israelischen Gesundheitswesen, das in jeder Hinsicht dem heutigen palästinensischen Gesundheitssystem weit überlegen ist[265]. Wichtig bei Glicks Lösungsvorschlag ist: Es geht hier um Ein-Staat-Lösung, nicht um einen binationalen Staat. Von seinem Charakter her solle Israel, laut Glicks Konzept, auch weiter so bleiben, wie es heute ist, nämlich ein jüdischer Staat. Es wird

262   Glick, Caroline (2014) *The Israeli Solution*. (S. 162) Crown Forum, New York.
263   Ebd. S. 163
264   Ebd.
265   Ebd. S. 254-255

bald deutlich werden, warum sie der Meinung ist, dass ihr Konzept diese Idee nicht unterminiere.

Dass die Israelis in einem solchen dramatischen Schritt, der unbedingt in der Vergrößerung des arabischen Anteils der israelischen Gesamtbevölkerung münden würde, viele Gefahren sehen, ist kein Wunder. Glicks Herausforderung an dieser Stelle ist es, die Angst, die mit diesen Gefahren verbunden ist und ihrer Meinung nach jeglicher Grundlage entbehrt, zu mindern.

Die Gefahren selbst kann man in groben Zügen in zwei Gruppen teilen: demografische (im Kapitel 8 ausführlich analysiert und diskutiert) und politische (Kapitel 14-17). Vor allem die jüdische Bevölkerung des Staats sieht in der von Glick vorgeschlagenen Ein-Staat-Lösung eine demografische Gefahr, denn mit der Anwendung des israelischen Rechts auf das Westjordanland, d. h. mit der Annektierung dieses Territoriums, würde sich das Verhältnis zwischen dem jüdischen und dem arabischen Anteil der Bevölkerung dramatisch verschieben. Sollten die Juden dann keine stabile demografische Mehrheit mehr besitzen, gerät der jüdische Charakter Israels in Gefahr. Die brisante Frage, was in diesem Kontext genau unter dem Prädikat „jüdisch" zu verstehen ist, wird hier bewusst beiseite gelassen. Damit der Rahmen der Diskussion jedoch abgesteckt ist, wird dieses Prädikat hier in Anlehnung an die Analyse von Prof. Ruth Gabison verstanden: Israel ist das geografische Territorium, in dem das jüdische Volk sein Recht auf Selbstbestimmung verwirklicht bzw. verwirklichen kann und darf. Auf der alltäglichen Ebene, um nur einige Beispiele zu nennen, kommt diese Verwirklichung der Selbstbestimmung wie folgt zum Ausdruck: Hebräisch als Amtssprache, offizieller Ruhetag ist Shabbat statt Sonntag, offizielle jüdische Feiertage, die inhaltliche Gestaltung des Erziehungswesens und der Kultur, Namen von Straßen und Institutionen usw. Die wichtigste Bedingung jedoch, die erfüllt werden muss, damit die Verwirklichung des Selbstbestimmungsrechts der Völker, solange diese auf eine demokratische Art und Weise praktiziert wird, stattfinden kann, ist, dass das jeweilige Volk die überwiegende Mehrheit der Bevölkerung auf dem jeweiligen Territorium ausmachen muss. Die bloße Mehrheit alleine, solange sie knapp und instabil ist, reicht noch nicht aus. So zum Beispiel wäre es schwierig für die Juden, ihr Recht auf Selbstbestimmung als Volk zu verwirklichen, wenn sie in der heutigen territorialen Einheit „Israel" nur eine knappe Mehrheit von 51% ausmachten. Vor diesem Hintergrund übrigens wurde auch der Teilungsplan für Palästina vom 29. November 1947 konstruiert[266]. Auf dem arabischen Territorium machten die Araber die Mehrheit aus und auf dem jüdischen die Juden. So wurde damals die erste und wichtigste Bedingung erfüllt, damit das jüdische und das arabische (später palästinensische) Volk ihr Recht auf Selbstbestimmung tatsächlich verwirklichen und praktizieren konnten. Eben dieses höchste Gut der Selbstbestimmung – befürchten viele in Israel – würde als Folge der Annektierung des Westjordanlands nicht mehr existent sein, wenn nicht sofort, dann sicherlich in absehbarer Zukunft.

Laut Glick entbehrt diese demografische Angst jeglicher Grundlage, denn sie basiere auf falschen – besser gesagt: gefälschten – statistischen Daten. Glicks Argumentation lässt sich wie folgt zusammenfassen:

1997 fand die erste unter der Leitung der Palästinensischen Autonomiebehörde durchgeführte Volkszählung statt. Laut Glick habe das Palästinensische Zentralbüro für Statistik (PCBS) die Daten manipuliert, da es das klare politische Ziel verfolgt habe vorzutäuschen, dass die Palästinenser voraussichtlich schon 2015 die Mehrheit der zwischen dem Jordan und dem Mittelmeer lebenden Bevölkerung ausmachen und dementsprechend auch in der Lage sein würden, den jüdischen Staat demografisch zu vernichten, sollte sich Israel aus den besetzten Gebieten nicht zurückziehen. Um das zu erreichen, hätten die Palästinenser nach Glicks Einschätzung als taktische Maßnahme auf die Errichtung eines unabhängigen palästinensischen Staates verzichten und danach die israelische Staatsbürgerschaft fordern sollen. Damit sei das passive und aktive Wahlrecht verbunden gewesen. Die Palästinenser hätten also ihre eigene Annektierung durch Israel initiieren sollen, um dann als freie Staatsbürger mit dem demokratischen Mittel der Wahl Israel als jüdischen Staat auszulöschen.

Diese Volkszählung, behauptet Glick, habe, obwohl seine Richtigkeit und Genauigkeit nicht ernsthaft geprüft worden sei, einen enormen Eindruck

---

266   Auf dem Territorium, welches für den künftigen jüdischen Staat gedacht wurde, gab es eine relativ große arabische Minderheit. Die UN ging aber davon aus, dass die rasante jüdische Einwanderung diese demografische Bilanz schnell ändern würde.

sowohl auf die israelische als auch auf die amerikanische Politik gemacht. Dieser Eindruck sei so groß gewesen, dass demografische Erwägungen und Ängste zur Hauptmotivation der israelischen und amerikanischen Regierungspolitik bezüglich des israelisch-palästinensischen Konflikts geworden seien. Nach diesem Erklärungsmuster deutet die Autorin auch die Wende in der Politik von Ariel Sharon, Tzipi Livni und Ehud Olmert[267].

2004 sei die Glaubwürdigkeit des von der PCBS gemalten Horrorszenarios in Wanken gebracht worden, als der durch die besetzten Gebiete reisende Amerikaner Bennett Zimmermann die Initiative ergriffen und die Daten jener Volkszählung unter die Lupe genommen habe. Zusammen mit anderen Forschern und Experten habe er sie mit anderen Quellen verglichen. Er sei zu dem erstaunlichen Schluss gekommen, dass 2004 in den besetzen Gebieten nur 2,49 Million PalästinenserInnen gelebt haben, während die Prognosen der PCBS (1997) bei nicht minder als 3,83 Million gelegen hätten. Er habe also eine eine Differenz von 1,34 Millionen festgestellt. Um den LeserInnen die Prüfung der Daten zu ermöglichen, wird hier als Fußnote ein Link zu dem offiziellen Bericht von Zimmermann angegeben[268]. Sehr interessant ist die Frage, wie es zu einem solch großen Missverhältnis zwischen der Prognose und der Realität kommen konnte. Eine genaue Schilderung der Daten und Argumente Zimmermanns – geschweige denn eine kritische Auseinandersetzung mit ihnen – geht über den Rahmen der Diskussion hier hinaus. Deswegen werden an dieser Stelle nur einige Punkte aus seiner gesamten Argumentation ausgewählt, die laut Verfasser die oben geschilderte Differenz erklären. So zum Beispiel wurde laut Zimmermann die Anzahl der PalästinenserInnen, die 1997 in den besetzten Gebieten lebten, falsch berechnet. Nach seiner Recherche wurden 325.000 PalästinenserInnen, die schon seit Jahren im Ausland lebten, mitgezählt. Das habe Auswirkungen sowohl auf die aktuelle Anzahl der zu jener Zeit im Westjordanland und Gazastreifen lebenden PalästinenserInnen als auch auf die Prognosen bezüglich der künftigen Entwicklung der palästinensischen Bevölkerung (denn diese 325.000 würden früher oder später auch Nachwuchs zeugen). Einen weiterer Fehler, den Zimmermann in den Daten und Prognosen des PCBS erkennt, steht mit der Ein-

---

267   Glick, Caroline (2014) *The Israeli Solution*. (S. 168-169) Crown Forum, New York.

268   https://besacenter.org/wp-content/uploads/2006/02/MSPS65.pdf

und Auswanderung aus den besetzten Gebieten in Verbindung. Während die Palästinenser dabei mit einer positiven Bilanz von 236.000 Einwanderern gerechnet hätten, sei die tatsächliche Bilanz zwischen 1997 und 2003 negativ gewesen, da 74.000 mehr diese Territorien verlassen hätten als eingewandert seien. Unstimmigkeiten habe es auch bei der Geburtenziffer gegeben.

Wer Zimmermanns Prüfung und Kritik als richtig anerkennt – und das tut Glick –, der kann auch problemlos zum Schluss kommen, dass durch die Annektierung des Westjordanlands keine reale demografische Gefahr für Israel entstehen würde. Laut Glick gäbe es zwischen dem Jordan und dem Mittelmeer trotzdem eine stabile jüdische Mehrheit von 66 %, auch wenn alle PalästinenserInnen die israelische Staatsangehörigkeit erwerben würden. Aufgrund der Geburtenziffer und der jüdischen Einwanderung sowie der palästinensischen Auswanderung geht sie davon aus, dass die demografische Tendenz eher für die künftige Vergrößerung der jüdischen Mehrheit spreche als umgekehrt.

Zimmermanns Kritik der Prognosen der PCBS ist jedoch mittlerweile selbst in die Kritik geraten. Das erwähnt Glick in ihrem Buch nicht. Um nur ein Beispiel zu nennen: Im Februar 2007 veröffentlichte Prof. Arnon Soffer, ein renommierter Demograf von der Universität Haifa, eine fünfzigseitige Antwort auf die Veröffentlichung von Bennett Zimmermann, Roberta Seid und Michael Wise. Seine Kritik ist verheerend und betrifft fast jeden Aspekt ihrer These. Seine Schlussfolgerung ist klar und eindeutig: Auch wenn man die Daten von Zimmermann und seinen Mitforschern akzeptieren würde, müsste man trotzdem zum Schluss kommen, dass die Juden in dem Gebiet zwischen dem Jordan und dem Mittelmeer bis spätestens 2020 in der Minderheit wären[269]. In der Annektierung des Westjordanlandes sieht er deswegen das Ende Israels als jüdischen Staat[270].

Das letzte Wort in diesem Streit ist noch nicht gesprochen und die Frage, wer von beiden Recht hat, geht über den Rahmen dieser Diskussion hinaus. Wenn man sich aber mit dem Konzept von Glick ernsthaft auseinander-

---

269   http://imaps.hevra.haifa.ac.il/~ch-strategy/publications/books/tautua/
         mil_book.pdf (S. 7)
270   Ebd. S. 39

setzen will, muss diese Kritik gründlich geprüft werden, denn sollte sie rechtmäßig sein, würde dessen gesamte Konstruktion zusammenbrechen.

Wie schon gesagt, fällt es der jüdischen Bevölkerung Israels nicht nur
aus demografischen Gründen schwer, die Annektierung des Westjordanlands
als zukunftsorientierte und langfristige Lösung des Konflikts zu akzeptieren.
Ebenso diffus und deswegen auch angsterregend sind die politischen Konsequenzen – vor allem auf internationaler und regionaler Ebene –, die ein solcher Schritt haben könnte. Glicks Aufgabe an dieser Stelle ist, diese Ängste
auszuräumen. Um das zu erreichen, analysiert die Autorin die möglichen Reaktionen aller Beteiligen auf die Anwendung des israelischen Rechts auf das
Westjordanland. Zu diesen Beteiligten zählen die Palästinenser, die regionalen Akteure (Jordanien, Ägypten, Syrien, Libanon bzw. die Hisbollah) und die
Europäische Union. Glicks Analyse und die daraus folgenden Prognosen werden hier zusammengefasst. Eins kann aber schon jetzt gesagt werden: Es ist
an sich schon problematisch, politische Prognosen zu wagen, in einer solch
instabilen Region wie dem Nahen Osten ist dies jedoch besonders schwierig.
Dies sollte man bei der Beurteilung der Analyse Glicks stets berücksichtigen.

In Bezug auf die eventuelle Reaktion der Palästinenser auf die israelische Annektierung des Westjordanlands unterscheidet Glick zwischen der
palästinensischen Bevölkerung und der palästinensischen Führung, d. h. der
Fatah sowie der Hamas. Die Autorin geht davon aus, dass die Mehrheit der
palästinensischen Bevölkerung den israelischen Daueraufenthaltsstatus
beantragen würde. Wie man aus der Anwendung des israelischen Rechts auf
die Golan-Höhen und Ostjerusalem schlussfolgern könne, werde aber nur
eine Minderheit der Palästinenser die israelische Staatsbürgerschaft beantragen, vor allem aus Angst vor Erpressung und Terror seitens der palästinensischen Machthaber. Die palästinensische Führung hingegen werde die israelische Initiative selbstverständlich kategorisch ablehnen. Dies könne sie mit
zweierlei Mitteln vereiteln: mit Terror und diplomatischem Kampf[271]. Glick
stellt die Fähigkeiten der Palästinenser, eine Massenterrorattacke auszuüben,

---

271   Glick, Caroline (2014) *The Israeli Solution*. (S. 256-257) Crown Forum, New
        York.

nicht in Frage. Warum sie diese Möglichkeiten bis dato nicht in Anspruch genommen haben, begründet sie folgendermaßen:

„Trotz ihrer umgebauten Fähigkeiten haben sich die Palästinenser weitgehend entschlossen, solche Angriffe bisher nicht durchzuführen. Auch im Lichte der antijüdischen Indoktrination, die alle Schichten der palästinensischen Gesellschaft durchdringt, ist ihre Wahl, sich zurückzuhalten, nicht einer neuartigen Liebe Israels oder dem Wunsch nach Frieden zu verdanken. Es geht um Selbsterhaltung"[272].

Im Umkehrschluss bedeutet das: Sollte die palästinensische Führung diesen Weg gehen, könnte Israel es zum Anlass nehmen, um die Sicherheitskräfte der Palästinensischen Autonomiebehörde vollständig abzubauen. Zwar werden Glicks Prognosen später noch einer ausführlichen Kritik unterzogen, auf eine Schwachstelle ihrer oben zitierten Argumentation aber soll jetzt schon hingewiesen werden. Sie wird paradoxerweise in den folgenden Zeilen sogar betont:

„True, this cost-benefit analysis may be discarded. Given Palestinian society's enthusiastic support for terrorism, the Palestinian leadership in Fatah and Hamas alike could throw caution and rationality to the wind and perpetrate a massacre anyway. But they would pay a price for their action."[273]

Wenn der politische Selbsterhaltungstrieb die palästinensische Führung bis zu diesem Zeitpunkt davor bewahrt hat, solche Aktionen durchzuführen, so ist doch nicht ganz klar, warum dieser Mechanismus nach der Annektierung des Westjordanlands weiter funktionieren sollte. Denn mit der Anwendung des israelischen Rechts auf dieses Territorium wird es zur Auflösung der Palästinensischen Autonomiebehörde und ihrer Sicherheitskräfte kommen. Ihren Platz werden die israelische Regierung und Polizei übernehmen. Welche Rolle soll dann – um nur ein Beispiel zu nennen – der jetzige Präsident Abbas spielen? Mit anderen Worten: Der Wille, an der Macht zu bleiben oder diese auszubauen, der sogar die Hamas im Gazastreifen zur Zurückhaltung und gelegentlich zur Realpolitik zwingt, kann unter diesen Umständen nicht mehr als Motivation funktionieren.

---

272   Ebd. S. 258-259
273   Ebd.

Um mögliche Reaktionen der regionalen Mächte auf eine Anwendung des israelischen Rechts auf das Westjordanland prognostizieren zu können, nimmt Glick zwei Faktoren unter die Lupe: die politische Situation der Machtinhaber der jeweiligen Länder und die inneren Konflikte bzw. inhärenten Spannungen zwischen den unterschiedlichen ethnischen und ideologischen Segmenten, die sie ausmachen.

Dass Ägypten und Jordanien auf eine israelische Annektierung des Westjordanlands mit radikalen Maßnahmen reagieren könnten, sei sehr unwahrscheinlich. Die Hauptgründe dafür erkennt Glick in der schwierigen finanziellen Situation der beiden Länder, in ihrer politischen Instabilität und, was nicht minder wichtig ist, in ihrer Unabhängigkeit von den Vereinigten Staaten. Syrien hingegen ist tief in einen Bürgerkrieg verwickelt, so dass Assad, der um seine Macht kämpft, kein Interesse an einer Eskalation des Konflikts mit Israel haben könne. In Bezug auf die mögliche Reaktion der schiitischen Terrororganisation Hisbollah, die sich im Südlibanon verschanzt und nach dem früheren Modell der Fatah einen Staat im Staat errichtet hat, verhalte es sich anders: Solange die Hisbollah weiter in den blutigen Bürgerkrieg in Syrien verwickelt sei und solange Iran keine nuklearen Waffen besitze, die wiederum der Hisbollah mehr Freiheiten verschaffen könnten, werde Hassan Nasrallah keinen Konflikt mit Israel riskieren wollen[274]. Zwischen den Zeilen wird hier deutlich, dass Israel sich beeilen soll. Denn sollten die Iraner an Atomwaffen gelangen oder sollte der Bürgerkrieg in Syrien mit dem Sieg von Assad enden, dann riskiere Israel eine militärische Konfrontation mit der Hisbollah.

Der nächste Akteur im Nahostkonflikt, dessen Rolle nicht unterschätzt werden darf, ist die Europäische Union. Diese sei – so die Autorin – von tief sitzender Feindseligkeit („deep-seated hostility") gegenüber Israel besessen. Dieser Hass manifestiere sich sowohl auf politischer Ebene, d. h. in antiisraelischen Sanktionen, als auch auf der alltäglichen. Dass die feindselige Einstellung Europas gegenüber Israel nicht nur auf die Marotten der politischen Elite zu reduzieren sei, zeigen mehrere Meinungsumfragen, die in den letzten Jahren in verschiedenen europäischen Ländern durchgeführt wurden. Um nur ein Beispiel zu nennen: Glick bezieht sich unter anderem auf die Ergeb-

---

274   Ebd. S. 282-283

nisse einer von der EU-Kommission in Auftrag gegebenen und im Oktober 2003 durchgeführten Umfrage. Laut dieser sehen 59 % der BürgerInnen der EU ausgerechnet in Israel die größte Gefahr für den Weltfrieden, in den Niederlanden sogar 74 %. Diese antiisraelische Stimmungsmache auf beiden Ebenen habe mittlerweile Tatsachen geschaffen, die den Palästinensern nicht unbedingt behilflich seien. Dies zeige die europäische Initiative, im Westjordanland hergestellte israelische Produkte zu kennzeichnen. Wie absurd solche Boykottinitiativen sein können, wird an der Geschichte der israelischen Firma Soda-Stream deutlich. Boykottiert (in Europa und Kanada) wurden die Produkte von Soda-Stream, nachdem bekannt wurde, dass sich eine ihrer Fabriken im Westjordanland befindet. Dabei wurde eine wichtige Tatsache völlig ignoriert: Die Fabrik in Mishor Edomin beschäftigte insgesamt 1300 ArbeiterInnen, 500 von ihnen Palästinenser, 450 israelische Araber und 350 Juden[275]. Wegen der Boykottmaßnahmen entschied sich Soda Stream, den Standort im Westjordanland aufzugeben. Die palästinensischen Mitarbeiter mussten entlassen werden.

Vor diesem Hintergrund, davon ausgehend, dass der Hass Israel gegenüber die Gestaltung der europäischen Außenpolitik beeinflusst, analysiert Glick mögliche europäische Reaktionen auf die Anwendung des israelischen Rechts auf das Westjordanland.

Die effektivste Waffe, welche der Europäische Union in diesem Fall zur Verfügung stehe, seien natürlich wirtschaftliche Sanktionen. Das hänge damit zusammen, dass die Europäische Union der zweitgrößte Handelspartner Israels sei. Um Glicks Argumentation zu ergänzen: Laut einem Bericht des „Knesset Research and Information Center" vom 31. Dezember 2014 exportierte Israel zwischen Januar und August 2014 28 % seiner Produktion in die Europäische Union. Der Export in die USA lag bei 27 % und nach Asien bei 25 %[276]. Die Befürchtungen, die die möglichen Sanktionen betreffen, würden jedoch dadurch gemildert, dass sich das Handelsvolumen zwischen Israel und Asien stetig vergrößere und dass Europa selbst aus Sanktionen gegen Israel erheblicher Schaden entstehe (z. B. im Rüstungs- und Hightech-Bereich). Dazu komme noch, dass vor der nördlichen Küste Israels, ca. 10 Kilometer

---

275   http://www.ynet.co.il/articles/0,7340,L-4483794,00.html
276   https://www.knesset.gov.il/mmm/data/pdf/m03501.pdf (S. 4)

entfernt von der Hafenstadt Haifa[277], ein gigantisches Gasreservoir entdeckt worden sei, das den jüdischen Staat bald zu einem wichtigen Energieexporteur machen werde. Glick zieht folgende Bilanz:

„Die Europäische Union kann wirtschaftliche Sanktionen gegen Israel verhängen. Da Europa immer noch der zweitgrößte Handelspartner Israels ist, könnten diese Sanktionen der wirtschaftlichen Stärke Israels kurzfristig schaden. Aber dank der rasch wachsenden Wirtschaftsbeziehungen Israels mit den asiatischen Volkswirtschaften und der aufkommenden Energieunabhängigkeit werde die [israelische] Wirtschaft nicht zusammenbrechen. Mittelfristig könne Israel den Schaden ertragen. Die vielseitige wissensbasierte Wirtschaft, die strategisch von ihren neu entdeckten Erdgasfeldern und Exportkapazitäten beflügelt werde, werde auch weiterhin unabhängig von den europäischen Aktionen wachsen".[278]

Neben der finanziellen Arena gebe es aber noch zwei Schauplätze, auf denen ein Kampf Europas gegen die israelische Annektierung des Westjordanlands stattfinden könne. Die Europäische Union könne gegen Israel auch diplomatisch oder militärisch vorgehen. In diesen beiden Handlungsstrategien aber erkennt Glick keine ernstzunehmende Gefahr. Der erste könne Israel nur geringen Schaden zufügen, wenigstens solange die USA nicht bereit seien, sich daran zu beteiligen[279]. Im Kapitel 18 setzt sich Glick zwar nicht direkt mit der Wahrscheinlichkeit einer solchen europäisch-amerikanischen diplomatischen Kooperation auseinander, dafür aber versucht sie durch einige Argumente und Beispiele zu beweisen, dass die amerikanischen Interessen bei der Ein-Staat-Lösung besser vertreten werden könnten als bei dem unbrauchbaren Konzept der Zwei-Staaten-Lösung. Sollte sie Recht haben, dann wäre tatsächlich die oben erwähnte Kooperation aus amerikanischer Sicht vollkommen sinnlos. Die Option eines militärischen Vorgehens gegen Israel ist aus europäischer Perspektive betrachtet noch weniger tauglich. Glick ruft die letzten europäischen Einsätze in Mali und Afghanistan in Erinnerung und nimmt Bezug auch auf die verheerende Kritik des US-Verteidigungsministers

---

277   Haaretz, 27.2.2017
278   Glick, Caroline (2014) *The Israeli Solution*. (S. 297) Crown Forum, New York.
279   Ebd. S. 298

Robert Gates an dem Einsatz der europäischen Nato-Mitglieder in Libyen[280] und kommt zu dem Schluss, dass Europa die erforderlichen militärischen Fähigkeiten für eine solche Intervention einfach nicht besitze[281].

Das ist in großen Zügen Glicks Konzept der Ein-Staat-Lösung. Aber bevor die nächsten zwei alternativen Lösungsmodelle geprüft und mit diesem verglichen werden, ist es angebracht, noch einige Aspekte des oben vorgestellten Konzepts, vor allem die Kritik an ihm und die Bedenken bezüglich seiner möglichen Auswirkungen auf die israelische Gesellschaft, zu beleuchten.

(a) Glicks Konzepts ist nicht mit der Idee eines binationalen Staates zu verwechseln. Dieses nämlich beinhaltet die Verwirklichung des Selbstbestimmungsrechts beider Völker in einem politisch-territorialen Rahmen. Glicks Plans hingegen ist nicht mehr als eine demografische und territoriale Erweiterung des Staates Israels in seiner jetzigen politischen und konzeptuellen Form. Dabei sollen nach diesem Konzept PalästinenserInnen gleichberechtigte Staatsbürger werden, aber auf die Verwirklichung ihrer nationalen Ambitionen im Westjordanland verzichten. Sollten sich die Berechnungen Glicks als richtig erweisen, dann würde sich der Charakter des Staats nicht ändern, sondern nur die Verhältnisse zwischen der jüdischen Mehrheit und der arabischen Minderheit.

(b) Viele Fragen, die für die Umsetzung des Konzepts von enormer Wichtigkeit sind, bleiben noch offen. Vor allem den Erwägungen bezüglich der finanziellen Aspekte eines solchen Schritts müsste Glick mehr Aufmerksamkeit widmen. Aber auch folgende Erwägungen sind wichtig: Wird Israel in der Lage sein, die schwache und unabhängige palästinensische Wirtschaft in die israelische zu integrieren? Welchen Einfluss wird der sofortige Anspruch der PalästinenserInnen auf Sozialleistungen auf die israelische Wirtschaft ha-

---

280   Der Untertitel auf der Webseite des CBS lautete: "America's military alliance with Europe — the cornerstone of U.S. security policy for six decades — faces a "dim, if not dismal" future, U.S. Defense Secretary Robert Gates said Friday in a blunt valedictory address". Den gesamten Bericht finden Sie unter der folgen den Adresse: https://www.cbsnews.com/news/gates-prospects-for-us-nato-al liance-dim/
281   Glick, Caroline (2014) *The Israeli Solution*. (S. 298) Crown Forum, New York.

ben? Wie kann die zerfallene palästinensischen Infrastruktur erneuert werden? Um die Dimension deutlich zu machen: Laut Avigdor Liebermann, dem heutigen Sicherheitsminister, würden sich die Kosten allein aufgrund der Zahlung von Sozialleistungen an die Palästinenser auf ca. 20 Milliarden Shekel belaufen[282]. Das sind nur einige Beispiele für Fragen, die ernsthaft diskutiert werden müssen, bevor man einen solchen riskanten Weg geht.

(c) Mit der Anwendung des israelischen Rechts auf das Westjordanland würden sich sowohl die Rechtslage in diesem Territorium ändern als auch die Selbstwahrnehmung und das Selbstverständnis der PalästinenserInnen als Staatsbürger bzw. als „residents". In Glicks Analyse werden die Auswirkungen dieser Veränderung auf die Möglichkeiten Israels, gegen den palästinensischen Terror weiter effektiv zu kämpfen, nicht besprochen. Denn juristisch betrachtet genießen die israelischen Sicherheitskräfte unter dem rechtlichen Schirm der militärischen Verwaltung mehr Handlungsfreiheit als ihnen das israelische Recht gegenüber den eigenen Staatsbürgern gewährleistet.

(d) Glicks Konzept verspricht, dass die Juden auch weiterhin die Mehrheit in Israel ausmachen werden, was wiederum die Garantie dafür sein soll, dass Israel seinen jüdischen Charakter und sein Selbstverständnis als das Land, in dem das jüdische Volk sein Recht auf Selbstbestimmung verwirklicht, nicht verliert. Es ist jedoch fraglich, ob diese Mehrheit auch regierungsfähig sein wird. Denn je kleiner die jüdische Mehrheit, desto kleiner wird auch der Entscheidungsspielraum der jüdischen bzw. zionistischen Parteien bei der Wahl ihrer Koalitionspartner. So könnten ungewöhnliche Koalitionen entstehen, die aus jüdischen und zionistischen Parteien bestehen, welche außer dem Wunsch, den jüdischen Charakter des Staats zu garantieren, keinen gemeinsamen politischen Nenner haben. In einem solchen Rahmen würden diese Parteien einander lähmen. Denn sie wären gezwungen, alle sonstigen Unterschiede (z. B. soziale Fragen) auf dem Altar der Erhaltung der jüdischen Mehrheit zu opfern.

Das zweite Problem in diesem Kontext besteht in der nationalen Identität und dem kollektiven Zugehörigkeitsgefühl der PalästinenserInnen. Diese

---

282   Laut Liebermann hat Israel sogar eine „direkte Botschaft" von den Amerikanern erhalten, nach der die Annektierung des Westjordanlands eine politische Krise mit Trumps Regierung zur Folge hätte. https://www.haaretz.co.il/1.3905138

werden sie nicht so schnell vergessen. Sie werden höchstwahrscheinlich versuchen, ihrer Identität einen politischen Ausdruck geben. Ein solcher Kampf zwischen zwei verschiedenen Völkern um den Charakter ihres de facto gemeinsamen Staates kann dazu führen, dass alle anderen Fragen nur durch die nationale Brille betrachtet werden.

(e) Wie oben bereits erwähnt, liegt die Auseinandersetzung mit der demografisch-statistischen Debatte um die Frage, inwiefern, wenn überhaupt, die palästinensische Volkszählung und die darauf aufbauenden Prognosen manipuliert wurden oder nicht, jenseits der thematischen Grenzen dieses Buches. Aber auch wenn man Glicks Behauptungen diesbezüglich für wahr und demografisch-statistisch für richtig hält, lohnt es sich, nicht allein die Richtigkeit der Daten zu hinterfragen, sondern auch die von Glick prognostizierten Auswirkungen. Ein konkretes Beispiel ist der Vergleich zwischen der Geburtenrate der jüdischen Frauen und der palästinensischen im Westjordanland (Das Thema behandelt Glick ausführlich im Kapitel 8). Laut Glick lag im Jahr 2012 die Geburtenrate dieser beiden Gruppen bei durchschnittlich 2,98 Kinder pro jüdische bzw. palästinensische Frau. Während aber bei den Palästinenserinnen eine negative die Tendenz zu erkennen war (von 4,25 Kindern im Jahr 2000 sank die Rate auf 2,98 zwölf Jahre später), zeigten die Daten bei den jüdischen Frauen im selben Zeitraum eine steigende Tendenz, dort stieg die Geburtenrate von 2,6 Kindern im Jahr 2000 auf 2,98. Eine solche Tendenz, sollte sich sich weiter so entwickeln, unterstützt natürlich Glicks These. Der Haken an der Sache besteht jedoch darin, dass sich Glick, auch wenn diese Daten richtig sind, nicht mit der Frage beschäftigt, welchen Gruppen der jüdischen Bevölkerung die steigende Tendenz der Geburtenziffer zu verdanken ist. Diese Frage ist aber enorm wichtig für den Charakter Israels in den kommenden Jahrzehnten. Wenn man davon ausgeht, dass Glick nicht nur einen jüdischen Staat will, sondern auch einen modernen, liberalen, demokratischen und, wenigstens was die Wissenschaft und der politischen Kultur anbelangt, auch westlich orientierten jüdischen Staat, dann hat die Autorin bei ihrer Argumentation etwas Wichtiges versäumt. Das folgende Beispiel zeigt das sehr deutlich. Am 24. Februar 2016 veröffentlichte das „Knesset Research and Information Center" einen Bericht, in dem die Korrelation zwischen Geburtenziffer und Religiosität in der gesamten israelischen Gesellschaft geprüft wurde. Die Ergebnisse sind eindeutig: Je religiöser die jüdischen Frauen sind, desto mehr Kinder bringen sie zur Welt. So zum Beispiel lag die Anzahl der Geburten bei jüdisch-orthodoxen Frauen zwischen 2012 und 2014 durchschnittlich bei 7 Kindern pro Frau, während die Geburtenziffer der jüdischen Frauen, die sich als nicht religiös definierten, nur bei 2,1 Kindern lag[283]. Den zweiten Platz besetzen die religiösen Frauen mit durchschnittlich 4,2 Kindern pro Frau. Für Glicks künftige Vision haben diese Zahlen eine große Bedeutung, wenigstens solange die Geburtenrate der jüdischen Frauen als Waffe auf dem demografischen Schlachtfeld gilt. Denn um das heutige Verhältnis zwischen Juden und Arabern auch nach der Annektierung des Westjordanlands weiter zu erhalten, würde Israel gezwungen sein, orthodoxer und religiöser zu werden – eine demografische Veränderung, die Israel sowohl kulturell als wirtschaftlich tief prägen würde. Dass in Israel nicht alle mit dieser schon jetzt spürbaren Entwicklung zufrieden sind, ist kein Geheimnis. Wie viel Gewicht man in verschiedenen Kreisen der israelischen Gesellschaft dieser demografischen Metamorphose beimisst, kann man unter anderem an der Abschiedsrede von Stanley Fischer als Vorsitzender der Israelischen Zentralbank im Juni 2013 erkennen. Dieser nannte die hohe Wachstumsrate bei den Orthodoxen (4,2 %) und die daraus folgende Armutsrate als eine der Herausforderungen, auf die die israelische Wirtschaft und Politik Antworten finden müsse[284]. Wie akut die Situation schon jetzt ist, zeigen die folgenden Daten: 2009 hat Israel schätzungsweise aufgrund der fehlenden Integration der Orthodoxen in den Arbeitsmarkt 4 Milliarden Shekel verloren[285]. Im Jahr 2010 lag die Anzahl der Erwerbstätigen unter den orthodoxen Männern bei nur 42 %[286]. Vor diesem Hintergrund wendete die israelische Regierung im Zeitraum von 2013 bis 2018 nicht weniger als 500 Millionen Shekel auf, um die Orthodoxen zu motivieren und ihnen zu helfen, berufstätig zu werden[287].

---

283   https://www.knesset.gov.il/mmm/data/pdf/m03735.pdf (S.11)
284   https://www.inn.co.il/News/News.aspx/257392
285   https://www.themarker.com/news/politics/1.2090977
286   Laut dem Bericht der Trajtenberg Kommission, die aufgrund der Protestwelle breiter Schichten der israelischen Bevölkerung im Sommer 2011 gegen die immer teurer werdenden Lebensunterhaltskosten einberufen wurde. http://primage.tau.ac.il/libraries/brender/booksf/2332672.pdf
287   Ebd.

Aus diesen Gründen ist es ziemlich verwunderlich, dass Glick einem solchen zentralen Aspekt, der sowohl kulturelle als auch finanzielle Auswirkungen auf die künftige Entwicklung Israels hat, kaum Gewicht beimisst.

(f) Die Fundamente, auf denen die Autorin ihr gedankliches Gebäude baut, sind hoch spekulativ. Um sicherzustellen, dass die Anwendung des israelischen Rechts auf das Westjordanland nicht in eine demografischen Katastrophe münden würde, müsste man davon ausgehen, dass sowohl Zimmermanns Kritik als auch die demografischen Prognosen, die die Erhaltung einer stabilen jüdischen Mehrheit zwischen Jordan und Mittelmeer vorsehen, tatsächlich richtig sind. Aber nicht nur das: Prognosen, auch wenn sie nach den eng gesteckten wissenschaftlichen Standards der Demografieforschung getroffen werden, können, wenn überhaupt, nur bedingt unerwartete politische, kulturelle und vor allem wirtschaftliche Entwicklungen, wie zum Beispiel regionale oder weltweite Krisen jeglicher Couleur, voraussehen. Mit anderen Worten: Die Basis des von Glick vorgeschlagenen Konzepts ist sehr instabil.

Vor diesem Hintergrund wäre zu erwarten, dass es auch einen Plan B gibt, falls Plan A nicht so funktioniert, wie im Vorfeld gedacht und geplant. Glicks Ein-Staat-Lösung leidet aber an Irreversibilität. Denn in dem Moment, in dem ein Palästinenser die israelische Staatsangehörigkeit erwirbt, wird er zum israelischen Staatsbürger, und zwar ohne Vorbehalt und im vollen Sinn des Wortes. Das heißt, dass es notwendig sein würde, Staatsbürger auszubürgern, um solche geschaffenen Tatsachen rückgängig zu machen. Das jedoch ist in einem demokratischen Rechtsstaat kaum möglich. Irreversibilität an sich ist zwar kein unschlagbares Argument gegen jede Art von politischer Handlung. Sie ist aber doch ein nicht zu unterschätzendes gegen politische Handlungen, die auf einer wackligen und ziemlich spekulativen Basis stehen.

(b) Die Annektierung der Zone C

Im Unterschied zur Anwendung des israelischen Rechts auf das ganze Westjordanland – ein Schritt, der alle Merkmale einer dauerhaften Lösung (im Jargon des Osloer Friedensprozesses: Endstatuslösung) hat – betrachtet man die Annektierung der Zone C als ein notwendiges und eventuell auch langfristiges bzw. dauerhaftes Provisorium. In der israelischen Politik gilt vor allem der Rechtspolitiker und heutige Bildungsminister Naftali Bennett als Vertreter dieser Initiative.

Seinen sogenannten „Beruhigungsplan" veröffentliche Bennett im Februar 2012. Bereits in der Einleitung betont der Verfasser, dass er mit seinem Konzept nicht die Absicht habe, alle Probleme des israelisch-palästinensischen Konflikts ein für alle Mal zu lösen, aus dem einfachen Grund, dass es eine solche Lösung schlechthin nicht gebe[288]. Die Ziele des Plans seien deswegen bescheidener: (a) Kontrolle über die Berge zwischen dem Jordantal und dem Kernland Israels, die eine enorme strategische Bedeutung für die Sicherheit Israels besitzen; (b) die Stärkung der Position und des Status Israels auf internationaler Ebene vor allem durch die Neutralisierung des Arguments, ein Apartheid-Staat zu sein; (c) Stabilisierung der Situation vor Ort im Hinblick auf die Zukunft des Westjordanlands. Vor der Auseinandersetzung mit dem Inhalt dieses Plans und der Prüfung, inwiefern er halten kann, was er verspricht, sollen zuerst dem Terminus „Zone C" einige Worte gewidmet werden.

Im Rahmen des Interimsabkommens über das Westjordanland und den Gazastreifen (Oslo II) vom 28. September 1995 wurden das Westjordanland und der Gazastreifen in drei verschiedene Zonen aufgeteilt. In Zone A besaß die Palästinensische Autonomiebehörde die Verantwortung für die Sicherheit und die öffentliche Verwaltung, in Zone B war sie allein für die öffentliche Verwaltung zuständig, während Israel die Verantwortung für die Sicherheit übernahm, und in Zone C hatte, ähnlich wie die Palästinensische Autonomiebehörde in Zone A, Israel die Verantwortung sowohl für die öffentliche Verwaltung als auch für die Sicherheit[289]. Diese Aufteilung konstituierte aber keinen permanenten Zustand, sondern eher ein methodisches Provisorium: Laut Interimsabkommen sollte die Zuständigkeit für die Zone C – sowohl im Gazastreifen als auch im Westjordanland – schrittweise an die Palästinensische Autonomiebehörde übertragen werden[290].

Mit dem Abzug der israelischen Streitkräfte und der Zivilbevölkerung im Sommer 2005 aus dem Gazastreifen wurde dieses gesamte Territorium

---

288   http://www.inss.org.il/he/wp-content/uploads/sites/2/systemfiles/the
       %20lull%20plan.pdf
289   Artikel XI/3
290   Artikel XI/3C

zur Zone A. Für die Diskussion über die gedankliche Infrastruktur und Machbarkeit von Bennetts Plans ist aber dieses Territorium politisch betrachtet völlig irrelevant, denn Israel hat nicht die Absicht, den Gazastreifen wieder zu besetzen. Deswegen bezieht sich in diesem Kontext hier der Terminus Zone C allein auf das Westjordanland. Wie aus der Karte im Anhang ersichtlich, macht diese Zone ca. 60 % des Westjordanlands aus. Aber nicht nur das: Die Zonen A und B (dort lebt die überwiegende Mehrheit der Palästinenser – ca. 97 %), d. h. der lebendige Kern des Verwaltungsbereiches der Palästinensischen Autonomiebehörde, liegen wie Inseln im Meer der Zone C. Diese beiden Zonen bestehen eigentlich aus nicht weniger als 163 separaten Gebieten[291]. Sie besitzen keine geografische Geschlossenheit, so dass die Bewegung von einem Punkt zum anderen und erst recht das Verlassen der beiden Zonen (zum Beispiel ins Ausland) nur über die Zone C möglich ist.

Bennetts Plan muss vor dem Hintergrund dieser Komplexität verstanden und bewertet werden. Inhaltlich sieht er Folgendes vor:

(a) die Annektierung bzw. die Anwendung des israelischen Rechts auf Zone C. In diesem wichtigen Aspekt unterscheiden sich Glick und Bennett Vorschläge. Letzterer sieht nicht vor, Millionen von Palästinensern[292] zu israelischen Staatsbürgern zu machen. Dass die Palästinensische Autonomiebehörde einen solchen Schritt weder begrüßen noch unterstützen würde, liegt nah. Bennetts Plan setzt aber nicht die Absprache mit den Palästinensern voraus. Israel solle die Initiative ergreifen und unilateral handeln. Auf eine eventuelle Reaktion der internationalen Gemeinschaft hat Bennett eine Antwort: Die Welt würde die israelische Souveränität über die Zone C nicht anerkennen, genauso wie sie auch Israels Souveränität über die Golan-Höhen und Jerusalem (vor allem Ostjerusalem) nicht anerkannt habe (auf diese beiden Territorien hat Israel sein Recht angewendet). Sie werde sich jedoch daran gewöhnen;

---

291   Laut Dr. Shaul Arieli. Sein Gespräch mit Naftali Bennett ist online zu finden unter: https://www.youtube.com/watch?v=xKOcmtHSw1w (2:52 min)

292   Bennett benutzt in seinem Plan den Terminus „Araber" und nicht „Palästinenser".

(b) eine vollständige Einbürgerung der Palästinenser, die auf dem zu annektierenden Territorium leben. Auch in diesem Aspekt weichen Bennetts und Glicks Pläne voneinander ab. Denn im Gegensatz zu Glick plädiert Bennett nicht für ein zweistufiges Modell, d. h. für die Verleihung eines Resident-Status als ersten Schritt und erst dann, wenn gewollt und per Antrag, für die Verleihung der israelischen Staatsbürgerschaft. Er fordert, den Palästinensern die israelische Staatsangehörigkeit sofort zu verleihen, es sei denn, sie lehnten sie ab. So meint Bennett das Argument, Israel sei ein Apartheit-Staat, entkräften zu können. Laut seinem Plan lebten zum Zeitpunkt seiner Veröffentlichung ca. 55.000 Araber und 350.000 Juden in der Zone C. Demografisch betrachtet ist die Anzahl der Palästinenser, die eingebürgert werden sollten, verschwindend gering.

(c) Der dritte Punkt des Plans bezieht sich auf den künftigen Status der Zonen A und B. Dieses Thema ist sehr brisant, denn mit der Annektierung der Zone C würde das Osloer Modell zusammenbrechen. Die Zukunft der beiden Zonen, in denen 97 % der Palästinenser leben, würde durch ein neues Konzept gesichert werden müssen. Bennetts Lösung sieht diesbezüglich Folgendes vor: In den Zonen A und B werden die Palästinenser die vollständige Autonomie mit ununterbrochenem Verkehrsfluss erhalten, was die reibungslose Mobilität der Palästinenser zwischen den 163 verschiedenen separaten Gebieten, aus denen die Zonen A und B bestehen, gewährleisten würde. Darauf, dass die Entwicklung eines solchen Systems keine einfache Aufgabe ist und hunderte Millionen Shekel kosten würde, weist Bennett selbst hin.

(d) Bennett betont, dass Israel auf keinen Fall die Einwanderung palästinensischer Flüchtlinge aus den Nachbarländern in die Zonen A und B erlauben bzw. dulden dürfe. Die Argumentation dahinter bezieht sich auf die künftige Handlungsfreiheit Israels. Denn eine Masseneinwanderung palästinensischer Flüchtlinge aus Jordanien, Libanon und Syrien in die Zonen A und B würde jeden Versuch Israels, die Situation bei Bedarf rückgängig zu machen, zunichte machen.

(e) Alle Sicherheitsaspekte im gesamten Westjordanland, d. h. in allen drei Zonen, werden alleine in dem Verantwortungsbereich Israels liegen. Um diesen Schritt zu rechtfertigen, weist Bennett auf zwei Präzedenzfälle hin: den israelischen Abzug aus Südlibanon und aus dem Gazastreifen. In beiden Fällen – so Bennett – hätten islamistische Terrororganisationen (die Hisbollah in Libanon und die Hamas im Gazastreifen) den Platz der israelischen Streitkräfte übernommen.

(f) Das Oslo-Abkommen betrachtete den Gazastreifen und das Westjordanland als eine politische Einheit. Der sogenannte „sichere Übergang" sollte die Mobilität der Palästinenser von einen Territorium zum anderen gewährleisten. Mit der Machtergreifung der Hamas hat sich aber sowohl die politische als auch die Sicherheitssituation massiv verändert und damit wurde im Laufe der Zeit die Trennung zwischen den beiden Territorien wenigstens de facto zu einer Tatsache. Bennett betrachtet diese Trennung als notwendige Maßnahme, um zu verhindern, dass die Probleme von Gaza ihren Weg in das relativ ruhige und friedliche Westjordanland finden. Perspektivisch aber geht er sogar noch einen Schritt weiter und meint, die Verantwortung für Gaza solle künftig bei Ägypten liegen.

(G) Der letzte Aspekt des Plans bezieht sich auf die Verbesserung der Beziehungen zwischen Juden und Arabern im gesamten Westjordanland. Mit den Verhandlungen zwischen Israel und den Palästinensern auf diplomatischer und politischer Ebene werde laut Bennett ständig der Fehlversuch unternommen, das Gebäude des Friedens von oben nach unten zu bauen. Man versuche Friedensverträge zu schließen, in der Hoffnung, dass sich dadurch die Beziehungen zwischen Juden und Arabern verbessern. Unter dem Motto „Der Frieden wächst von unten" plädiert Bennet für die umgekehrte Herangehensweise, die an erster Stelle auf einer „massiven wirtschaftlichen Investition" im Westjordanland basiert. Diese würde die Sanierung und den Ausbau der Infrastruktur sowohl zugunsten der Juden als auch der Araber ermöglichen. Zu diesem Konzept gehört auch die Errichtung gemeinsamer jüdisch-arabischer Industrieareale. Nur auf diesem Weg, auf der alltäglichen Ebene und nicht auf der diplomatischen Bühne, werde seiner Meinung nach gegenseitiges Vertrauen zwischen Juden und Arabern gedeihen können.

An Kritik Bennetts Plan gegenüber mangelt es nicht, wobei diese sich in vielen Bereichen überschneidet. Seine Gegner richten ihre Pfeile jedoch auf alle drei Fundamente: auf (a) dessen juristische Machbarkeit, (b) seine logische Infrastruktur und (c) seine praktische Umsetzbarkeit:

(a) Die Kritiker beanstanden, dass Bennett die Zone C anders als die Zonen A und B behandelt. Demografisch sei diese Trennung sinnvoll, denn in den Zonen A und B leben insgesamt ca. 97 % der palästinensischen Bevölkerung, juristisch betrachtet sei diese Trennung künstlich und willkürlich. Zwar liege in der Zone C die Zuständigkeit für die öffentliche Verwaltung und für die Sicherheit allein bei Israel, das bedeute aber nicht, dass dieses Territorium nicht Teil des künftigen palästinensischen Autonomiegebiets bzw. dass es nicht als solcher im Interimsabkommen gedacht und definiert worden sei. Eigentlich ist das Gegenteil der Fall – sowohl der gegenwärtige als auch der künftige Status der Zone C sind in dem Interimsabkommen eindeutig als untrennbarer Teil des künftigen palästinensischen Autonomiegebiets definiert, so zum Beispiel im Artikel XI/3:

„For the purpose of this Agreement and until the completion of the first phase of the further redeployments: (a) "Area A" means the populated areas delineated by a red line and shaded in brown on attached map No. 1; (B) "Area B" means the populated areas delineated by a red line and shaded in yellow on attached map No. 1, and the built-up area of the hamlets listed in Appendix 6 to Annex I; and (c) "Area C" means areas of the West Bank outside Areas A and B, which, except for the issues that will be negotiated in the permanent status negotiations, will be gradually transferred to Palestinian jurisdiction in accordance with this Agreement."

und im Artikel XIII/b/8:

„Further redeployments from Area C and transfer of internal security responsibility to the Palestinian Police in Areas B and C will be carried out in three phases, each to take place after an interval of six months, to be completed 18 months after the inauguration of the Council, except for the issues of permanent status negotiations and of Israel's overall responsibility for Israelis and borders."

oder im Artikel XVII/2/a:

„Accordingly, the authority of the Council encompasses all matters that fall within its territorial, functional and personal jurisdiction, as follows (a) The territorial jurisdiction of the Council shall encompass Gaza Strip territory, except for the Settlements and the Military Installation Area shown on map No. 2, and West Bank territory, except for Area C which, except for the issues that will be negotiated in the permanent status negotiations, will be gradually transferred to Palestinian jurisdiction in three phases, each to take place after an interval of six months, to be completed 18 months after the inauguration of the Council."

Aus diesen Artikeln geht eindeutig hervor, dass alle drei Zonen eine Einheit bilden. Sie unterscheiden sich nur im Hinblick auf die Frage, wie viel Autonomie die Palästinenser in den jeweiligen Zonen erhalten sollen. Dieser Unterschied aber ist nicht qualitativ, sondern nur quantitativ. In Zone A besitzen die Palästinenser mehr Befugnisse, d. h. mehr Autonomie, als in Zone B. Und in dieser wiederum sind deren Zuständigkeiten und Verantwortung größer als in Zone C. Diese Teilung der Verantwortung und der Befugnisse wurde in dem Abkommen jedoch nicht als permanenter Zustand gedacht, sondern als ein dynamischer Prozess, an dessen Ende Israel seine Zuständigkeiten und Befugnisse in Zone C den Palästinensern übergeben soll. Auch die Behauptung, dass die Palästinenser in der ersten Phase der Umsetzung des Interimsabkommens noch keine Befugnisse in Zone C besessen hätten, ist schlechthin falsch. Im Anhang III/Artikel 9 des Abkommens ist die Übertragung der Verantwortung für Bildung und Kultur im gesamten Westjordanland und im Gazastreifen – bist auf die jüdischen Siedlungen – auf die Palästinensische Autonomiebehörde verankert. Dazu gehören „Schulen, Lehrer, Hochschulbildung, Sonderpädagogik und private, öffentliche, nichtstaatliche und andere kulturelle und pädagogische Aktivitäten, Institutionen und Programme sowie alle beweglichen und unbeweglichen Bildungseinrichtungen"[293].

Die Ansicht also, dass die Palästinenser keine Rechte und Ansprüche auf Zone C haben und dass deswegen deren Annektierung legitim sei, entspricht nicht den Inhalten des Interimsabkommens, das Israel im September

---

293 „Powers and responsibilities in the sphere of Education and Culture in the West Bank and in the Gaza Strip will be transferred from the military government and its Civil Administration to the Palestinian side. This sphere includes, inter-alia, responsibility over schools, teachers, higher education, special education and private, public, non- governmental and other cultural and educational activities, institutions and programs and all movable and immovable education property".

1995 unterschrieben hat. So gesehen steht Bennetts Plan auf einer relativ unsicheren Rechtsbasis.

Der nächste Problematik, die in Kritik steht, ist die logische Infrastruktur des Plans und hängt deswegen mit dem ersten Kritikpunkt zusammen. Bennett ist natürlich bewusst, dass die internationale Gemeinschaft einschließlich der USA eine israelische Annektierung der Zone C auf keinen Fall akzeptieren würde. Diese Tatsache aber betrachtet er nicht als konkrete oder reale Gefahr für die Zukunft Israels. Seine Argumentation diesbezüglich basiert auf drei Präzedenzfällen: auf der Anwendung des israelischen Rechts in Ostjerusalem kurz nach dem Ende des Sechstageskriegs; auf der Verabschiedung des Grundgesetzes Nummer 7 („Gesetz über den Status Jerusalems als Hauptstadt Israels") vom 30. Juli 1980 und auf dem Golanhöhen-Gesetz vom 14. Dezember 1981. In allen diesen drei Fällen verwendete Israel – im Gegensatz zu Bennett – den Terminus „Annektierung" nicht direkt, was sowohl symbolisch als auch völkerrechtlich nicht von Relevanz ist. Völkerrechtlich – so behauptet Prof. Peter Malanczuk in seinem Artikel „Das Golan-Gesetz im Lichte des Annexionsverbots und der occupatio bellica" (1982) – „[genügten] [k]onkludente Handlungen, die deutlich einen Annexionswillen in Richtung auf einseitigen Dauererwerb fremden Gebiets ausweisen, für den Annexionstatbestand"[294]. An solchen Handlungen fehlt es in den beiden Fällen nicht. So zum Beispiel kann man die enormen Investitionen in den Bau von Siedlungen sowohl auf den Golanhöhen als auch in Ostjerusalem kaum anders als Ausdruck eines solchen Annexionswillens interpretieren. Zusätzlich erwähnt Malanczuk noch einige andere Aspekte, die ebenso für das Vorhandensein des Annexionstatbestands sprechen:

„Der auf Dauererwerb gerichtete Wille zeigt sich in der Verwandlung der Verwaltung des Gebietes von einer militärisch besetzten Zone in einen integralen Bestandteil des israelischen Regierungs- und Verwaltungssystems. Wesentlich ist auch, daß es sich bei der Erstreckung der israelischen Rechtsordnung auf den Golan formell nicht um eine Maßnahme des Militärgouver-

---

294   Der Artikel wurde 1982, kurz nach der Anwendung des israelischen Rechts auf die Golanhöhen, unter dem akademischen Schirm des „Max-Planck-Instituts für ausländisches öffentliches Recht und Völkerrecht" veröffentlicht. http://www.zaoerv.de/42_1982/42_1982_2_a_261_294.pdf (S. 278)

neurs – wie noch bei dem Erlaß von 1969 –, sondern um einen Akt des israelischen Parlaments handelt".[295]

Dieser Annexionswille kommt in den Artikeln des Grundgesetzes Nummer 7 „Gesetz über den Status Jerusalems als Hauptstadt Israels" noch deutlicher zum Ausdruck. In Artikel 1 wird der Status des gesamten und vereinigten Jerusalems als Hauptstadt Israels verankert. Welches Territorium aber genau unter dem Begriff „gesamtes und vereinigtes Jerusalem" zu verstehen ist, wurde zuerst nicht deutlich gesagt, obwohl jeder ganz genau wusste, was es bedeutete. Um diese Ambiguität zu beenden, wurden dem Grundgesetz im Jahr 2000 noch drei Artikel hinzugefügt. Der Artikel 5 beschreibt unmissverständlich die territorialen Konturen Jerusalems: die Grenzen, die seit dem 28. Juni 1967 gelten, dem Tag, an dem das israelische Recht auf Ostjerusalem angewendet wurde. Gleichzeitig wurden in dem Gesetz vom 30. Juli 1980 noch einige Aspekte verankert, die de facto schon längst Realität waren: Jerusalem wurde zum „Sitz des Präsidenten des Staates, der Knesset, der Regierung und des Obersten Gerichtshofs" erklärt (Artikel 2). Wenn man dazu noch den massiven Siedlungsbau östlich der Grenze des 4. Juni 1967 zählt, kann das Vorhandensein des Annexionswillens nicht mehr ernsthaft in Frage gestellt werden.

Die Präzedenzfälle, auf die sich Bennett bezieht, sind Annexionen, auch wenn Israel sie nicht als solche bezeichnet. Für diese Analyse und vor allem für die Kritik und Prüfung der Argumentation Bennetts bedeutet das, dass die Schwachstellen in der logischen Infrastruktur seines Plans an anderer Stelle zu suchen sind. Wichtig ist jedoch zu verstehen, welche Konsequenzen Bennett aus diesen drei Fällen zieht. Sowohl nach der Annexion Ostjerusalems als auch nach der der Golanhöhen wurde Israel auf internationaler Ebene heftig getadelt und kritisiert und die Gefahr, dass Sanktionen gegen Israel verhängt würden, war ziemlich real. Der UN-Sicherheitsrat verabschiedete deshalb die Resolutionen 478 und 497. In beiden wurden die Annexionen durch Israel als Verletzung des Internationalen Rechts verurteilt und die Anwendung des israelischen Rechts auf das jeweilige Territorium für null und

---

295   Ebd. S. 279

nichtig erklärt[296]. Die USA übrigens machten dabei von ihrem Vetorecht keinen Gebrauch, sondern entschieden sich bei beiden für Enthaltung.

De facto aber – und das ist das Wichtigste –, obwohl von allen Seiten heftig kritisiert und verurteilt, ging Israel aus dieser Krise unversehrt hervor. Es wurden keine Sanktionen verhängt, Israel wurde nicht isoliert und nicht einmal Syrien hatte den Mut als Antwort auf die Annektierung der Golanhöhen, Israel militärisch herauszufordern. Bennetts Lehre daraus ist eindeutig: Die Drohungen der internationalen Gemeinschaft sind nicht mehr als leere Worte und in diesem Sinne argumentiert er auch gegen die Kritik an seinem Plan, nach der die Annektierung der Zone C verheerende diplomatische und wirtschaftliche Konsequenzen für Israel mit sich bringen würde.

Die Frage ist natürlich, ob diese logische Infrastruktur tatsächlich stabil genug ist, um das gesamte argumentative Gebäude zu tragen. Es gibt mehr als einen Grund, daran zu zweifeln. Bennett meint, in dem Verhalten der internationalen Gemeinschaft ein Muster zu erkennen. Deswegen geht er davon aus, dass die Welt auch in diesem Fall Israel möglicherweise verurteilen bzw. Resolutionen verabschieden würde, um die Annektierung der Zone C für ungültig zu erklären, diese aber – so zeige die Geschichte – würden bald in Vergessenheit geraten, ohne dabei auf den internationalen Status Israels irgendwelche signifikanten diplomatischen und wirtschaftlichen Auswirkungen zu haben. Die Schwachstelle dieser Argumentation liegt vor allem im dynamischen Charakter der Geschichte. Die beiden Präzedenzfälle, auf die sich Bennett bezieht, liegen mehr als 30 Jahre zurück. Sowohl die intentionale Lage als auch die nahöstlichen Kulissen, vor denen sie sich abgespielt hatten, waren damals fast in jeder Hinsicht völlig verschieden von der Gegenwart. Den Kalte Krieg prägte auf internationaler Ebene globale und lokale Prozesse. Das nationale Selbstbewusstsein der Palästinenser, ihre Erwartungen und Ambitionen und dementsprechend auch die Einstellung der internationalen

---

296   S/RES/478 bzw. S/RES/497. Punkt 3 der Resolution 478: „The Security Council […] determines that all legislative and administrative measures and actions taken by Israel, the occupying Power, which have altered or purport to alter the character and status of the Holy City of Jerusalem, and in particular the recent "basic law" on Jerusalem, are null and void and must be rescinded forthwith". Punkt 1 der Resolution 497: „The Security Council […] Decides that the Israeli decision to impose its laws, jurisdiction and administration in the occupied Syrian Golan Heights is null and void and without international legal effect".

Gemeinschaft zum Nahostkonflikt nahmen mit der Ersten Intifada und vor allem mit der Unterzeichnung des Oslo-Abkommens einen neuen Kurs. Die Palästinensische Autonomiebehörde ist eine unleugbare Tatsache. 1980 weigerte sich Israel noch, mit der PLO zu verhandeln. Dreizehn Jahre späten schüttelte Rabin Arafats Hand. Dazu kommen noch eine Reihe von gravierenden politischen Wendungen und Machtverschiebungen: der Zerfall der Sowjetunion, die Entstehung der Europäischen Union sowie die Islamisierung und Destabilisierung breiter Teile der arabischen Welt.

Selbstverständlich kann man aus der fundierten Analyse historischer Ereignisse und Prozesse viel lernen. Das erlangte Wissen kann auch ohne Zweifel bei der Gestaltung der Gegenwart und Zukunft behilflich sein, aber nur, solange die Anwendung dieses Wissens auf die gegenwärtige oder künftige Situation die inzwischen vollzogenen politischen, gesellschaftlichen und wirtschaftlichen Veränderungen mitberücksichtigt. Das aber tut Bennett nicht. Er geht davon aus, dass, das, was geschehen ist, auch danach geschehen wird und ignoriert dabei, was in der Zwischenzeit schon geschehen ist.

Eine andere Schwachstelle der logischen Infrastruktur des Plans liegt in Bennetts Behauptung, Israel könne durch die Annektierung der Zone C und vor allem durch die Verleihung der israelischen Staatsangehörigkeit an die dort ansässigen Palästinenser das Argument, Israel sei ein Apartheit-Staat, ausräumen. Diese Einschätzung entbehrt jeder Grundlage. Im Gegenteil: Die internationale Gemeinschaft sieht immer noch in der Zwei-Staaten-Lösung die einzig legitime Lösung für den israelisch-palästinensischen Konflikt. Mit der Annektierung der Zone C würde aber diese Lösung zunichte gemacht werden. Es ist deswegen überhaupt nicht verständlich, warum Bennett der Meinung ist, sein Plan werde Israel vom Druck der internationalen Gemeinschaft befreien[297].

Aus dieser Kritik ist natürlich nicht abzuleiten, dass Bennett mit seinen Prognosen falsch liegt, aber wohl, dass seine Prognosen schwach begründet sind. Vor dem Hintergrund der historischen Bedeutung seines Plans und vor allem in Anbetracht der eventuellen Auswirkungen und der nicht auszuschließenden Gefahren, die er für Israel mit sich bringen würde, sollen sich

---

297   Das zum Beispiel wird im Punkt 3 des Plans behauptet.

die israelischen WählerInnen entscheiden, ob sie sich mit dieser logischen Infrastruktur abfinden können und wollen.

Der dritte Kritikpunkt nimmt die praktische Umsetzbarkeit des Plans ins Visier. Laut Dr. Shaul Arieli, einem israelischen Experten für die Geschichte des Nahostkonflikts und einem der bekanntesten Kritiker von Bennetts Plan, bestehen die Zonen A und B aus nicht weniger als „43 palästinensischen Blöcken und 121 getrennten palästinensischen Dörfern"[298]. Als sei dies nicht genug, befinden sich die landwirtschaftlichen Flächen der in der Zone B lebenden palästinensischen Bauern in der Zone C, auf dem Territorium, das nach Bennetts Plan von Israel annektiert werden soll. Die moralischen Fragen sollen hier bewusst beiseite gelassen werden, allein die praktischen Aspekte der Annektierung stehen im Mittelpunkt. Die erste Schwierigkeit bei der Umsetzung des Plans liegt in Bennetts Versprechen, den Palästinensern in den Zonen A und B einen „ununterbrochenen Verkehrsfluss" zu gewährleisten. Das Versprechen bedeutet nichts anderes, als dass Israel dafür sorgen werde, dass die Palästinenser sich von jedem Ort zu einem in den Zonen A und B liegenden bewegen können, ohne auf dem Weg ständig an mehreren Checkpoints angehalten und kontrolliert zu werden. Bei der Frage, wie genau dieser „ununterbrochene Verkehrsfluss" zu gewährleisten ist, scheiden sich die Geister. Laut Arieli müssten nicht weniger als 150 Brücken oder Tunnel gebaut werden, um diese versprochene Bewegungsfreiheit zu ermöglichen[299]. Die Kosten eines solchen Projektes wären gigantisch. Bennett hingegen behauptet, dass sein Plan den Bau eines einzigen Tunnels erforderlich mache[300]. Diese Kluft zwischen beiden Aussagen ist unter anderem auf die unterschiedliche Art und Weise zurückzuführen, wie jeder von ihnen den Terminus „Annektierung" in diesem Kontext versteht. Arieli geht davon aus, dass die Annektierung der Zone C nichts anderes bedeuten könne, als dass diese im vollen Sinne des Worts zum Bestandteil Israels würde. Daraus folgt, dass die in den Zonen A und B lebenden Palästinenser eine Genehmigung benötigen würden, um nach Israel, d. h. in die Zone C, fahren zu dürfen. Diese Situation aber sei mit dem Leitmotiv des „ununterbrochenen Verkehrsflusses" nicht in Einklang zu bringen. Weil Arieli mit dem Begriff „Annektierung" konsequent

---

298   Haaretz, 11.12.2012
299   https://www.youtube.com/watch?v=xKOcmtHSw1w (3:08 Min)
300   Ebd. (3:23 Min)

umgeht, sieht er keine andere Alternative als den massiven Bau von Brücken und Tunnel, um den „ununterbrochene Verkehrsfluss" der Palästinenser zu garantieren. Bennett hingegen sieht das völlig anders. Er weist auf den Unterschied zwischen Souveränität und dem von ihm geprägten Begriff des „ununterbrochenen Verkehrsflusses" hin. Dass Israel die Souveränität über die Zone C besitzt, schließe die Entwicklung eines gemeinsamen israelisch-arabischen Straßensystems nicht aus. Juden und Araber – so Bennett – würden in der Zone C dieselben Straßen befahren. Aus diesem Grund behauptet er, dass die Gewährleistung des „ununterbrochenen Verkehrsflusses" zwar nicht billig wäre, aber nicht unbedingt die Errichtung von Brücken und Tunnels erforderlich mache, sondern eher den Abbau von Checkpoints.

Ähnlich argumentiert er in Bezug auf die Bedeutung der Annektierung für die palästinensischen Bauern, deren Felder und Plantagen sich in Zone C befinden. Bennett erkennt in diesem Fakt keine Probleme. „Souveränität" und „Privateigentum" seien zwei Begriffe, die einander nicht ausschließen. Ein israelischer Staatsbürger könne zum Beispiel Besitzer eines Grundstücks in einem fremden Land sein, d. h. in einem Land, dessen Staatsangehörigkeit er nicht besitzt. So betrachtet, würden die Palästinenser laut Bennetts Plan ihr Privateigentum in Form von landwirtschaftlichen Flächen auf keinen Fall verlieren. Sie würden auch weiter rechtmäßige Besitzer dieser Flächen bleiben. Das Einzige, was sich ändern werde, sei, dass ihre Felder und Plantagen, also ihr Privateigentum, unter israelischer Souveränität stehen würden. Diese Situation birgt in sich aber nicht wenig mögliches Konfliktpotenzial, vor allem aufgrund der Schwankungen in der Sicherheitslage in den Zonen A und B.

Ein weiteres wichtiges Element ist, dass die Zone C nicht nur aus landwirtschaftlichen Flächen besteht, sondern dort auch die größten Grundstücksreserven der Palästinenser liegen. Diese würde man früher oder später benötigen, um zum Beispiel den steigenden Wohnungsbedarf der palästinensischen Bevölkerung zu decken und neue Industrieareale zu errichten. Im Unterschied zu Glicks Ein-Staat-Lösung, die den Palästinensern den Zugang zum israelischen Markt und damit auch zum israelischen Wohnungsmarkt garantiert, bietet Bennetts Plan diesbezüglich den Palästinensern keine zukunftsfähige Perspektive.

Unbeantwortet bleibt auch die Frage nach den wahrscheinlichen Auswirkungen des Plans auf die Palästinensische Autonomiebehörde. Mit der Annektierung der Zone C würde diese und würden vor allem die gemäßigten Elemente der palästinensischen Gesellschaft die letzte Unterstützung in der Bevölkerung verlieren. Beunruhigender noch wäre höchstwahrscheinlich die öffentliche Wahrnehmung der Annektierung vor dem Hintergrund des israelischen Abzugs aus dem Gazastreifen und der darauf folgenden Machtergreifung der Hamas. Denn aus der Perspektive der Palästinenser sieht dieser Schritt wie folgt aus: Der radikalen Hamas ist es gelungen, Israel mit militärischen Mitteln aus dem Gazastreifen zu vertreiben und danach die Macht an sich zu reißen, während die moderate Fatah unter Abbas mit Israel kooperierte, so dass die Situation im Westjordanland jahrelang relativ sicher war. Als „Gegenleistung" annektierte Israel 60 % des unter seiner Herrschaft stehenden Territoriums. Für die gemäßigten Elemente in der palästinensischen Gesellschaft – und diese haben nur bedingt Einfluss auf das palästinensische Bewusstsein – wäre das fatal.

Ein eventueller Zusammenbruch der Palästinensischen Autonomiebehörde wäre aber nicht nur ein palästinensisches Problem, sondern auch ein israelisches. Mit hoher Wahrscheinlichkeit würde das Westjordanland im Chaos versinken, was wiederum die israelischen Streitkräfte zu einer permanenten Anwesenheit in den Zonen A und B zwingen würde. Ein solches Szenario könnte weitreichende Folgen für die gesamte Entwicklung des israelisch-palästinensischen Konflikts haben. Auch hier bleibt Bennett seinen Zuhörern und Zuschauern Antworten schuldig.

(c) Friedensvertrag mit der Fatah im Westjordanland

Die dritte Alternative unterscheidet sich von den ersten beiden in zwei Schwerpunkten: Sie hält weiter fest an der Idee der Zwei-Staaten-Lösung und dementsprechend bietet sie auch keinen neuen Plan an, sondern adaptiert eher das Leitmotiv der Zwei-Staaten-Lösung für die nach der Machtergreifung der Hamas im Gazastreifen entstandene neue politische Realität. Wie bereits erwähnt, müssen die Palästinenser nicht als politische Einheit, sondern als zwei Gruppen betrachtet und behandelt werden, solange die Hamas im Gazastreifen regiert und eine Politik vorantreibt, die im Gegensatz zur

Idee der Koexistenz zweier souveräner Staaten steht. Das Motto „Zwei Staaten für zwei Völker" ist durch „Drei Staaten für zwei Völker" zu ersetzen. Solange die Palästinenser sich nicht einigen können und die Hamas immer wieder laut und deutlich zur Vernichtung Israels und zur Errichtung eines islamisch-palästinensischen Staates aufruft, gibt es keine Garantie, dass ein von Israel und der PLO unterschriebenes Abkommen auch von der Hamas-Regierung respektiert wird. An dieser Stelle muss noch einmal betont werden: Die Versöhnung zwischen Fatah und Hamas allein reicht hier nicht aus. Ohne ein stabiles Gewaltmonopol bleibt jede Versöhnung politisch betrachtet bedeutungslos. Unter anderem vor dem Hintergrund dieser Veränderung der palästinensischen Politik entstanden die oben diskutierten Konzepte von Glick und Bennett.

Die Vertreter der dritten Alternative sind aber der Meinung, dass nur die Errichtung zweier unabhängiger Staaten, eines israelischen und eines palästinensischen, eine zukunftsfähige Vision sei und plädieren deswegen dafür, mit der Fatah im Westjordanland weiter zu verhandeln und, wenn möglich, auch ein Abkommen zu schließen. Sollte die Hamas – was zu erwarten ist – dieses Abkommen ablehnen, könne es wenigstens im Westjordanland umgesetzt werden. Eine vollständige Umsetzung setze natürlich eine politische Wende im Gazastreifen voraus. Diese Voraussetzung könne wiederum entweder dadurch, dass die Palästinensische Autonomiebehörde im Gazastreifen wieder an Macht gewinne oder durch eine neue Einstellung der Hamas zu diesem Konflikt und zur Zwei-Staaten-Lösung erfüllt werden.

Die Denkweise, dass erreichte Vereinbarungen zuerst im Westjordanland umgesetzt werden sollen, wenigstens solange die Situation im Gazastreifen so bleibt, wie sie im Moment ist, dominiert die Politik der Palästinenser, Israels und den USA in den letzten Jahren. Unter den israelischen Politikern war es Yossi Beillin, der ehemalige Vorsitzende der Merez-Partei, der sich mehrmals dafür aussprach. Die Kritiker dieses Konzepts unterscheiden zwischen zwei Arten von Vereinbarungen bzw. Abkommen: Solange es um kleine taktische Schritte gehe, könne man natürlich Vereinbarungen treffen, die zuerst nur im Westjordanland umgesetzt werden. Das Problem liege aber bei einer eventuellen Unterzeichnung eines Friedensvertrags. Das folgende Gedankenexperiment zeigt deutlich die Problematik einer solchen Situation:

Angenommen, Israel und die PLO hätten alle Meinungsverschiedenheiten beigelegt, so dass bald ein Endstatusabkommen unterschrieben werden könnte. Die Hamas würde das Abkommen ablehnen und versuchen, es zu torpedieren. Wie könnte sie das tun? Auf diplomatischem Wege selbstverständlich nicht: Erstens, weil sie selbst von vielen Ländern als Terrororganisation eingestuft wird, und zweitens, weil allein die PLO als einzige legitime Vertreterin der Palästinenser für einen solchen Schritt, d. h. für die Lancierung einer diplomatischen Offensive, berechtigt ist. Die Hamas würde in diesem Gedankenexperiment genau so reagieren, wie sie immer reagiert, wenn es darum geht, Entwicklungen und Prozesse zu vereiteln, die ihren Interessen zuwiderlaufen: mit Gewalt. Sie würde – wie mehrmals in den letzten Jahren – Israel mit Raketen angreifen, nicht in der Hoffnung, auf diese Art und Weise Israel zu bezwingen, sondern aus rein strategischen Gründen. Denn die Hamas weiß, dass Israel auf eine solche Attacke gegen ihre Zivilbevölkerung reagieren muss. Und sie weiß auch, dass diese Reaktion unbedingt auch das Leben unschuldiger Palästinenser kosten würde und dass sowohl die Palästinenser als auch die palästinensische Führung im Westjordanland auf die Bilder der Zerstörung im Gazastreifen nicht gleichgültig reagieren würden. Für die Hamas sind die Bilder von Leichen und zerbombten Häusern wertvoller und effektiver als jede Waffe. Die große Zahl der Opfer, die die Palästinenser in den letzten Konflikten im Gazastreifen beklagten, ist nicht allein darauf zurückzuführen, dass diese Region dicht besiedelt ist. Die Hamas verwendet ihre finanziellen Ressourcen auf den Ausbau des Tunnelsystems statt auf den Bau von Schutzräumen für die Zivilbevölkerung. Als wäre es nicht furchtbar genug, benutzt sie ihre eigene Bevölkerung als menschliche Schutzschilde[301] und missbraucht Schulen und andere Zivileinrichtungen, um dort Munition zu verstecken. Wohngebiete werden gezielt als Raketenbasen benutzt[302]. Diese verheerende dialektische Beziehung wird die Hamas ausnutzen, um das Westjordanland zu destabilisieren bzw. um die palästinensische Führung dort dazu zu bringen, jede Vereinbarung mit Israel zu revidieren (die Alter-

---

301   Die Welt, 25.7.2014.
302   Am 12.11.2014 veröffentlichte die britische Tageszeitung „The Daily Mail" ein Foto, worauf zwischen Schulen und Privathäusern stationierte bewegliche Raketenwerfer zu sehen sind. http://www.dailymail.co.uk/news/article-2753176/Hamas-DID-use-schools-hospitals-Gaza-Strip-human-shields-launch-rocket-attacks-Israel-admits-says-mistake.html

native wäre, von der eigenen Bevölkerung als Kollaborateure wahrgenommen zu werden).

Zukunftsfähig ist dieses Modell also nur bedingt. Einen Vorteil hat es aber doch im Vergleich zu den oben dargestellten Alternativen von Glick und Bennett: Es genießt die Unterstützung der internationalen Gemeinschaft, die immer noch in der Zwei-Staaten-Lösung die einzige gerechte Lösung für den Konflikt sieht.

Schlusswort

Der 4. Mai 1999 sollte eine historische Wende in der Geschichte des israelisch-palästinensischen Konflikts markieren. Denn in Artikeln I und V/1
des Oslo-Abkommens verpflichteten sich die beiden Parteien spätestens bis
zu diesem Zeitpunkt, d. h. bis zum Ende des fünften Jahres nach der Unterzeichnung des sogenannten Gaza-Jericho-Abkommens in Kairo (4. Mai 1994),
ihre Meinungsverschiedenheiten bezüglich der Kernfragen des Konflikts beizulegen und ein Endstatusabkommen zu unterschreiben. Wie tief die kollektive Psyche beider Völker diese versäumte Frist verdrängt hat, zeigte damals
unter anderem das Titelblatt der größten israelischen Tageszeitung Yediot
Acharonot, das über den historischen Tag nicht einmal ein einziges Wort ver-
schwendete. Die moderat links orientierte Tageszeitung Haaretz erwähnte
zwar das Datum, aber nur am Rande und in Zusammenhang mit dem ver-
stärkten Einsatz der israelischen Armee angesichts eventueller Ausschreitungen im Westjordanland und im Gazastreifen. Anlass für solche Ausschreitungen hätte Arafats Absicht sein können, einseitig am 4. Mai den Staat Palästina auszurufen[303], was nicht geschah.

Das Oslo-Abkommen und mit ihm der gesamte Osloer Friedensprozess
wurde so zu einer Buslinie ohne Zeitplan, ohne klare Fahrrichtung und ohne
Endstation. In dem schon oben erwähnten Vortrag vom 11. September 2013
anlässlich des 20. Jahrestags der Unterzeichnung des Abkommens beschrieb
der damalige israelische stellvertretende Außenminister Dr. Yosi Beilin diese
Abnormität auf eine ziemlich malerische Art und Weise: „Mein Problem ist
nicht, dass Oslo tot ist, mein Problem ist, dass Oslo noch lebt. Es hätte schon
längst zum Ende kommen müssen. Wir feiern hier den 20. Geburtstag eines
Kindes, das schon seit 14 Jahren sitzen bleibt"[304].Der Wunsch, die lebendige

---

303   Am 10.3.1999 veröffentlichte die israelische Wirtschaftszeitung „Globs" eine
      kurze Nachricht, nach der der damalige ägyptische Außenminister Amir Mous-
      sa bestätigte, dass Jassir Arafat auf seine Absicht, einen palästinensischen Staat
      auszurufen, noch nicht verzichtet hat. http://www.globes.co.il/news/artic
      le.aspx?did=88491
304   Der Vortrag: https://www.youtube.com/watch?v=V8MSzO8dp2o

Leiche namens Oslo endlich begraben zu dürfen, gehört mittlerweile, wie Beilins Worte zeigen, nicht allein zum politischen Kodex der israelischen Rechtsparteien, die das Konzept von Anfang an ablehnten. Sowohl von den israelischen Linken als auch von den Palästinensern selbst wird er immer lauter und häufiger geäußert. So weit ist es gekommen, dass die israelische Linkspartei Meretz in ihrem Wahlprogramm 2013 – und später 2015 – die „Arabische Friedensinitiative" (2002) als Alternative für Oslo befürwortete. Im Unterschied zum Oslo-Abkommen schnürt sie ein Gesamtpaket, das Folgendes beinhaltet: den Rückzug Israels hinter die Grenzen vom 4. Juni 1967; die Errichtung eines palästinensischen Staates, dessen Hauptstadt Ostjerusalem sein soll und eine gerechte und abgestimmte Lösung für das Flüchtlingsproblem in Übereinstimmung mit der Resolution 194 der UN-Generalversammlung. Dafür sollen die arabischen Staaten den Konflikt zwischen Israel und der arabischen Welt für beendet erklären, was nichts anderes bedeuten würde als umfassenden Frieden und Normalisierung der Beziehungen zwischen der arabischen Welt und Israel. Dass auch die Palästinenser in diese Richtung steuern, kann man an der Rede Mahmud Abbas' vom 30. September 2015 vor der UN-Vollversammlung erkennen[305].

Die Sterbeurkunde des Oslo-Abkommens wird jeden Tag neu geschrieben und gestempelt. Es ist an der Zeit, diese politische Nekrophilie zu heilen und so auch den Weg für neue Initiativen zu ebnen. Eine massive und konstruktive Unterstützung der arabischen Welt in Verbindung mit der Einschaltung eines zuverlässigen und mächtigen Vermittlers sind die notwendigen Voraussetzungen für jede künftige Initiative. Im Moment aber steckt die arabische Welt in endlosen inneren Konflikten fest. Mit der Anerkennung Jerusalems als Hauptstadt Israels haben die USA das schon mangelnde Vertrauen der Palästinenser vollständig verloren. Die EU hingegen hat niemals das

---

305   „We, therefore, declare that we cannot continue to be bound by these agreements and that Israel must assume all of its responsibilities as an occupying power, because the status quo cannot continue and the decisions of the Palestinian Central Council last March are specific and binding". Die ganze Rede findet man auf der Internetseite der Washington Post unter: https://www.washingtonpost.com/news/worldviews/wp/2015/09/30/read-palestinian-leader-mahmoud-abbass-u-n-general-assembly-speech/?utm_term=.13801814141b

Vertrauen der Israelis gewonnen und ist politisch zu schwach, um die beiden Parteien konstruktiv zu unterstützen. Vielleicht wird ausgerechnet die Annäherung zwischen Israel und Saudi-Arabien vor dem Hintergrund der iranischen atomaren Bedrohung neue Möglichkeiten eröffnen. Vielleicht wird irgendwann die aufsteigende Macht China die Initiative ergreifen. Eins aber ist sicher: Der Nahe Osten ist zu instabil und zu unberechenbar, als dass man die Hoffnung verlieren dürfte.

Anhang

(a) Westjordanland: Zonen A, B, C[306]

(b) UN Security Council Resolution 242, 22 November 1967

The Security Council,

Expressing its continuing concern with the grave situation in the Middle East,

Emphasizing the inadmissibility of the acquisition of territory by war and the need to work for a just and lasting peace in which every State in the area can live in security,

Emphasizing further that all Member States in their acceptance of the Charter of the United Nations have undertaken a commitment to act in accordance with Article 2 of the Charter,

1. *Affirms* that the fulfillment of Charter principles requires the establishment of a just and lasting peace in the Middle East which should include the application of both the following principles:

(i) Withdrawal of Israeli armed forces from territories occupied in the recent conflict;

(ii) Termination of all claims or states of belligerency and respect for and acknowledgement of the sovereignty, territorial integrity and political independence of every State in the area and their right to live in peace within secure and recognized boundaries free from threats or acts of force;

2. *Affirms further* the necessity

(a) For guaranteeing freedom of navigation through international waterways in the area;

(b) For achieving a just settlement of the refugee problem;

(c) For guaranteeing the territorial inviolability and political independence of every State in the area, through measures including the establishment of demilitarized zones;

3. *Requests* the Secretary General to designate a Special Representative to proceed to the Middle East to establish and maintain contacts with the States concerned in order to promote agreement and assist efforts to achieve a peaceful and accepted settlement in accordance with the provisions and principles in this resolution;

4. *Requests* the Secretary-General to report to the Security Council on the progress of the efforts of the Special Representative as soon as possible.

(c) UN Security Council Resolution 338, 22 October 1973

The Security Council,
1. Calls upon all parties to the present fighting to cease all firing and terminate all military activity immediately, no later than 12 hours after the moment of the adoption of this decision, in the positions they now occupy;

2. Calls upon the parties concerned to start immediately after the cease-fire the implementation of Security Council Resolution 242 (1967) in all its parts;

3. Decides that, immediately and concurrently with the cease-fire, negotiations start between the parties concerned under appropriate auspices aimed at establishing a just and durable peace in the Middle East.

(d) UN Resolution 194 / III , 11 Dezember 1948

The General Assembly,

Having considered further the situation in Palestine,

1. *Expresses* its deep appreciation of the progress achieved through the good offices of the late United Nations Mediator in promoting a peaceful adjustment of the future situation of Palestine, for which cause he sacrificed his life; and

Extends its thanks to the Acting Mediator and his staff for their continued efforts and devotion to duty in Palestine;

2. *Establishes* a Conciliation Commission consisting of three States members

of the United Nations which shall have the following functions:

(a) To assume, in so far as it considers necessary in existing circumstances, the functions given to the United Nations Mediator on Palestine by resolution 186 (S-2) of the General Assembly of 14 May 1948;

(b) To carry out the specific functions and directives given to it by the present resolution and such additional functions and directives as may be given to it by the General Assembly or by the Security Council;

(c) To undertake, upon the request of the Security Council, any of the functions now assigned to the United Nations Mediator on Palestine or to the United Nations Truce Commission by resolutions of the Security Council; upon such request to the Conciliation Commission by the Security Council with respect to all the remaining functions of the United Nations Mediator on Palestine under Security Council resolutions, the office of the Mediator shall be terminated;

3. *Decides* that a Committee of the Assembly, consisting of China, France, the Union of Soviet Socialist Republics, the United Kingdom and the United States of America, shall present, before the end of the first part of the present session of the General Assembly, for the approval of the Assembly, a proposal concerning the names of the three States which will constitute the Conciliation Commission;

4. *Requests* the Commission to begin its functions at once, with a view to the establishment of contact between the parties themselves and the Commission at the earliest possible date;

5. *Calls upon* the Governments and authorities concerned to extend the scope of the negotiations provided for in the Security Council's resolution of 16 November 1948 1/ and to seek agreement by negotiations conducted either with the Conciliation Commission or directly, with a view to the final settlement of all questions outstanding between them;

6. *Instructs* the Conciliation Commission to take steps to assist the Governments and authorities concerned to achieve a final settlement of all questions outstanding between them;

7. *Resolves* that the Holy Places - including Nazareth - religious buildings and sites in Palestine should be protected and free access to them assured, in accordance with existing rights and historical practice; that arrangements to this end should be under effective United Nations supervision; that the United Nations Conciliation Commission, in presenting to the fourth regular session of the General Assembly its detailed proposals for a permanent international regime for the territory of Jerusalem, should include recommendations concerning the Holy Places in that territory; that with regard to the Holy Places in the rest of Palestine the Commission should call upon the political authorities of the areas concerned to give appropriate formal guarantees as to the protection of the Holy Places and access to them; and that these undertakings should be presented to the General Assembly for approval;

8. *Resolves* that, in view of its association with three world religions, the Jerusalem area, including the present municipality of Jerusalem plus the surrounding villages and towns, the most eastern of which shall be Abu Dis; the most southern, Bethlehem; the most western, Ein Karim (including also the built-up area of Motsa); and the most northern, Shu'fat, should be accorded special and separate treatment from the rest of Palestine and should be placed under effective United Nations control;

Requests the Security Council to take further steps to ensure the demilitarization of Jerusalem at the earliest possible date;

Instructs the Conciliation Commission to present to the fourth regular session of the General Assembly detailed proposals for a permanent international regime for the Jerusalem area which will provide for the maximum local autonomy for distinctive groups consistent with the special international status of the Jerusalem area;

The Conciliation Commission is authorized to appoint a United Nations representative, who shall co-operate with the local authorities with respect to the interim administration of the Jerusalem area;

9. *Resolves* that, pending agreement on more detailed arrangements among the Governments and authorities concerned, the freest possible access to Jerusalem by road, rail or air should be accorded to all inhabitants of Palestine;

Instructs the Conciliation Commission to report immediately to the Security Council, for appropriate action by that organ, any attempt by any party to impede such access;

10. *Instructs* the Conciliation Commission to seek arrangements among the Governments and authorities concerned which will facilitate the economic development of the area, including arrangements for access to ports and airfields and the use of transportation and communication facilities;

11. *Resolves* that the refugees wishing to return to their homes and live at peace with their neighbours should be permitted to do so at the earliest practicable date, and that compensation should be paid for the property of those choosing not to return and for loss of or damage to property which, under principles of international law or in equity, should be made good by the Governments or authorities responsible;

Instructs the Conciliation Commission to facilitate the repatriation, resettlement and economic and social rehabilitation of the refugees and the payment of compensation, and to maintain close relations with the Director of the United Nations Relief for Palestine Refugees and, through him, with the appropriate organs and agencies of the United Nations;

12. *Authorizes* the Conciliation Commission to appoint such subsidiary bodies and to employ such technical experts, acting under its authority, as it may find necessary for the effective discharge of its functions and responsibilities under the present resolution;

The Conciliation Commission will have its official headquarters at Jerusalem.

The authorities responsible for maintaining order in Jerusalem will be responsible for taking all measures necessary to ensure the security of the Commission. The Secretary-General will provide a limited number of guards to the protection of the staff and premises of the Commission;

13. *Instructs* the Conciliation Commission to render progress reports periodically to the Secretary-General for transmission to the Security Council and to the Members of the United Nations;

14. *Calls upon* all Governments and authorities concerned to co-operate with the Conciliation Commission and to take all possible steps to assist in the implementation of the present resolution;

15. *Requests* the Secretary-General to provide the necessary staff and facilities and to make appropriate arrangements to provide the necessary funds required in carrying out the terms of the present resolution.

Zeitfracht Medien GmbH
Ferdinand-Jühlke-Straße 7
99095 Erfurt, Deutschland
produktsicherheit@kolibri360.de